Inside Fridays for Future

Benedikt Narodoslawsky

INSIDE
FRIDAYS FOR
FUTURE

Die faszinierende
Geschichte der Klimabewegung
in Österreich

FALTER *VERLAG*

ISBN 978-3-85439-666-6

© 2020 Falter Verlagsgesellschaft m.b.H.
1011 Wien, Marc-Aurel-Straße 9
T: +43/1/536 60-0, F: +43/1/536 60-935
E: bv@falter.at, service@falter.at
W: faltershop.at
Alle Rechte vorbehalten.

Autor: Benedikt Narodoslawsky
Lektorat: Helmut Gutbrunner
Umschlaggestaltung: Dirk Merbach
Grafik und Layout: Raphael Moser, Barbara Blaha, Marion Großschädl
Produktion: Susanne Schwameis
Druck: gugler* print, 3390 Melk/Donau

Wir haben bei diesem Buch im Sinne der Umwelt auf die Verpackung
mit Plastikfolie verzichtet.

Inhalt

Für Karo, Anika und Flora

DIE GESCHICHTE ÜBER DIE GESCHICHTE

Imagine no more crisis
It's easy if you try
No climate hell before us
Above a clean blue sky

Imagine all the people
Living a new way[1]

Vorwort

Ja, der Untertitel dieses Buches kommt auf den ersten Blick ein wenig großkotzig daher: „Die faszinierende Geschichte der Klimabewegung in Österreich". Faszinierend, das ist ein sehr großes Wort. Ich möchte Ihnen beweisen, dass es in diesem Fall keine Übertreibung ist. Erlauben Sie mir deshalb zu Beginn ein paar persönliche Worte.

Im Juli 2018 ging ich für ein Jahr in Karenz, meine erste Tochter war gerade ein Jahr alt geworden. Bis dahin hatte ich bei jeder Gelegenheit versucht, auf die Klimakrise aufmerksam zu machen. Denn wenn es stimmt, was die Wissenschaft sagt, dräut uns allen ein verheerendes Problem. Das sollten die Menschen wissen.

Also schrieb ich über die Milliarden an Euro, die Österreich aufgrund der Klimakrise jedes Jahr verlieren wird. Aber es schien niemanden zu interessieren.

Ich berichtete über die Millionen Flüchtlinge, die aufgrund der Klimakrise ihre Heimat verlassen müssen. Es fand keine Beachtung.

Ich recherchierte die gesundheitlichen Folgen der Klimakrise und zeigte, dass mittlerweile mehr Österreicher aufgrund der Hitze sterben als im Verkehr. Die Meldung versickerte in den Randspalten.

Ich kritisierte Österreichs fatale Klimapolitik in drastischen Worten. Die Kritik verpuffte.

Wenn die Arbeit von Journalistinnen und Journalisten darin besteht, Probleme so zu beschreiben, dass sie Menschen aufrütteln, wenn es ihre Aufgabe ist, dafür zu sorgen, dass diese Probleme auch gelöst werden, dann habe ich kläglich versagt. Ich wusste beim besten Willen nicht, was ich die ganze Zeit über falsch gemacht hatte. Geld, Flüchtlinge, Tote, politisches Scheitern – sind es nicht genau diese Themen, die die Menschen bewegen?

Mein Versagen war mir nicht peinlich, ich befand mich damit in bester Gesellschaft. Vielen ausgezeichneten Kollegen erging es ebenso.

Und nicht nur die kleine Umweltjournalismus-Blase in Österreich blieb weitgehend wirkungslos. Ganz andere Kaliber zündeten nicht. Der Papst hatte mit seiner Enzyklika „Laudato si'" zum Klimaschutz gemahnt. UN-Generalsekretär António Guterres hielt einen flammenden Appell nach dem anderen. Hollywood-Star Leonardo DiCaprio nützte die wenigen Sekunden seiner Oscar-Rede dazu, um vor der Klimakrise zu warnen, und drehte wenig später die entsprechende Doku: „Before the Flood".

All das änderte nichts. Jahr für Jahr nahmen die Treibhausgase in der Atmosphäre zu. Die Welt wurde heißer und heißer. Die Erde fieberte hoch, aber es ließ die Menschen kalt. Stell dir vor, es ist Weltuntergang und niemand geht hin. Ich beschloss, eine Pause einzulegen und mich meiner Familie zu widmen.

Genau einen Monat nachdem ich meine Karenz angetreten hatte, setzte sich in Stockholm ein 15-jähriges Mädchen vor das schwedische Parlament und bestreikte wegen der Klimapolitik ihres Landes die Schule. Während ich zuhause einem Kleinkind die Windeln wechselte, es fütterte und ihm danach die Essensreste aus seinen Haaren wusch, zettelte ein Teenager draußen in der Welt eine Revolution an. Davon bekam ich in den folgenden Monaten nichts mit. Gar nichts.

Das erste Mal auf den Namen Greta Thunberg stieß ich erst spät, nämlich kurz vor Weihnachten 2018. Auf der UN-Klimakonferenz im polnischen Kattowitz hatte die 15-Jährige eine Rede gehalten, die unter die Haut ging. Das Video davon hatte sich in den sozialen Netzwerken viral verbreitet.

Dass die Schwedin gerade dabei war, Österreich zu verändern, konnte damals niemand ahnen. Für mich blieb also alles beim Alten. Ende Jänner 2019 traf ich mich mit zwei Klimawissenschaftlern, um mich mit ihnen auszutauschen: Wie kann man das komplizierte Drama der Klimakrise journalistisch übersetzen? Was läuft da schief? Welche spannenden Themen könnte ich nach meiner Karenz angehen? Wir besprachen viel. Einer der Klimaforscher erzählte mir nebenbei, dass er vor wenigen Tagen auf eine interessante Facebook-Seite gestoßen sei: Thunbergs Fridays-for-Future-Bewegung demonstriere mittlerweile auch in Österreich. Er leitete mir den Termin weiter.

Am 1. Februar 2019 besuchte ich meine erste FFF-Demonstration auf dem Wiener Heldenplatz. Es war kein Volksaufstand, eher ein engagiertes Demo-Grüppchen. Das war in meinen Augen nett, aber zu wenig. Am Abend des 11. März 2019 – vier Tage vor dem ersten globalen Klimastreik – traf sich eine bunte Runde von Umweltbewegten in einem Seminarraum im siebenten Wiener Gemeindebezirk. Der Titel der Diskussion lautete „Klimakommunikation und die große Erzählung". Die Frage, die uns alle umtrieb: Wie machen wir die Krise, die unsere Zukunft bedroht, zum entsprechend großen Thema?

Es waren die Tage, an denen die mediale Berichterstattung über die junge Klimabewegung auch in Österreich Fahrt aufgenommen hatte. Einer der Diskutanten ließ sich zu einem gewagten Vergleich hinreißen: Fridays for Future könnten die neue 1968er-Bewegung werden. Ich hielt das für absurd und widersprach ihm. Vor meinem geistigen Auge waren die Schwarzweißfotos der riesigen Studentenproteste von damals aufgetaucht. Und daneben das Demo-Grüppchen vom 1. Februar 2019, das etwas verloren auf dem Heldenplatz gestanden war.

Vier Tage später rieb ich mir genau an diesem Ort die Augen. Der Wiener Heldenplatz war voll. Und nicht nur dorthin war eine Menschenmasse geströmt. Auch in Bregenz, Innsbruck, Salzburg, Linz, Klagenfurt und Graz fluteten Tausende die Straßen und erhoben gegen die gescheiterte Klimapolitik ihre Stimme.

Am 31. Mai 2019 interviewte ich Greta Thunberg in der französischen Botschaft in Wien. Wir hatten nicht viel Zeit, es war kein großes Problem, weil das Mädchen nicht um den heißen Brei redete und druckreif sprach. Stärker als das Gespräch brannte sich aber eine Szene in mein Gedächtnis: Thunberg, wie sie am Fenster steht und auf den Wiener Schwarzenbergplatz hinunterblickt. Stumm sieht sie dabei zu, wie die Demonstranten die Straße erobern, den Autoverkehr lahmlegen und zu einem riesigen Menschenmeer anschwellen. Fünf Tage zuvor hatte die EU-Wahl stattgefunden, eine grüne Welle war über den Kontinent gerollt. Spätestens da war auch mir klar, dass dieser Teenager aus Schweden gerade Geschichte schreibt.

Als Schüler war Geschichte mein Lieblingsfach. Warum konnte Maria Theresia in einer Männerwelt als Frau die Thronfolge übernehmen und Kaiserin werden? Wie konnte der Schuss eines Mörders den Ersten Weltkrieg entzünden? Wodurch verhinderte der sowjetische Offizier Stanislaw Petrow einen Atomkrieg? Weshalb sieht die Welt heute so aus, wie sie aussieht, und wie hat sich welche Entscheidung auf das Leben der einzelnen Menschen ausgewirkt? Solche Fragen faszinieren mich. Denn es sind oft kleine Entscheidungen, die den Lauf der Geschichte ändern.

Fast genau ein Jahr nachdem Greta Thunberg zum ersten Mal gestreikt hatte, kehrte ich an meinen Arbeitsplatz zurück. Es war vieles anders als zuvor und noch viel mehr in Bewegung. Im Sitzungszimmer der *Falter*-Redaktion, in dem links an der Wand alle Titelseiten der vergangenen zwölf Monate hängen, sah man so viele Cover übers Klima wie noch nie. Meine Kollegin Sibylle Hamann kam nicht mehr zu den Redaktionssitzungen. Sie hatte sich vom Feuer der Fridays anstecken lassen und kandidierte bei der bevorstehenden Wahl für die Grünen. Auf dem Weg zur Arbeit ging ich bald an Wahlplakaten vorbei, auf denen fast alle Parteien mit dem Thema Klimaschutz um Wählerstimmen rangen. Und schließlich war da noch der Kinderarzt meiner beiden Töchter, der mir erzählte, er könne nun nicht mehr in den Urlaub fliegen. Seine Tochter habe es ihm verboten.

Binnen eines Jahres brachten die Fridays zustande, was davor keinem Umweltaktivisten, keinem Wissenschaftler, keinem Journalisten, keinem Politiker und keinem Superstar gelungen war: die Klimakrise zum bestimmenden Thema im Land zu machen. Geld, Flüchtlinge, Tote, Politikversagen – wer konnte ahnen, dass der Schlüssel zur Aufmerksamkeit ein 15-jähriges Mädchen war, das die richtige Frage stellte: „Warum sollten wir für eine Zukunft lernen, die es schon bald nicht mehr geben wird, wenn niemand irgendetwas unternimmt, um diese Zukunft zu retten?"

Die Fridays veränderten Europa. Und kaum ein Land auf dem Kontinent bekam das stärker zu spüren als Österreich. Wie haben sie das geschafft?

Das ist eine dieser Fragen der Geschichte, die mich faszinieren. Ich hatte das Privileg, die Antwort darauf diesmal nicht aus den Geschichtsbüchern erfahren zu müssen, sondern sie mir persönlich und unmittelbar zu erarbeiten. Nun habe ich selbst ein Geschichtsbuch geschrieben. Möglich gemacht haben das vor allem die Fridays, die sich in ihren Grundsätzen zu „transparenten und offenen Strukturen" verpflichtet haben und mir dadurch Einblicke in ihre Maschinenräume gewährten.

Dank dieser Transparenz und Offenheit halten Sie nun das erste Buch über Fridays for Future Österreich in Ihren Händen. Dem Anspruch nach Vollständigkeit wird es nicht gerecht. Denn die junge Bewegung ist bunt und vielseitig, allein hierzulande gibt es rund dreißig Ortsgruppen. In den folgenden Kapiteln beleuchte ich vor allem jene, die zugleich am ältesten und am größten sind. Eine zentrale Rolle spielt darin Wien.

Damit Sie einen guten Überblick behalten, finden Sie im Text Seitenverweise, mit denen Sie durch die Kapitel navigieren können. Das Buch fußt im Wesentlichen auf eigenen Recherchen vor Ort und persönlichen Gesprächen. Jene Informationen, die aus anderen Quellen stammen, führe ich im Sinne der Transparenz in Endnoten an. Trotz dieses wissenschaftlichen Anstrichs bleibt es eine journalistische Arbeit. Und weil dieses Buch das Klima nicht schädigen soll, ist es das erste in der Geschichte des Falter Verlags, das klimapositiv gedruckt wurde. Das bedeutet, die klimaschädlichen Gase, die durch die Produktion entstanden sind, werden durch Investitionen in Klimaschutznahmen mehr als ausgeglichen.

Sie sehen schon: Die Fridays haben Österreich verändert. Im Kleinen wie im Großen. Auf den folgenden Seiten werden Sie erfahren, wie die Bewegung entstanden ist und wie sie so schnell wachsen konnte. Ich werde Ihnen wichtige Personen der Bewegung vorstellen, Sie werden die Unterstützer der Fridays kennenlernen und ihre Gegner hören. Sie werden erfahren, wogegen die Aktivisten kämpfen und wie sie arbeiten. Und ich erkläre Ihnen, wie es ihnen gelungen ist, die Republik auf den Kopf zu stellen.

Bitte folgen Sie mir auf diese historische Reise. Ich verspreche Ihnen: Sie ist faszinierend.

GRETA

Greta sitzt vorm Parlament –
weil sie die Gefahr erkennt!

Das Mädchen

Greta Thunberg weint. Sie weint in der Schule, sie weint in den Pausen, im Bett, immer. „Unsere Tochter verschwindet in eine Art Dunkelheit und hört quasi auf zu funktionieren", beschreibt ihre Mutter die Zeit, in der Greta in die fünfte Klasse kommt.

Keine Lust mehr. Kein Klavier mehr, kein Lachen, kein Mucks. Die Elfjährige wird still. Die Lehrer wissen auch nicht weiter. Wenn sie anrufen, muss der Vater seine Tochter wieder vom Unterricht abholen.[1] Viel weiß man über dieses Kind in dieser Zeit, denn seine Mutter hat ein Buch über die Familie geschrieben. Gretas Mutter, Malena Ernman, ist in Schweden ein Promi. 2009 steht sie auf der Bühne in der Moskauer Olympiahalle und singt für ihr Heimatland das Lied „La Voix" beim Eurovision Song Contest.[2] Man sah eine glückliche junge Frau, die zu Popklängen ihre Opernstimme in lichte Höhen trieb, die Bühne vom gleißenden Scheinwerferlicht ganz in Weiß getaucht. Ihre Erscheinung im blütenweißen Kleid, mit ihrem strohblonden, wallenden Haar und dem strahlenden Lachen, wirkte auf die Zuschauer wie das Bild eines Engels, der einen gerade im Himmel in Empfang nimmt.[3] Dieses inszenierte Bild ist genau das Gegenteil dessen, was sich wenige Jahre später in den eigenen vier Wänden der Sängerin zusammenbrauen sollte: die Hölle.

„Szenen aus dem Herzen", das Buch der Opernsängerin Malena Ernman, ist die Geschichte einer Familie, die an den Rand des Wahnsinns kommt. Der wichtigste Grund dafür: ihre Tochter Greta.

Mit elf Jahren hört Greta nicht nur mit dem Klavierspielen auf, sie isst auch nicht mehr. Das Mädchen landet in der Notaufnahme des Stockholmer Zentrums für Essstörungen. Zuhause wird nun jede Mahlzeit mitgeschrieben, dazu die Zeit, die Greta dafür braucht. Auf einem weißen DIN-A3-Bogen an der Wand notiert die Mutter: „Frühstück: 1/3 Banane. Zeit: 53 Minuten".

Die Lage spitzt sich in den nächsten Monaten zu. Greta bleibt dem Unterricht fern, es droht eine Einweisung ins Sachsska-Kinderkrankenhaus in Stockholm. Es ist mehr als nur kompliziert. Wenn der Vater Gnocchi kocht, müssen sie eine bestimmte Konsistenz haben, sonst isst sie seine Tochter nicht. Liegen zu viele Gnocchi auf dem Teller, isst Greta sie auch nicht. Liegen wiederum zu wenige da, isst sie zwangsläufig zu wenig. Deshalb zählen die Eltern die einzelnen Gnocchi genau ab, bevor sie sie ihrer Tochter servieren. Wenn alles gut geht, dauert das trotzdem ewig.

„Greta sortiert die Gnocchi. Sie dreht sie hin und her. Sie drückt auf ihnen herum", schreibt die Mutter. „Und dann fängt sie wieder von vorne an. Nach zwanzig Minuten beginnt sie zu essen. Sie lutscht und kaut winzig kleine Bissen. Es geht langsam." Für fünf Gnocchi braucht sie schließlich zwei Stunden und 10 Minuten.

Die Eltern versuchen sie in diesen Monaten zum Essen zu bringen, mit Strenge, mit Humor, mit Bestechung, mit Drohungen, sie flehen, sie betteln, sie weinen. Als sie extra für sie Zimtschnecken backen, die das Mädchen früher immer gern aß, und Greta auch diese verweigert, reißt den Eltern der Geduldsfaden. Sie schreien ihre elfjährige Tochter an: „Iss endlich! Du musst essen, verstehst du? Du musst essen, sonst stirbst du!" Greta isst nicht, sie bekommt ihre erste Angstattacke. „Sie stößt einen abgrundtiefen Schrei aus, der über vierzig Minuten anhält", erinnert sich die Mutter in dem Buch.

Innerhalb von zwei Monaten verliert das ohnehin schon zierliche Mädchen zehn Kilo, ihre Körpertemperatur sinkt, Puls und Blutdruck sind außerhalb der Norm. Greta sammelt Fehlstunde um Fehlstunde, die Klasse besteht sie trotzdem, weil ihr eine engagierte Lehrerin Nachhilfe gibt. Glaubt man ihren Eltern, hat Greta ein fotografisches Gedächtnis, merkt sich schon als Kind alle Hauptstädte der Welt, kann sie auch rückwärts aussprechen und in weniger als einer Minute alle Elemente des Periodensystems aufzählen.

Aber mit Gretas Art können ihre Mitschülerinnen und Mitschüler nicht umgehen. Sie verhalte sich sonderbar, rede zu leise, grüße nie. Das Mädchen kann keinen Smalltalk führen und spricht nur so viel wie nötig, es ist unbeliebt und bekommt das brutal zu spüren. In der Klasse wird Greta ausgegrenzt, auf dem Schulhof geschlagen. Wenn sie sich auf dem Mädchenklo versteckt und weint, holt sie die Pausenaufsicht und bringt sie in den Schulhof zurück. Das Mobbing nimmt kein Ende. Selbst als sie zur Schulabschlussfeier vor den Weihnachtsferien mit ihrem Vater auftaucht, zeigen ihre Klassenkolleginnen und -kollegen auf sie und lachen sie aus. „Ich will keine Freunde", sagt sie ihren verzweifelten Eltern, „Freunde sind Kinder, und alle Kinder sind gemein."

Bald steht fest: Das elfjährige Mädchen leidet unter einer Depression. Die Ärzte verschreiben ihr Sertralin, ein Antidepressivum. Die Ärzte der Kinder- und Jugendpsychiatrischen Klinik BUP stellen eine weitere Diagnose: Asperger-Syndrom, hochfunktionaler Autismus, Zwangsstörungen.[4] Das Asperger-Syndrom zählt zu den so genannten Autismus-Spektrum-Störungen. Menschen mit Asperger-Syndrom sehen die Welt durch eine spezielle Brille. Es fällt ihnen schwer, mehrere Eindrücke gleichzeitig zu verarbeiten, sich in Menschen einzufühlen oder sich anzupassen. Aber wenn sie sich auf etwas Bestimmtes konzentrieren, nehmen sie oft mehr wahr als andere Menschen und haben mitunter „spezielle, manchmal besonders hervorragende Eigenschaften. In ihrem – meist eingegrenzten Interessengebiet – können sie Herausragendes leisten", erklärt das Öffentliche Gesundheitsportal Österreichs, eine unabhängige und qualitätsgeprüfte Informationsseite über Erkrankungen.

Jemand, der eine Zwangsstörung hat, wird hingegen von immer wiederkehrenden Zwangsgedanken oder Zwangshandlungen geplagt und kann ihnen nicht entkommen. Eine Zwangshandlung wäre, wenn man sich so lange die Hände waschen muss, bis sie wund sind. Oder so lange kontrolliert, ob man die Tür tatsächlich abgesperrt hat, bis man zu spät zur Arbeit kommt. Ein Zwangsgedanke wiederum wäre etwa die Vorstellung, sich überall mit Krankheiten anzustecken, oder umgekehrt, selbst irgendjemandem zu schaden.

„Zwangserkrankte erleben das Zwangsverhalten oft als Vorbeugung gegen etwas, das ihnen oder anderen Schaden bringen könnte", informiert das Öffentliche Gesundheitsportal Österreichs, „im Hintergrund kann sich während einer Therapie herausstellen, dass der Zwang ein reales Ereignis oder eine ernsthafte Bedrohung als Ursprung hat."[5]

Die Zerstörung der Umwelt hat Greta in Angst versetzt. Als sie etwa acht Jahre alt ist, hört sie erstmals vom Klimawandel, den die Menschen verursacht hätten.[6] Einen Film, den eine Lehrerin im Unterricht zeigt, wird Greta später immer wieder als Schlüsselmoment beschreiben.[7] „Wir sahen fürchterliche Bilder von toten Tieren mit Plastik in ihren Bäuchen und auch von schmelzenden Polkappen", erzählt Thunberg. „Ich musste weinen und auch meine Klassenkameraden waren traurig."[8] Für die anderen Schüler geht das Leben nach der Unterrichtsstunde weiter wie bisher. Greta verändert ihr Leben. Später wird sie einmal sagen, ihre damalige Depression habe eine Menge mit der Umwelt und dem Klima zu tun gehabt.[9] Greta steigert sich in das Umweltthema hinein, immer stärker rückt dabei die Klimakrise in ihren Fokus. Sie liest Schulbücher und Artikel, schaut sich Dokumentationen an, fragt ihre Eltern, wenn sie etwas nicht versteht. So lange, bis sie sich ein Bild gemacht hat.

Schließlich beginnt sie, zuhause immer das Licht auszuschalten. „Das war der erste Schritt", sagt Thunberg.[10] Sie geht weiter, verzichtet auf Fleisch und Milchprodukte, kauft keine neuen Sachen mehr, weigert sich zu fliegen. Sie ändert sich, „um mir selbst in die Augen schauen zu können".[11] Sie beginnt, mit ihren Eltern über die Themen zu sprechen. Als ihr Vater mit Gretas Schwester Beata aus dem Urlaub von Sardinien zurückkehrt, hält sie ihm vor: „Ihr habt gerade einen CO_2-Ausstoß in Höhe von 2,7 Tonnen verursacht. Das entspricht der Jahresemission von fünf Einwohnern des Senegal."[12] Am Frühstückstisch schilt Greta ihre Mutter: „Ihr Promis seid für die Umwelt ungefähr das, was der Rechtspopulist Jimmie Åkesson für die multikulturelle Gesellschaft ist."[13]

Im Internet legt sich die junge Umweltschützerin mit Unbekannten an; sie hat einige Antworten auf Schwedisch und Englisch vorformuliert. „Greta hat sich auf einem ihrer Tierschutzaccounts auf Instagram eingeloggt und befeuert ihre Lieblingsfeinde mit ihren Lieblingsargumenten. Klimaleugner. Technikoptimisten und besonders Veganer, die regelmäßig weite Flugreisen unternehmen, um die

Welt mit neuen exotischen Rezepten zu retten", erzählt ihre Mutter. „Sie sieht zufrieden aus." Wird sie von ihren Gegnern geblockt, jubelt sie.[14]

Greta bleibt hartnäckig, auch ihren Eltern gegenüber. Sie versuchen sie anfangs zu beruhigen, sie solle sich keine Sorgen machen, irgendjemand werde in der Zukunft schon etwas erfinden, die Menschen werden das schon unter Kontrolle bringen. Aber Greta hat sich eingelesen, sie kennt den Stand der Wissenschaft, der das Argument ihrer Eltern widerlegt. Sie zeigt ihnen Artikel und Diagramme. Und sie redet so lange, bis sie sich schuldig fühlen. Wie könnten sie für Menschenrechte eintreten, wenn sie ihrer Generation die Zukunft stehlen. Das trifft die Eltern, die sich für ein Miteinander engagieren und eine syrische Familie bei sich beherbergen.[15] „Greta hat uns ständig herausgefordert", erzählt ihr Vater Svante Thunberg später. „Sie hatte alles gelesen, die ganze Wissenschaft studiert. Irgendwann gingen uns die Argumente aus."[16] Die Eltern beginnen selbst, ihre klimaschädlichen Lebensgewohnheiten zu ändern. Ihr Vater ernährt sich vegan, ihre Mutter versucht es ihm gleichzutun, beide hören auf zu fliegen.[17]

Für die Opernsängerin, die für ihre Auftritte zu den großen Opernhäusern dieser Welt jettete, bedeutet das das Ende ihrer internationalen Karriere. Im März 2016 singt sie in Wien noch ein Konzert, fliegt zurück und bleibt seither auf dem Boden.[18] Später wird ihre Tochter erzählen, ihre Mutter mache jetzt Musicals, sie hätte zwar die Karriere ändern müssen, aber das sei nicht so etwas Großes.[19] Sie sieht die Dinge schwarz oder weiß, man lebe entweder nachhaltig oder nicht, „ein bisschen nachhaltig" gebe es nicht.[20] Dennoch hinterlässt das Verhalten der Eltern deutliche Spuren im Leben ihrer Tochter. „Ich sah, dass ich Leute dazu bringen konnte, sich zu ändern", sagt Greta rückblickend. „Greta war so glücklich. Weil wir zuhörten. Und reagierten. Ihre Worte machten einen Unterschied. Sie wurde gesehen", erzählen die Eltern. Greta entflieht der Ohnmacht und Depression einen wichtigen Schritt weit.[21]

Ihre Eltern leben nicht nur nachhaltig, sie gehen weiter. Ihre Mutter, die berühmte Sängerin Malena Ernman, setzt sich in ihrem Land öffentlich für Klimaschutz ein. Gemeinsam mit anderen schwedischen Prominenten – darunter der Biathlon-Olympiasieger Björn Ferrydem, der Politologe Staffan Lindberg und der Meteorologe Martin Hedberg – veröffentlicht sie im Jahr 2017 einen Artikel in der schwedischen Tageszeitung *Dagens Nyheter.* Thema: Warum sie künftig aufs Fliegen verzichten.[22]

Auch Tochter Greta verfasst einen Artikel über die Umwelt und reicht ihn bei einem Schreibwettbewerb von *Svenska Dagbladet* ein, eine der wichtigsten Zeitungen Schwedens. Im Mai 2018 wird er als einer der Siegerbeiträge veröffentlicht. Daraufhin wird ein Umweltaktivist auf sie aufmerksam, der junge Leute versammelt hat, um etwas gegen die Klimakrise zu tun. Greta nimmt an Telefonkonferenzen mit dieser Gruppe teil, sie besprechen, wie sie auf die Klimakrise aufmerksam machen können.

Es gibt mehrere Vorschläge, eine Demonstration, einen Marsch, eine Art Schulstreik. Also so etwas in der Art, wie es gerade im März in den USA passiert ist.[23] Dort verließen, genau einen Monat nachdem ein 19-Jähriger an seiner ehemaligen Schule in Parkland im US-Bundesstaat Florida ein Blutbad angerichtet hatte, zehntausende amerikanische Schüler im ganzen Land ihre Klassenzimmer und blieben dem Unterricht für 17 Minuten fern – eine Minute für jedes der 17 Opfer. Die Schüler demonstrierten damit für strengere Waffengesetze und gegen die US-Politik, die bei diesem Thema untätig blieb.[24]

Von allen Ideen gefällt Greta jene eines Schulstreiks fürs Klima am besten. Sie will auch andere in der Gruppe davon überzeugen. Aber die winken ab, sie glauben, ein Protestmarsch habe mehr Erfolg. Greta ist anderer Meinung. Sie nimmt an keinen Telefonkonferenzen mehr teil und schmiedet den Plan alleine weiter. Ihre Eltern versuchen es ihr auszureden.[25] Die Mutter überlegt, ihr den Streik zu verbieten, und zweifelt daran, ob Greta ihren Plan wirklich umsetzt. Aber Greta argumentiert, ein Protest reiche nicht mehr, es brauche eine Art zivilen Ungehorsams. Die Verletzung der Schulpflicht als bewusster Akt des Widerstands.

Während der Vorbereitung treffen Greta und ihre Eltern die schwedischen Klimaforscher Kevin Anderson und Isak Stoddard im Institut für Geowissenschaften CEMUS auf dem Campus der Universität Uppsala. Sie kennen einander seit dem Artikel gegen das Fliegen. Gretas Eltern erzählen den Wissenschaftlern, dass Greta sie zu Klimaschützern machte. Ihre Tochter wolle, wenn im August die Schule wieder losgehe, bis zur schwedischen Parlamentswahl vor dem Parlament streiken, drei Wochen lang. Die Wissenschaftler sprechen dem Mädchen Mut zu und loben es. „In Gretas Augen tritt ein Leuchten, und ich habe das Gefühl, genau in diesem Moment entsteht etwas in ihr. Ausgelöst durch das Gefühl, gesehen und gehört zu werden, in einem Zusammenhang, der ihr etwas bedeutet", schreibt ihre Mutter in dem Buch, das die Geschichte der Familie bis kurz vor dem Schulstreik erzählt.[26]

Je näher der Termin rückt, desto besser geht es Greta. Die Eltern sehen die positive Stimmung und beschließen, ihre Tochter zu unterstützen. Mit dem Vater besorgt sich Greta ein Stück übriggebliebenes Sperrholz aus dem Baumarkt, sie malen es weiß an, Greta pinselt drei Worte drauf, die sie schon längst im Kopf hat.[27]

Am Montag, dem 20. August 2018, marschiert die 15-jährige Greta, ein Zopf links, ein Zopf rechts, kariertes Hemd, blaue Weste, Hose mit Leopardenmuster, blaue Turnschuhe, ins Zentrum der schwedischen Hauptstadt, auf den Mynttorget-Platz. Sie setzt sich auf den gepflasterten Boden und lehnt sich mit dem Rücken an die Mauern des Reichstags, des schwedischen Parlaments,[28] rechts neben sich ihre rote Trinkflasche und der lila Rucksack, links neben ihr lehnt an der Mauer ihr weißes, selbst gebasteltes Schild. „Skolstrejk för klimatet" steht darauf, „Schulstreik fürs Klima".

Vor ihr liegt ein weißer A4-Zettel, beschwert mit einem Stein. Es ist ein Erklärtext für die Passanten: „Wir Kinder tun ja meist nicht das, was ihr sagt, was wir tun sollen. Wir machen, was ihr macht. Und da ihr Erwachsenen auf meine Zukunft scheißt, mache ich das auch. Ich heiße Greta und gehe in die 9. Klasse. Und ich mache den Schulstreik für das Klima bis zum Wahltag."[29]

Das Mädchen und die Menge

Wie konnte sich der Schulstreik eines Mädchens zu einem Klimaprotest mit Millionen Demonstrierenden auf der ganzen Welt auswachsen? Greta Thunberg zufolge ist das alles eher zufällig passiert. „Ich habe eigentlich nichts erwartet, ich habe nur gedacht, ich werde tun, was ich tun kann, um Aufmerksamkeit für die Klimakrise zu bekommen. Und wenn ich das tue, schreiben Medien vielleicht darüber und Leute beginnen, darüber zu reden", sagt Greta, „ich habe es nicht gemacht, um eine Bewegung zu schaffen."[30]

Gretas Schulstreik wirkte wie ein Funke für ein Thema, das von Jahr zu Jahr explosiver wurde: Die Folgen der Klimakrise waren immer spürbarer, die Vorhersagen der Klimaforscher immer dramatischer geworden. Thunberg setzte mit ihrer Aktion eine Aufmerksamkeitsspirale in Gang, die sowohl Social Media als auch klassische Medien weiter ankurbelten. Gleichzeitig war die Verlagerung des Protests vom Internet auf die Straße von vornherein vollzogen, weil Greta ihren Protest parallel an beiden dieser Orte begonnen hatte. Damit machte sie sich selbst zum Vorbild für alle, die ihr folgen wollten. Um im Detail nachzuvollziehen, wie der Schneeball zur Lawine wurde, begeben wir uns zurück an den Anfang.

20. August 2018, die 15-jährige Greta setzt sich vor das schwedische Parlament und beginnt damit ihren dreiwöchigen Streik. Umgehend macht sie ihren Protest auf Twitter[31] und Instagram[32] öffentlich. Einer der Ersten, die an diesem Tag die Kunde des Klimastreiks verbreiten, ist Ingmar Rentzhog. Der Unternehmer gründete ein soziales Netzwerk namens „We don't have time", das Klimaschützer zusammenbringen will.[33] „Er sprach mit mir und machte Fotos, die er auf Facebook postete", erzählt Thunberg.[34] Die Starthilfe des Unternehmers wird ihr später noch gehörig Probleme bereiten (siehe Seite 133 ff.). Rasch verbreitet sich die Nachricht über das Mädchen vor dem Parlament in den sozialen Netzwerken. Es dauert nur wenige Stunden, bis das schwedische Boulevardblatt *Aftonbladet* auf die 15-Jährige aufmerksam wird und ein Kamerateam vorbeischickt. Noch am selben Tag erscheint der erste Artikel über den Schulstreik.[35]

Schon in den ersten Tagen fordert Greta Thunberg Gleichgesinnte auf Twitter auf, sich ihrem Klimastreik anzuschließen. Wer nicht in Stockholm wohne, solle sich einfach vor das Rathaus in ihrem/seinem Heimatort setzen und ein Foto in den Social Media posten. Wer ihre Social-Media-Beiträge aus den ersten Tagen ihres Protests durchforstet, kann dabei zuschauen, wie die Gruppe wächst. Am zweiten Tag des Streiks sitzt am frühen Vormittag schon ein Junge neben ihr.[36] „Ich war sehr überrascht, ich habe nicht mit dieser Reaktion gerechnet", sagt Greta. „Aber es war auch ein großer Schritt, denn von eins zu zwei ist immer der härteste und der größte Schritt. Sobald man diesen Schritt durchlaufen hat, ist man nicht mehr weit davon entfernt, eine Bewegung zu schaffen."[37] Am späten Vormittag sind weitere fünf Mädchen und zwei Frauen dazugekommen. Greta, auch das sieht man auf den Bildern dieser Tage, sitzt meist am Rand der Gruppe. Selbst wenn die anderen sie einkreisen, wirkt sie mittendrin alleine.

An ihrem dritten Streiktag gibt die Jugendliche der anwachsenden Gruppe eine erste Leitlinie vor. Es handle sich bei den Demonstrierenden um eine Initiative, die von politischen Parteien völlig unabhängig sei. „Alle sind willkommen. Alle Altersgruppen." Am selben Tag streikt der erste Lehrer mit. Am vierten Tag sind es mehr als dreißig Leute, darunter zwei Frauen mit Kinderwagen, auf ihrem Zettel vor ihnen steht mit Farbstiften „Föräldrar för barnens framtid" geschrieben, „Eltern für die Zukunft der Kinder".

Währenddessen melden sich die ersten internationalen Journalisten von CNN und Euronews. Schwedische Journalisten haben sie zu dem Zeitpunkt schon längst vor Ort aufgesucht. Die Bilanz der ersten Streikwoche: Interviews mit mindestens sechs großen schwedischen Tageszeitungen sowie dem Schwedischen und dem Dänischen Rundfunk.[38] Mehrere Politiker, darunter zwei schwedische Parteichefs, kommen vorbei, um mit dem Mädchen zu sprechen.[39]

Gretas klare, harte Worte treffen einen Nerv in heißen politischen Zeiten. Die Wahl zum schwedischen Parlament steht in wenigen Wochen an und der Sommer 2018 ist ein Sommer der Extreme. Weltweit, aber vor allem auch in Schweden.

Wochenlang ist dort der Regen ausgeblieben, der Sommer ist außergewöhnlich trocken und außergewöhnlich heiß. Durch die Hitze wüten im ganzen Land Waldbrände historischer Dimension. Dörfer müssen evakuiert werden.[40] Die Lage ist so verheerend, dass die Regierung Teile der Wälder mit Kampfflugzeugen bombardieren lässt. Einem Militärsprecher zufolge soll die Druckwelle der Explosion die Flammen löschen.[41] Einen Monat bevor sich Thunberg vors Parlament setzt, musste Schweden andere Länder um Hilfe bitten, weil es den Flächenbränden nicht Herr wurde. Das bringt auch die Regierung unter Druck.[42]

Die EU-Kommission vermeldet schließlich, dass Schweden mit 360 Helfern, sieben Flugzeugen, sechs Hubschraubern und 67 Fahrzeugen im Kampf gegen die Waldbrände unterstützt worden sei. Das ist bis dahin die größte europäische Zivilschutzoperation des Jahrzehnts, die größte personelle Unterstützung im Kampf gegen Waldbrände überhaupt. Der EU-Kommissar für humanitäre Hilfe, Christos Stylianides, ist selbst ins Katastrophengebiet gereist und erklärt: „Die verheerenden Waldbrände in Schweden haben erneut den Einfluss des Klimawandels hervorgehoben und gezeigt, dass wir uns einer neuen Realität stellen müssen."[43]

Rasant wie Feuer breitet sich auch die Bewegung aus. Aktivisten aus dem ganzen Land schließen sich Thunbergs Aufruf an, sie streiken in Göteborg, Malmö, Umeå and Örebro.[44] Neun Tage nach dem ersten Streiktag gibt Norwegens größte Jugend-Umweltschutzorganisation Natur og Ungdom bekannt: „Nächsten Freitag werden wir in Solidarität mit Greta Thunberg einen Schulstreik organisieren".[45] Ausländische Medien berichten über Greta, der britische *Guardian*[46], das deutsche ZDF[47], der niederländische Rundfunk NOS[48]. Die junge Schwedin fügt dem Hashtag #klimatstrejk, den sie seit 20. August 2018 für ihre Social-Media-Postings verwendet, ab 2. September den internationalen Hashtag #climatestrike hinzu.

Am 4. September 2018 schwappt die Protestwelle in die Niederlande über, dort demonstriert „in Solidarität mit Greta Thunberg" eine kleine Gruppe von jungen Mitgliedern der Tierpartei vor dem Parlamentsgebäude in Den Haag.

Am 7. September geht schließlich die erste Demo in Oslo über die Bühne.[49] Es sind bislang überall nur kleine Menschenansammlungen, aber der Protest wird international. Am selben Freitag, an dem in Oslo Menschen auf die Straße gehen, endet Gretas dreiwöchiger Schulstreik. Am Samstag – dem Tag vor der schwedischen Parlamentswahl – nimmt sie am „Klima-Marsch" teil, einer Kampagne der amerikanischen Organisation People's Climate Movement, die von San Francisco ausgeht und seit 2014 weltweit zigtausende Menschen auf die Straßen bringt.[50] Der Protest richtet sich gegen die Staatenlenker, die die Klimakrise ignorieren.[51] Bei der Veranstaltung in Stockholm spricht auch Thunberg, die binnen dreier Wochen zur lokalen Berühmtheit wurde. Es ist ihre erste öffentliche Rede.[52]

Sie hält sie auf Englisch und liest vom Zettel ab. Unter großem Jubel des Publikums verkündet die 15-Jährige, dass sie ihren Schulstreik fortsetzen werde. Sie wolle von nun an jeden Freitag vor dem schwedischen Parlament demonstrieren, bis ihr Land eine nachhaltige Klimapolitik sichergestellt habe.

„Die Erwachsenen haben uns im Stich gelassen. Und da die meisten von ihnen, einschließlich der Presse und der Politiker, die Situation weiterhin ignorieren, müssen wir es selbst in die Hand nehmen. Ab heute", sagt Thunberg. „Jeder ist willkommen. Jeder wird gebraucht. Bitte macht mit!"[53] Den Text ihrer Rede stellt sie noch am selben Tag auf Twitter.

Die Nachricht endet mit zwei neuen Hashtags: #FridaysForFuture #FFF.[54]

Das Mädchen und die Masse

31. Mai 2019. Da steht sie nun, im prächtigen Großen Saal der französischen Botschaft in Wien, abgewetzte Laufschuhe, zerknittertes Hemd, knetet mit den Fingern ihren Zopf. Sie blickt so stoisch durch das Balkonfenster hinunter auf den Schwarzenbergplatz, als hätte der Massenauflauf dort unten gar nichts mit ihr zu tun.

Greta Thunberg, mittlerweile 16 Jahre alt, international bekannte Klimaaktivistin mit Asperger-Syndrom, beobachtet, wie immer mehr Menschen zur Bühne strömen, auf der sie bald die Abschlussrede halten wird. Wenige Minuten zuvor war sie selbst noch mit den Demonstrierenden marschiert, ganz vorne, gleich hinter den Bannerträgern. „Wir streiken bis ihr handelt", stand darauf in Großbuchstaben geschrieben. Unter ihren Arm hatte sie ihr Schild geklemmt, „Skolstrejk för klimatet".

Um sie herum marschierten österreichische Aktivisten, die die Aufgabe hatten, sie mit einer eigenen Technik vor Fremden abzuschirmen, etwa vor lästigen Journalisten oder Selfie-Jägern. „Wir nehmen die Zukunft jetzt in unsere Hand", skandierte die Menge. Greta Thunberg marschierte in der Mitte, versuchte die Lippen zum deutschsprachigen Schlachtruf mitzubewegen, blieb aber leise und trotz ihrer Prominenz unscheinbar.[55]

Während die Demonstrierenden unten am Schwarzenbergplatz ihren Protest weiter skandieren, stehen für Thunberg in der französischen Botschaft nebenan noch zwei Interviewtermine auf dem Programm. Der Zeitplan ist straff. Thunberg wirkt nicht so, als hätte sie Stress, sie blickt auf die Demo da draußen wie andere ins Feuer. „35.000?", fragt sie irgendwann leise. Dann lächelt sie.

35.000. So viele Menschen haben laut den österreichischen Fridays-for-Future-Organisatoren beim so genannten „Greta-Streik" in Wien gegen die versagende Klimapolitik demonstriert. Die Polizei schätzt die Zahl auf 5000. Fest steht, es waren sehr viele. Einiges ist passiert in den vergangenen neun Monaten, seit sich Thunberg alleine vor den schwedischen Reichstag setzte. Sie traf den UN-Generalsekretär, den Papst, den EU-Kommissionspräsidenten. Sie wurde zur Schwedin des Jahres gewählt, zierte das Cover des *Time Magazine*, wurde für den Friedensnobelpreis nominiert.

Am 30. November 2018, drei Monate nach dem ersten Streiktag, war der Protest in eine Massenbewegung gekippt. Während die Solidaritätsdemos in Europa eher aus Grüppchen bestanden, ziehen auf der anderen Seite des Planeten tausende australische Schüler auf die Straßen von Sydney, Melbourne und Brisbane. Lautstark protestieren sie im Kohleland Australien für das Klima.[56] In den Tagen zuvor war eine Hitzewelle über den Kontinent gerollt, im australischen Queensland wüteten rund 200 Buschbrände, tausende Menschen mussten ihre Häuser verlassen.[57] Gleichzeitig hatte ein großer Bergwerkskonzern angekündigt, ein großes Kohleprojekt voranzutreiben.

Schon Tage vor der großen Demo waren Schüler vor das australische Parlament gezogen und verlangten Antworten von Premierminister Scott Morrison, der gerade frisch ins Amt gekommen war. Der hatte die Stimmung weiter aufgeheizt, indem er den Schülern ausgerichtet hatte, sie sollten sich „stärker aufs Lernen" und „weniger auf Aktivismus konzentrieren", er lehne es ab, wenn „Schulen in Parlamente verwandelt werden".[58]

Für Thunberg sind diese Proteste auf der anderen Seite der Erde ein Wendepunkt. „Wir waren davor nicht so viele. Australien öffnete viele Türen", sagt Thunberg. „Und dann haben sie in Deutschland, Belgien und in zahllosen anderen Ländern mitgemacht. Dann ist es einfach eskaliert."

Je größer der Protest wird, desto größer wird die Aufmerksamkeit. Je größer die Aufmerksamkeit, desto bekannter wird Thunberg.

Sie spricht auf der UN-Klimakonferenz im polnischen Kattowitz, auf dem Weltwirtschaftsforum im Schweizer Davos, vor Mitgliedern des Europäischen Parlaments in Brüssel. Sie trägt ihre Reden leise und ernst vor. Das junge, zerbrechliche Mädchen, das den Mächtigen in glasklarer Sprache die Leviten liest, entwickelt eine eigene Kraft. Ihre Worte verbreiten sich viral über die sozialen Netzwerke, sie sind so eindringlich, dass in Deutschland im Frühsommer ein Buch mit ihren gesammelten Reden von Anfang September 2018 bis Ende März 2019 erscheint.

Thunbergs Sätze werden zu geflügelten Worten. „Ihr sagt, ihr liebt eure Kinder über alles. Und trotzdem stehlt ihr ihnen ihre Zukunft" (Kattowitz). „Unser Haus steht in Flammen."/„Ich will, dass ihr in Panik geratet" (Davos). „Stellen Sie sich einfach hinter die Wissenschaft" (Brüssel).[59] Sie finden sich bald auf den selbstgebastelten Schildern junger Demonstranten wieder. „Our house is on fire", „You are stealing our future", „Unite behind the science".

„Ich habe gelernt, dass man nie zu klein dafür ist, einen Unterschied zu machen", steht auf dem Schild von Eylül, die mit tausenden anderen am Wiener Heldenplatz protestiert, wo der Wiener Greta-Streik seinen Ausgang nimmt. Es ist ein Zitat aus Thunbergs Rede beim UN-Klimagipfel in Kattowitz. Eylül kam schon zur ersten großen weltweiten Demo im März 2019, aber weniger wegen des Klimas, eher wegen der Freunde. Dort hörte sie von Thunberg. „Ich habe mir gedacht, eine Person kann viel erreichen", sagt Eylül, „Greta war eine Inspiration für mich." Noch am selben Tag recherchierte Eylül im Internet über die Klimakrise. Jetzt, zwei Monate später, sagt Eylül, 15 Jahre alt, inmitten der Demo-Masse: „Die CO_2-Steuer interessiert mich sehr." Sie hat schulfrei, sie ist trotzdem hier.

Nur ein paar Meter hinter Eylül steht Lina, elf Jahre alt. Sie hat die Schwedin in einer Nachrichtensendung für Kinder gesehen. „Greta hat alle ermutigt, etwas für den Klimaschutz zu tun", sagt Lina. Auf ihrem Schild steht: „Greta, du machst uns stark".

Der Demozug, der sich vom Heldenplatz über den Ring zum Schwarzenbergplatz schiebt, ist eindrucksvoll. Thunberg hat aus einer Ein-Mädchen-Demo eine globale Ökologiebewegung gemacht, die die Klimakrise auf die politische Agenda hievte und junge Menschen für Politik begeistert. Auch in Österreich.

Da steht sie nun im zweiten Stock der französischen Botschaft, im Großen Saal. Dem Tross, der sie begleitet, entkommt sie leise und unauffällig. Sie steht nun beim anderen Fenster, allein. Thunberg blickt noch immer stoisch hinunter auf die Menschen, die zum Schwarzenbergplatz strömen, in ihren Händen Schilder wie „Great Greater Greta" und „Wir sind mit Marvel, Harry Potter und Star Wars aufgewachsen. Natürlich schlagen wir zurück".

Bewegt sie das? Greta Thunberg sagt wie immer nur so viel, wie sie sagen muss. Sie sagt: „Ja."

Die Marke Greta

Sein Hinterteil ist honigfarben, er hat weder Augen noch Flügel und er ist kleiner als ein Millimeter. Der Käfer heißt Nelloptodes gretae, das gretae steht für Greta. „Ich habe diesen Namen gewählt, weil ich von der Arbeit der jungen Aktivistin sehr beeindruckt bin und ihren herausragenden Beitrag zur Sensibilisierung für Umweltfragen würdigen wollte", erklärt der Entdecker des Käfers, Michael Darby.[60]

Eine Designagentur bietet eine neue Schriftart kostenlos zum Download an, die „Greta Grotesk". Sie wurde aus den Buchstaben von Gretas Schild „Skolstrejk för klimatet" entwickelt. Der Erfinder der Schrift erklärt, es habe ihn bewegt, wie viele Menschen dieses Mädchen inspiriert habe. Eines habe ihn gewundert: „Da gibt es dieses ikonische Stück visueller Kommunikation – und keinem fällt so richtig auf, wie zentral dieses Design für die Bewegung ist."[61]

Es sind nur zwei Beispiele, die zeigen, dass aus dem Mädchen eine Ikone wurde. Sie inspiriert nicht nur Aktivisten, die ihre Zitate auf Schilder schreiben oder „Zöpfchen an die Macht" fordern. Sie ist auch Muse für Künstler. Im Istanbuler Bezirk Kadıköy malen die Street Artists Mr. Dheo und Pariz One ein überdimensionales Thunberg-Porträt auf die Wand eines mehrstöckigen Hauses.[62] Film- und Fernsehstars hofieren sie. Ellen DeGeneres fühlt sich geehrt, die „erstaunliche Greta Thunberg" zu treffen[63], Leonardo DiCaprio bezeichnet sie als „eine Führerin unserer Zeit"[64], Jane Fonda erklärt, sie sei von Thunberg inspiriert worden.[65] Die Schauspielerin zog nach Washington, D.C., um dort mehrere Monate lang jeden Freitag vor dem US-

Senat für mehr Klimaschutz zu streiken. Weil das verboten ist, wurde sie regelmäßig von der Polizei in Handschellen abgeführt.[66] Dem prominenten Protest schlossen sich unter anderen auch die Schauspielerinnen Rosanna Arquette und Catherine Keener sowie der Seriendarsteller Sam Waterston[67] an, die sich allesamt ebenfalls verhaften ließen.[68]

Musiker remixen die Reden von Greta, sie werden mit Elektronik, Techno oder Death Metal unterlegt[69]. Den zwanzig Jahre alten Hit „Right Here, Right Now" des DJs Fat Boy Slim kombiniert jemand mit Greta Thunbergs gleichlautenden Textpassage „Right here, right now" aus ihrer Rede in New York. Fat Boy Slim gefällt das so gut, dass er die neue Version seines Hits selbst auf einem Konzert spielt.[70]

Greta, die Ikone, wird zu etwas, zu dem Ikonen immer werden: zum Konsumartikel. Das Mädchen, das sich aus Klimaschutzgründen kein neues Gewand mehr kauft und daher immer dieselben Sachen trägt, entwickelt sich zur Marke. Daraus schlagen findige Geschäftsleute Kapital. Ein Grafiker erstellt die kostenpflichtige Vektorgrafik „Greta Braids", mit der man sein eigenes Gesicht mit Greta-Zöpfen versehen kann, „um sich mit der jungen Klimaaktivistin zu identifizieren und den Klimawandel zu bekämpfen".[71]

Es gibt Greta-Sticker um 2,95 Euro[72], das Thunberg-Häferl um acht Pfund[73] und das T-Shirt mit dem aufgedruckten Greta-Zitat „You are never too small to make a difference" um 13,99 US-Dollar.[74] Ihr Konterfei findet sich als Leinwandbild, auf Wanduhren oder kuscheligen Fleece-Decken.[75] Auch der Büchermarkt kommt in Schwung. Das Kinderbuch „Greta and the Giants" handelt von einem kleinen Mädchen in einem wunderschönen Wald, das von Riesen bedroht wird, und ist „inspiriert von Greta Thunbergs Einsatz, die Welt zu retten".[76] Das Buch „Greta's story" wiederum ist ein Buch für junge Erwachsene und zeichnet ihren Schulstreik nach.[77] Ihre gesammelten Reden sind mittlerweile in verschiedenen Ausgaben erschienen.[78]

Greta hat einen Hype ausgelöst, der sie in wenigen Monaten berühmter machte als ihre Mutter. Aber sie wirkt nicht wie ein Star. Thunbergs Person fasziniert auch deshalb, weil sie jedes Klischee bricht. Eine 16-Jährige, die aussieht wie ein Kind, aber spricht wie eine Erwachsene. Ein Megastar, der so unscheinbar ist, dass er auf dem Weg zur Bühne selbst von seinen Fans nicht gesehen wird, aber auf der Bühne alles überstrahlt. Ein Symbol für ihre Generation, die gleichzeitig so anders ist als das typische Bild dieser Jugend. Ein junges Mädchen, das sich nicht wie andere Influencerinnen dabei filmt, wie es sich schminkt und hübsch macht, sondern das verzichtet und in alten Klamotten auftritt. Vor der Kamera rappt sie nicht, spielt keine Videospiele, treibt keinen Schabernack. Stattdessen spricht Thunberg über CO_2-Emissionen, Rückkopplungsschleifen und Kipppunkte, sie zitiert Klimaforscher und Studien. Trotzdem erreicht sie in den sozialen Netzwerken Millionen Fans.

Wer dem schüchternen Mädchen die Hand gibt, spürt keinen Druck in seinen Fingern, wer mit Greta spricht, hört sie kaum. Doch ihre Worte treffen wie leise Pfeile. So wie beim R20 Austrian World Summit 2019, wenige Tage vor dem Greta-Streik in Wien. „Zu lange sind Machthaber damit davongekommen, unsere Zukunft zu stehlen, um sie für Profite zu verkaufen", sagte Thunberg in der Wiener Hofburg. „Aber wir jungen Leute wachen auf. Und wir versprechen, wir werden euch nicht mehr damit davonkommen lassen." Dann setzte sich das Mädchen in die erste Reihe und wirkte so, als wollte es sich unsichtbar machen, während sich das Publikum hinter ihm zum Applaus von seinen Sitzen erhob.

Selten schien die Macht dieser Kombination aus rhetorischem Wunderkind und Verletzlichkeit größer als beim R20-Gipfel, als sie neben Arnold Schwarzenegger auftrat, diesem Gerät von einem Mann, fast 1,90 Meter groß, Stiernacken, Hände so groß wie Flossen. Am Vortag war das Bild um die Welt gegangen, der gealterte Actionstar legt seine Hände schützend auf die schmalen Schultern des Mädchens, zwei Köpfe kleiner als er. „Ich muss zugeben, dass ich von diesem Star beeindruckt war." Das schrieb Schwarzenegger über Thunberg. Nicht Thunberg über Schwarzenegger.

Die Verhältnisse scheinen sich umgekehrt zu haben. Schwarzenegger, der schon seit Jahren mit coolen Actionsprüchen gegen die Klimakrise ankämpft, stand plötzlich hinter Greta, fast wie im Schatten dieser kleinen Person. Thunberg sieht nicht aus wie eine Actionheldin, die den Weltuntergang alleine verhindern kann. Dieses zierliche, blasse Mädchen mit dem geflochtenen Zopf wirkt wie die Fleisch gewordene Unschuld. Es gibt der Opfergeneration in Zeiten der Klimakrise ein Gesicht. Ein Gesicht, das die Medien brauchen.

Making Greta great

Wer verstehen wollte, wie der Hype um Greta Thunberg entstanden war, der konnte das im Sommer 2019 noch einmal live beobachten. Denn ihre Geschichte wiederholte sich auf einem anderen Kontinent jenseits des Atlantiks. UN-Generalsekretär António Guterres hatte den UN-Klimagipfel in New York ins Leben gerufen, um die globalen Bemühungen im Kampf gegen die Klimakrise schneller voranzutreiben.[79] Thunberg war eingeladen. Aber da sie aus Klimagründen nicht fliegt, schipperte sie zwei Wochen lang als Stargast auf der Rennyacht Malizia II über den Atlantik.[80]

Europäische Medien berichteten ausführlich und kontrovers über die Segelreise der Klima-Ikone (siehe auch Seite 136), in den USA hatte Thunberg hingegen längst noch nicht diesen Bekanntheitsgrad. „Fast wirkt es so, als wäre sie ein Popstar, der Amerika erobern will", schrieb der deutsche *Spiegel* in diesen Tagen. Ihr erster Termin in New York: der freitägliche Schulstreik, diesmal vor dem UN-Gebäude. „Die Zahl der Medienvertreter war fast so groß wie die der Aktivisten", beobachtete Christian Zaschke, USA-Korrespondent der *Süddeutschen Zeitung*. Die meisten arbeiteten zwar offenbar für europäische Arbeitgeber, aber langsam wuchs auch das Medieninteresse in den USA.[81]

Beim darauffolgenden Schulstreik in Washington vor dem Weißen Haus ein sehr ähnliches Bild: wenige hundert Menschen auf der Demo, darunter sehr viele Journalisten.[82] Thunberg absolvierte in Amerika Termin um Termin, sie traf den ehemaligen US-Präsidenten Barack Obama, sprach auf einer Veranstaltung mit der berühmten Globalisierungskritikerin Naomi Klein, war in der Late-Night-Show von Trevor Noah zu Gast. „In den USA stürzt sich vor allem die Prominenz auf Greta Thunberg", schreibt Zaschke.[83] Noch bevor Thunberg die erste große Klima-Demo in den USA anführen sollte, war sie binnen kürzester Zeit auch jenseits des Atlantiks zu einem Medienphänomen geworden.

Drei Wochen nach ihrer Ankunft in New York ging der Globale Klimastreik über die Bühne. 5000 Menschen waren in der US-Metropole zur Demo angemeldet, es kamen schließlich zwischen 60.000 (laut Büro des New Yorker Bürgermeisters) und 250.000 (laut den Organisatoren). Viele davon waren Schüler, denen die Schulen freigegeben hatten, sofern sie von den Eltern für den Protest entschuldigt worden waren. Als Thunberg auf der riesigen Bühne im Battery Park im Süden Manhattans auftrat, empfingen sie die tausenden Demonstranten unter großem Jubel.[84] Sie war nun der Popstar geworden, der die Vereinigten Staaten eroberte. Die Medien hatten Greta ein zweites Mal groß gemacht.

Dabei ist das alles eigentlich ein großes Missverständnis – die Medien und Greta Thunberg.

Da steht auf der einen Seite ein Mädchen, das sehr wenig von Journalisten hält. Oft erzählt Thunberg die Geschichte, als sie mit etwa acht Jahren das erste Mal vom Klimawandel hörte, den die Menschen kreierten und der eine existenzielle Krise zur Folge hat. Sie konnte es nicht glauben. Denn wenn tatsächlich eine Katastrophe drohte, warum finde sie darüber nichts in den Medien? „Sobald man den Fernseher einschaltete, müsste es um nichts anderes gehen. Schlagzeilen, Radio, Zeitungen – man würde von nichts anderem lesen oder hören. Als ob ein Weltkrieg im Gange wäre."[85] Heute wirft Thunberg der Presse vor, nicht ausreichend über die Klimakrise zu berichten, und gibt ihr einen gehörigen Teil der Schuld am Versagen in der Klimapolitik.[86]

Sie hat sich diese Meinung hart erarbeitet. Bevor sie bekannt wurde, durchkämmte Thunberg jeden Tag systematisch die vier größten schwedischen Zeitungen nach Umwelt- und Klimageschichten und berechnete dann deren Anteil – es waren täglich weniger als zwei Prozent.[87]

„Vielleicht gibt es finanzielle Gründe, vielleicht interessiert es die Journalisten nicht", mutmaßt Thunberg über die Gründe für die Ignoranz der Medienschaffenden. „Ich habe viele von ihnen getroffen, die diese Krise nicht verstehen. Sie wissen zum Beispiel nicht, was die Keeling-Kurve[88] ist. Das ist ein riesiges Problem. Denn die Medien sollten uns darüber aufklären. Es ist ihre Aufgabe, Menschen darüber zu informieren, was passiert. Wenn Medien nicht darüber berichten, werden die Menschen nicht verstehen, was auf dem Spiel steht." Das Problem dabei ist nur: Journalisten berichten nun mehr über sie als über ihr Anliegen – die Klimapolitik.

Thunberg polarisiert, sie erfährt viel Kritik (siehe Seite 127 ff.), aber auch hymnischen Zuspruch. Schwedische Zeitungen verehren sie, *Dagens Nyheter* bezeichnet sie als „Quelle unseres nationalen Stolzes"[89], *Aftonbladet* kürt sie 2019 zur „Frau des Jahres".[90] Auch international regnet es Rosen, in Österreich erklären sie etwa das Nachrichtenmagazin *Profil*[91] und die *Kleine Zeitung*[92] zum „Menschen des Jahres 2019", der deutsche *Spiegel* bezeichnet Thunberg als „Erlöserin und Weltenretterin" und fragt sich: „Kann es sein, dass sie in einer verrückten Welt die einzige Vernünftige ist?"[93] Die wissenschaftliche Zeitschrift *Nature* zählt sie zu den zehn Personen, die die Wissenschaft im Jahr 2019 geprägt haben,[94] das *Time Magazine* nennt sie „die größte Stimme für das größte Problem des Planeten" und zeichnet sie Ende Dezember 2019 als „Person of the Year" aus. Sie ist damit die jüngste Person, die diesen Titel je erhalten hat.[95]

Ein kurioses Beispiel des Medienhypes zeigte sich im Herbst 2019. Als Thunberg den Nobelpreis nicht gewann – sie galt im Vorfeld als größte Favoritin[96] – titelte die Boulevardzeitung *Heute* nicht mit dem Namen des Gewinners, sondern brachte die Schlagzeile: „Kein Friedensnobelpreis für Greta"[97]. Der deutsche *Express* bot da schon mehr Details: „Ein Mann bekommt Friedensnobelpreis – Greta geht leer aus"[98]. Und als der geplante Weltklimagipfel wenige Wochen später in Chile aufgrund der Unruhen im Land abgesagt wurde und Spanien als Austragungsort einsprang, titelte die *Kronen Zeitung:* „Klimagipfel findet jetzt in Spanien statt: Wie reist Greta an?"[99] Das war die Nachricht. Und nicht, was auf der Weltklimakonferenz tatsächlich politisch zu verhandeln war.

Dass die Presse wie besessen von Greta zu sein scheint, hat einen einfachen Grund. Für die Medien liefert Thunberg den Stoff für die perfekte Geschichte. Ihr Leben vereint gleich mehrere historisch erfolgreiche Erzählungen.

Da ist die biblische Geschichte von David gegen Goliath, in der ein junger Mensch einem übermächtigen Gegner gegenübersteht und ihm mutig die Stirn bietet – mit glücklichem Ausgang.

Da ist die Adaption des Märchens „Des Kaisers neue Kleider": Ein Kind, das als einziges die Welt klar sieht und ruft: „Der Kaiser ist nackt", während alle anderen so tun, als wäre die Welt normal und der Kaiser trage den feinsten Stoff der Welt.

Da ist die typische Heldengeschichte, wie aus einem Kitschroman: Das traurige Mauerblümchen, das im Kampf für das Gute aufblüht, über sich hinauswächst, glücklich wird und tausende Freunde findet. Da sind die Hollywood-Kassenschlager „Rain Man" und „Das Mercury Puzzle", die von den faszinierenden Fähigkeiten von Autisten erzählen.

Und da sind die vielen journalistischen Nachrichtenfaktoren[100], die Thunbergs Kampf zur guten Geschichte werden lassen. Der Zeitpunkt ihres Protests, der für die Medien ideal war, weil die Tage durch den Hitzesommer 2018 samt Waldbränden und Parlamentswahlen politisch aufgeheizt waren. Die örtliche Nähe, die für die schwedischen Medien zu Beginn des Streiks ausschlaggebend war. Das überraschende Ereignis, dass ein Mädchen alleine gegen die mächtige Politik demonstriert. Der Konflikt des Schülerstreiks, in dem ein Mädchen die Regeln bricht, um die Welt zu retten. Die Prominenz der Mutter. Schließlich die Personalisierung – also ein Gesicht, das der Klimabewegung so lange fehlte.

Und was für eine interessante Persönlichkeit, die zugleich scheu und mutig ist, sich sehr sonderbar verhält, aber bestens informiert ist, druckreif spricht und eine Botschaft liefert, die von der Wissenschaft gestützt wird und unter die Haut geht. Die zugleich unschuldig und authentisch wirkt, zuerst ihre prominente Familie ändert und sich dann die ganze Welt vornimmt – und damit die Massen begeistert. Und die gleichzeitig enorm polarisiert, die nicht nur Fans gewinnt, sondern auch den Zorn von Menschen auf sich zieht, für die die Ikone mit den Zöpfen zum Feindbild geworden ist.

„Dem journalistischen Faszinosum Thunberg war somit bald internationale Aufmerksamkeit garantiert, wobei sich traditionelle und digitale soziale Medien wechselseitig verstärkten", schreiben die deutschen Protestforscher Dieter Rucht und Moritz Sommer über das Medienphänomen.[101] Man kann das an ihren Reden sehen, die sich über die sozialen Netzwerke viral verbreiten. „Sie werden millionenfach angeschaut und dann in Nachrichtengeschichten eingebettet", sagt Matthew Nisbet, Professor für Kommunikation an der Northeastern University in Boston, Massachusetts. „Es ist Drama, es ist etwas Neues, es ist Authentizität, es ist Katastrophe."[102]

Wo Greta ist, ist Rummel. Und Greta ist immer irgendwo. Sie hält nicht nur Reden, sie trifft Politiker und Promis, nimmt an Demonstrationen im Ausland teil, bekommt Preise, segelt öffentlichkeitswirksam mit dem Boot CO_2-neutral in die USA und wieder zurück. Sie liefert damit permanent Gesprächsstoff und Bilder.[103]

Dabei sagt Thunberg, sie stehe selbst nicht gern im Mittelpunkt.[104] Tatsächlich vermeidet sie im persönlichen Gespräch mit Journalisten Smalltalk und wirkt nicht so, als ob sie mit viel Lust ins Mikrofon spreche. Sondern eher so, als ob das eben eine lästige Notwendigkeit ist, die sie für ihre Mission halt auch machen muss. Bei ihrem Besuch in Wien hatten die Journalisten, die Thunberg interviewen konnten, deutlich weniger Zeit als für andere Interviews.

Auf Pressekonferenzen kann man beobachten, wie sie lieber den anderen den Vortritt lässt und eher davon genervt wirkt, wenn die Fragen nur an sie gerichtet werden.[105] Als sie der US-Kongress im September 2019 zu einer Anhörung zum Thema Klimawandel lädt, hält sie keine Rede, sondern überreicht den Abgeordneten stattdessen den Bericht des Weltklimarates. „Ich will nicht, dass Sie auf mich hören", erklärt sie, „ich will, dass sie auf die Wissenschaftler hören."[106] All das vermittelt den Eindruck, dass es Thunberg ehrlich um die Sache geht, und nicht um sich selbst.

Stört es Thunberg, dass die Medien mehr über sie berichten als über die wissenschaftlichen Berichte des Weltklimarates, die Thunberg ständig zitiert? „Ja. Es gibt einen riesigen Fokus auf mich als Person und nicht auf die Bewegung oder die Klimakrise selbst", sagt Thunberg. „Aber wenn Journalisten über mich schreiben, dann müssen sie auch über die Klimakrise schreiben. Das ist zumindest etwas. Wenn es mir dabei hilft, dass mehr über die Klimakrise geschrieben wird, dann ist das okay für mich."

Die Strategie ist aufgegangen. Die Medien machten das Mädchen zum Star und verliehen ihm in der Öffentlichkeit politisches Gewicht.[107] Aber reicht das für eine gesellschaftliche Veränderung?

Spulen wir dazu noch einmal kurz zurück, an die Stelle, wo alles begann.

Das junge Mädchen tritt beim UN-Gipfel auf die Bühne, sie redet den Mächtigen der Welt ins Gewissen. „Ihr Erwachsenen müsst euer Verhalten ändern", befiehlt sie den Leuten im Publikum. Sie erzählt in eindringlichen Worten davon, welche Katastrophen deren Lebensweise hervorruft. Tiere und Pflanzen sterben aus, die Welt verwüstet, die nächste Generation bangt um ihre Zukunft. „Was ihr tut, bringt mich in der Nacht zum Weinen. Ihr sagt, ihr liebt uns, aber ich fordere euch auf: Bitte, tut das, was ihr sagt." Die Zuhörer im Publikum hängen an ihren Lippen. Als sie ihre Rede beendet, erheben sie sich von ihren Sitzen und klatschen Beifall.[108]

Die Rede sorgt weltweit für Aufmerksamkeit, das Mädchen wird berühmt. Es heißt Severn Cullis-Suzuki und ist zwölf Jahre alt. Wir schreiben das Jahr 1992, Rio de Jainairo, die erste große Umweltkonferenz der Vereinten Nationen. Die Veranstaltung markiert den Beginn der internationalen Klimapolitik.

Wer heute Cullis-Suzuki hört, denkt eher an ein Motorrad als an die Umwelt; ihr Name ist so gut wie vergessen. So wie jener der 18-jährigen Selina Leem von den Marshallinseln, die 2015 auf der 21. Weltklimakonferenz in Paris eine berührende Rede hielt. Sie erzählte davon, wie Kokospalmen auf ihrer Insel weggeschwemmt wurden, auf die sie als Kind immer geklettert war. Wie die Wellen des Pazifiks die Gräber der Verstorbenen verschluckt haben und wie sie bald die ganze Insel unter sich begraben könnten. Sie sprach von ihrer Hoffnung, dass die Marshallinseln gerettet werden.[109] Auch ihren Namen kennt heute kaum jemand mehr.

Im Jahr 2012 wurde Cullis-Suzuki zum zwanzigjährigen Jubiläum ihrer Rede gefragt, ob sie erfolgreich gewesen sei. „Es ist nicht leicht einzuschätzen, ob man einen Einfluss auf das Bewusstsein der Menschen gehabt hat", antwortete sie. „Heute, nach zwanzig Jahren, würde ich sagen, wir haben es nicht geschafft, die Welt nachhaltiger zu gestalten."[110]

Zwei Dinge kann man daraus ableiten: Erstens, ein Kind, das authentisch um seine Zukunft bangt und auf offener Bühne die älteren Generationen maßregelt, ist eine Nachricht. Zweitens, sie ist noch keine Garantie für Veränderung. Dafür braucht es mehr. Etwas anderes. Eine Bewegung.

DIE WELT DER FRIDAYS

Ölkonzerne –
pumpen in der Ferne –
zerstören unsere Umwelt –
nur für 'nen Batzen Geld –
worin wir unsere Zukunft sehn –
erneuerbare Energien –

das war noch viel zu leise –
drum singen wir jetzt lauter –

Der Rausch der Erde

Svante Arrhenius, Sohn eines Landvermessers, zeigt schon in der Schule seine große Begabung für Naturwissenschaften. Er studiert Mathematik, Chemie und Physik in Uppsala, forscht in Stockholm, Amsterdam, Würzburg und Graz. Der Schwede mit dem Schnauzbart wird zu einem der begnadetsten Naturwissenschaftler des 19. Jahrhunderts. Für seine Arbeit an der „elektrolytischen Dissoziation" bekommt er 1903 den Chemie-Nobelpreis.[1]

Seine wichtigere Leistung für die Menschheit ist jedoch eine andere: Arrhenius ist der Erste, der den Treibhauseffekt berechnet. Er zeigt damit, wie stark CO_2 in der Atmosphäre die Temperatur beeinflusst. Der Forscher ist begeistert. Vor seinem geistigen Auge sieht er ein blühendes Schweden, in dem das Klima endlich milder wird. 1908 schlägt er deshalb vor, absichtlich Kohle zu verbrennen, „um eine Ära mit angemessenen und besseren Klimata zu genießen, vor allem in Hinblick auf kältere Regionen der Erde".[2]

Der Treibhauseffekt ist keine Erfindung des Menschen. Es gab ihn schon immer, er findet natürlich statt und sichert unser Leben, wie wir es kennen. Ohne ihn würde die Erde gefrieren, es hätte statt 15 Grad plus im Schnitt 18 Grad minus.[3] Wenn Klimawandelleugner also erklären, ohne Treibhausgase wie CO_2 gäbe es kein menschliches Leben auf dem Planeten, haben sie recht. Aber sie unterschlagen den zweiten Teil der Wahrheit: In rauen Mengen können Treibhausgase das Leben der Menschen gefährden.

Beginnen wir die Geschichte über den Treibhauseffekt genau in der Mitte, bei der Sonne, diesem urgewaltigen Stern. Er besteht zum Großteil aus Wasserstoff, in seinem Inneren brennt ein Fusionsfeuer. Das lässt Wasserstoff-Atomkerne zu Helium verschmelzen, durch diese Kernfusionen wird enorme Energie freigesetzt.[4] Ein Teil dieser Energiestrahlen trifft die Erde. Der Volksmund nennt das: Die Sonne scheint. Wenn diese geballte Sonnenenergie auf die Erde knallt, passiert – grob vereinfacht – zweierlei mit ihr.

Erstens: nichts. Die Erde spiegelt die Sonnenstrahlen einfach wieder zurück. Je heller die Erdoberfläche ist, desto mehr Sonnenstrahlen wirft sie wieder in die Dunkelheit des Alls retour. Eine einfache Regel lautet so: Eis reflektiert stark, das dunkle Wasser des Ozeans kaum.[5] Man kennt das: Wenn man im Winter bei Kaiserwetter durch den Schnee stapft, glitzert der Schnee. Die Sonne blendet einen selbst dann, wenn man auf den Boden blickt.

Nun zum zweiten, entscheidenden Punkt: Die Sonnenstrahlen, die nicht zurückgespiegelt werden, verwandelt die Erde in Wärme. Es glitzert nicht, es heizt auf. Auch das kennt man aus dem Alltag: Wenn man im Hochsommer bei Kaiserwetter barfuß unterwegs ist, verbrennt man sich auf der schwarzen Asphaltstraße die Füße, weil sie unerträglich heiß wird.

Dass die Straße in der Nacht abkühlt, hat einen einfachen Grund: Der Boden gibt die Wärme ab. Einerseits wird sie von der Luft aufgenommen, die sich dadurch erwärmt. Andererseits verliert der Boden sie in Form von unsichtbaren Wärmestrahlen, die nach oben steigen.

Im Grunde passiert mit der Sonnenenergie also immer dasselbe: Sie knallt auf die Erde und prallt wieder von ihr ab. Sowohl Sonnenstrahlen als auch Wärmestrahlen verlassen den Planeten in Richtung Weltraum.[6]

Das gelingt ihnen aber unterschiedlich gut. Und das liegt am Treibhauseffekt, der Wurzel der Klimakrise. Treibhausgase wie CO_2 lassen zwar die Sonnenstrahlen auf ihrer Rückreise ins All ohne weiteres passieren. Wärmestrahlen aber nicht. Je mehr Treibhausgas-Moleküle durch die Luft schwirren, desto mehr Wärme staut sich auf.

Das berühmteste Bild, um diesen Effekt zu beschreiben, ist das Glashaus. Es heizt derart auf, dass darin selbst im Winter Tomaten und Gurken gedeihen können. Das liegt zwar vor allem an der Luft, die

sich erwärmt und nicht entweichen kann. Aber auch der Treibhauseffekt spielt eine gewisse Rolle: Die Sonnenstrahlen kommen leicht
durchs Glas hinein. Jene, die reflektiert werden, kommen ebenso
leicht wieder heraus. Die anderen hingegen, die sich in Wärmestrahlen verwandelt haben, stoßen auf ihrer Rückreise ins All an die Glas-
decke. Nur ein Teil der Wärmestrahlen dringt nach außen, der andere
Teil prallt sozusagen am Glas ab, zurück auf den Boden.[7] Das lässt die
Temperatur im Glashaus zusätzlich ansteigen.

Lange war das Klima im Wesentlichen stabil, der natürliche Treibhauseffekt erwärmte die Erde und ermöglichte das Leben, wie wir es
kennen.[8] Dann kam der Mensch und begann in enormem Ausmaß
Kohle, Gas und Öl aus dem Boden zu ziehen und zu verbrennen. Diese
Rohstoffe werden deshalb „fossile Energieträger" genannt, weil sie
uralt sind. Sie haben sich aus Lebewesen herausgebildet, die vor Millionen von Jahren gestorben sind; sie speichern Unmengen an CO_2. Was
eine Ewigkeit in der Erdkruste lagerte, verheizte der Mensch in wenigen Jahrhunderten. Tag für Tag feuert er nach wie vor tonnenweise
Treibhausgase in die Luft.[9] CO_2-Molekül um CO_2-Molekül lagert sich
in der Atmosphäre ab, es ist eine Art unsichtbare Decke entstanden,
die immer dicker wird. Die Wärme kann immer schwerer entweichen.[10] So ist der menschengemachte Klimawandel entstanden, der
die Welt verändert.

Die fossilen Energien trieben die industrielle Revolution voran. Die
Klimaforschung datiert den Beginn dieser Ära – etwas willkürlich
– auf das Jahr 1750.[11] Sie brachte unserer Gattung nie da gewesenen
Wohlstand. Wohnungen blieben im Winter warm, die Nacht wurde
zum Tag, Maschinen erledigten die harte körperliche Arbeit des Menschen. Zugtiere wurden durch leistungsfähigere Autos, Traktoren und
Lastkraftwagen ersetzt. Die Schlote rauchten, die Felder blühten, die
Produktion schritt voran, die Teller wurden voll, der Handel globali-
sierte sich, der Mensch flog um die Welt und auf den Mond.

Der unglaubliche Erfolg der Menschheit lässt sich an nackten Zahlen ablesen. „Im Jahr 1500 lebten 500 Millionen Menschen auf unserem Planeten. Heute sind es 7 Milliarden", schreibt der Universalhis-
toriker Yuval Noah Harari. „Im Jahr 1500 verbrauchte die Menschheit
pro Tag 13 Billionen Kalorien Energie. Heute verbrauchen wir pro Tag
1500 Billionen Kalorien." Übersetzt heißt das Folgendes: 14-mal so

viele Menschen verbrauchen heute 115-mal so viel Energie wie noch vor einem halben Jahrtausend.[12]

Der Beginn der Industrialisierung markiert mehr als einen Wendepunkt in der Menschheitsgeschichte. Er ist auch ein Einschnitt in die Geschichte der Natur, der sich messen lässt.[13]

Mitte der 1950er-Jahre: Charles David Keeling steht kurz vor seinem wissenschaftlichen Durchbruch. Keeling, ein Mann mit Manieren, spielt großartig Klavier, wandert gerne in den Bergen, vor allem aber ist er genial und genau. Den Chemiker beschäftigt eine Frage, die gerade unter Kollegen diskutiert wird: Verändert es die Atmosphäre, wenn wir Kohle, Öl und Gas verbrennen? Der Verdacht ist da, aber er lässt sich nicht beweisen. Keeling beginnt zu tüfteln und erfindet einen Apparat. Er hat noch keine Ahnung von dem, was er da geschaffen hat – eine der Grundlagen für die Klimaforschung.[14]

Ende der 1950er-Jahre installiert Keeling sein Gerät an einer neuen Messstation auf dem Gipfel des Mauna Loa. Die Station auf dem hawaiianischen Vulkan ist ideal, sie liegt über den Wolken, auf 3400 Meter Höhe, die Luft dort oben ist klar. Im März 1958 misst Keeling dort zum ersten Mal das CO_2 in der Luft. Die CO_2-Konzentration wird in ppm angegeben, das steht für parts per million, also wie viele CO_2-Moleküle pro einer Million Luftmoleküle in der Atmosphäre sind. Das Ergebnis der Messung: 316 ppm.[15]

Bis zum heutigen Tag führen die Wissenschaftler der Scripps Institution of Oceanography an der University of California San Diego die Messungen Keelings fort. Die so genannte Keeling-Kurve ist seither zum Symbol in der Klimaforschung geworden, sie veranschaulicht, wie sich der CO_2-Gehalt in den vergangenen sechs Jahrzehnten entwickelt hat. Eigentlich ist es keine Kurve, sondern eine steil nach oben verlaufende Zickzacklinie.[16]

Durch das Auf und Ab in jedem Jahr gewinnt Keeling eine erste wichtige Erkenntnis: Die Welt atmet. Die Zacken während eines Jahres spiegeln die Jahreszeiten wider. Im Sommer (auf der Nordhalbkugel) sinkt der CO_2-Gehalt, die Pflanzen saugen das CO_2 auf, um zu gedeihen, und geben Sauerstoff ab. Die Welt atmet ein. Im Winter wiederum, wenn die Bäume ihre Blätter abwerfen und Pflanzenteile verrotten, gelangt das CO_2 wieder in die Luft. Die Welt atmet aus.[17]

Seit der Apparat auf dem Vulkan misst, hat sich die Atmung der Welt deutlich verändert.

Im Mai 2019 vermeldete die Scripps Institution einen neuen CO_2-Rekord: 415 ppm[18]. Innerhalb von sechs Jahrzehnten ist der CO_2-Anteil in der Luft also um etwa ein Drittel gestiegen. 415 ppm, das heißt übersetzt 0,415 Promille CO_2 in der Luft. Klingt wenig, wirkt aber wie Alkohol im Blut. Auch da reicht ein halbes Promille aus, um den Organismus ins Wanken zu bringen.

Langzeitvergleiche zeigen, wie besoffen die Erde vom CO_2 mittlerweile ist. Sie beruhen auf anderen Untersuchungen – etwa auf der Analyse von Eisbohrkernen.

Man kann sich diese Messung so vorstellen: Forscher machen sich zur Expedition in die eisigen Regionen der Welt auf, also in die Antarktis, nach Grönland oder auf die Gletscher der Hochgebirge. Dort stapfen sie eingemummelt durch die Schneelandschaft, suchen nach der idealen Stelle und treiben einen Spezialbohrer ins ewige Eis. Je tiefer man bohrt, desto weiter geht man in der Geschichte des Klimas zurück. Die Wissenschaftler bohren zum Teil mehrere Kilometer weit hinunter, der Bohrer fördert das Eis aus dem Boden, das anschließend mit modernster Technik analysiert wird.[19]

Ewiges Eis ist für Klimaforscher wie ein Geschichtsbuch, in dem die großen Trends der vergangenen Jahrhunderte und Jahrtausende schockgefroren wurden. Man sieht darin etwa, wie die Römer vor 2000 Jahren ihren Wohlstand vergrößerten. Unter großer Hitze schmolzen sie damals Blei-Erze. Sie gewannen daraus Silber für ihre Münzen und Blei für ihre Rohre. Damit verpesteten sie die Luft. Die Blei-Moleküle begräbt das Eis des Mont Blancs bis heute unter sich.[20] Eisbohrkerne dokumentieren Eiszeiten aus vergangenen Jahrtausenden ebenso wie das moderne Zeitalter. In den oberen Schichten lagern Pestizide, die in die Luft gelangten und über dem ewigen Eis wieder heruntergeschneit wurden[21], ebenso wie bedenklich große Mengen an Mikroplastik[22].

Vor allem aber bunkert das Eis ein Stück Atmosphäre. Aus kleinen Luftbläschen, die das Eis umschließt, lässt sich ablesen, welche Mengen an Treibhausgasen vor Jahrtausenden durch die Luft schwirrten.[23] Die Analysen von Eisbohrkernen offenbaren 800.000 Jahre Klimageschichte. Sie zeigt: Nie war der CO_2-Gehalt in der Luft auch nur annähernd so hoch wie heute.[24]

Dabei blieb der CO_2-Gehalt in der Atmosphäre in den vergangenen 10.000 Jahren nahezu konstant.[25] Er änderte sich in Jahrhunderten um rund 10 ppm, in Jahrtausenden um rund 20 ppm. Was früher Jahrtausende dauerte, passiert heute in weniger als zehn Jahren. Anders formuliert: Nippte die Erde in den letzten Jahrtausenden gelegentlich an einem Gläschen CO_2, ist sie nun am Komasaufen. Wann der Exzess begann, lässt sich ebenfalls aus Eisbohrkernen ablesen. Vor der Industrialisierung, im Jahr 1750, lag der CO_2-Wert noch bei 280 ppm.[26] Also in jenem Bereich, in dem er sich in den vergangenen 800.000 Jahren eingependelt hatte – zwischen 170 und 300 ppm.[27] Heute, nur einen Wimpernschlag der Zeitgeschichte später, ist der Jahresschnitt explosionsartig auf 410 ppm hinaufgeschossen.[28]

Es ist nicht nur das CO_2, das dem Planeten zusetzt. Weitere Gase treiben die Erderhitzung an und schädigen das Klima. Sie sind noch viel aggressiver als CO_2. Methan etwa, das durch Erdgasfelder, auftauenden Permafrost, durch die Massentierhaltung oder auf Mülldeponien freigesetzt wird.[29] Es ist auf zwanzig Jahre gerechnet 84-mal so klimaschädlich wie CO_2. Oder Lachgas, das im selben Zeitraum 264-mal so schlimm ist wie CO_2[30] – es entsteht etwa in der Landwirtschaft durch intensive Düngung.[31]

Die Gase sind deshalb unbekannter, weil sie bedeutend seltener vorkommen. Unterm Strich zerstört CO_2 das Klima aufgrund seiner Masse am stärksten, es macht zwei Drittel der vom Menschen verursachten Treibhausgas-Wirkung aus.[32]

Um an das Bild der berauschten Welt anzuknüpfen, kann man sich die Atmosphäre wie eine Badewanne vorstellen, in die man literweise verschiedene alkoholische Getränke schüttet. Da sind ein paar Liter Wein, ein paar Gläser Likör und einige Stamperl hochprozentiger Schnaps. Aber am gefährlichsten ist immer noch das Bier, weil es in rauen Mengen aus den Fässern strömt und die Zapfhähne voll aufgedreht bleiben. Die Wanne wird immer voller, Tag für Tag schütten die Menschen mehr hinein, kaum etwas fließt ab.[33] Diesen Cocktail flößen wir der Welt ein. Er bringt ihren Gleichgewichtssinn durcheinander. Sie wankt und droht zu kippen.

Die Krise der Menschen

Jahrzehnte schien es so, als ginge es in der Klimakrise um die Rettung des Eisbären. Der weiße, zottelige Riese auf der Eisscholle ist zum Symbol geworden, einsam, hungrig, traurig dreinblickend – und sehr weit weg. Wer auch immer die Idee dazu hatte, ihn zum Hauptdarsteller der existenziellen Krise des 21. Jahrhunderts zu machen, hat der Sache einen, ja, Bärendienst erwiesen. Natürlich geht es auch um den Eisbären und die schmelzenden Pole. Aber es geht um noch viel mehr. Es geht um uns.

2014 veröffentlichten mehr als 240 Wissenschaftler den „Österreichischen Sachstandsbericht Klimawandel", um die Bedrohung der Krise hierzulande sichtbar zu machen. Sie arbeiteten drei Jahre lang daran, es ist ein fast 1100 Seiten dicker Ziegel geworden. „In Österreich betrug die Erwärmung nahezu 2 °C, die Hälfte davon ist seit 1980 eingetreten", schreiben die Wissenschaftler. Das heißt, Österreich hat sich doppelt so schnell erhitzt wie die Erde im Durchschnitt. Die Folgen sind gravierend. Alle Gletscher sind seit 1980 geschrumpft. Es gibt mehr Steinschlag und Muren im Gebirge. Hitzetage und extreme Niederschläge nehmen zu. Der Wald gerät unter Druck. Anpassungsfähige Tierarten werden begünstigt, spezialisierte Arten gefährdet. Wärmeliebende Schädlinge breiten sich aus.

Die Landwirtschaft im nördlichen Alpenvorland wird profitieren, weil es dort wärmer und damit ertragreicher wird. Jene Bauern nördlich der Donau, im Osten und Südosten des Landes werden weniger ernten, da Hitze und Trockenheit zunehmen. Es könnte in Österreich mehr Sommertouristen geben, weil der Mittelmeerraum als Urlaubsregion zu heiß wird. Der profitablere Wintertourismus könnte wiederum einbrechen, weil es immer weniger schneit.[34]

Die Klimakrise beschäftigt auch die Offiziere im Land. Im Jahr 2019 gab das Bundesheer einen Bericht über künftige Bedrohungen heraus. Im verteidigungspolitischen Risikobild für die Sicherheit Österreichs lautet die größte Gefahr: „rapider Klimawandel". Die Herausforderung der Klimakrise für das Heer hat mehrere Ebenen. Da ist der Einsatz von Soldaten im Katastrophenfall wie bei Hochwasser[35] oder bei großen Schadholzvorkommen – so wie in Sachsen-Anhalt, wo deutsche Soldaten in den Krieg gegen den Borkenkäfer zogen, der sich durch die Klimakrise ausbreitete und ganze Waldabschnitte vernichtete.[36] Und da ist die mit der Klimakrise „einhergehende Verknappung von Wasser und Lebensmitteln". Sie könnte laut dem Bericht in Europa zu gewaltsamen Konflikten führen und „anhaltende Fluchtbewegungen nach Europa"[37] auslösen. „Wasser ist der wertvollste Rohstoff. Wenn es zu Wasserknappheit kommt, kann das zum Krieg führen", sagt Edmund Entacher, ehemaliger Generalstabschef des österreichischen Bundesheeres, „das kann mit Gruppen und Banden beginnen und mit dem Einsatz von Streitkräften enden."

Um ein Bild davon zu bekommen, blicken wir nach Asien. Dort fließt ein Strom von China nach Indien, der in China Yarlung Tsangpo und in Indien Brahmaputra heißt. Er verbindet zwei Staaten, die einander feindselig gegenüberstehen und in denen rund 2,7 Milliarden Menschen leben. Die Welt wird heißer, in vielen Ländern wird das Wasser knapp. Der Brahmaputra bringt derzeit noch Indiens fruchtbaren Osten zum Blühen. Das könnte sich ändern. Die Chinesen haben schon einen Damm gebaut, die Inder fürchten nun, dass die Chinesen das Wasser in ihren trockenen Norden ableiten. Das Szenario ist ein politisches Pulverfass. Explodiert es, könnte es die beiden bevölkerungsreichsten Länder der Welt in einen Krieg treiben.[38]

Die Klimakrise ist nebulös, keine Dürre, kein Wetterextrem, kein heißer Tag lässt sich ihr direkt zuschreiben. Sie ist nie der unmittelbare Grund für eine Kriegserklärung. Aber sie verändert die Rahmenbedingungen.

Wissenschaftler des Friedensforschungsinstituts Sipri haben nachgezeichnet, wie die Klimakrise den Frieden in Somalia gefährdet. Da sind zum Beispiel die Nomaden, die zu 94 Prozent in Armut leben. Die härter werdenden Dürren rauben ihr Vieh und verändern ihre traditionellen Routen, weil ehemalige Weidegebiete unbrauchbar geworden sind. Die Hirten müssen auf andere Wege ausweichen und kommen dabei immer wieder in Konflikt mit Bauern, die mit ihnen um natürliche Ressourcen kämpfen. Setzt die Dürre ein, versuchen sie, rasch ihr Vieh zu verkaufen. Aufgrund des großen Angebots, fällt der Preis und sie bekommen kaum etwas für ihre Tiere. Das bringt die Hirten weiter unter Druck. Kein Wunder, dass einige sich illegalen Geschäften zuwenden. Oder sich bewaffneten Gruppen wie den islamistischen Al-Shabaab-Rebellen anschließen.

Diese brutalen Gruppen fischen auch im Menschenmeer der Binnenflüchtlinge. Geschätzt rund 2,6 Millionen Somalier lebten im Jahr 2019 nicht mehr in ihrem Zuhause, weil sie vertrieben wurden. Viele von ihnen sitzen in desolaten Camps fest, von dort aus ködern die islamistischen Krieger gezielt junge Männer und Kinder. Zwei Fluchtursachen machen die Friedensforscher von Sipri fest: die jahrzehntelange Gewalt im Land und die Folgen der Klimakrise. Allein aufgrund von Überschwemmungen in den südlichen und zentralen Regionen Somalias mussten im Jahr 2018 innerhalb weniger Monate 215.000 Menschen ihre Heimat verlassen.[39]

Somalia ist kein Einzelfall. In Syrien ruinierten ungewöhnlich viele Dürren zwischen 2006 und 2010 die Landwirtschaft. Hirten und Bauern verarmten, zogen scharenweise in die Städte. Diktator Baschar al-Assad reagierte nicht auf die verschärfte soziale Lage, die Bevölkerung ging auf die Straße. 2011, Krieg in Syrien. In Mali begannen die Weidegebiete der Tuareg zu verwüsten. Das Vieh der muslimischen Nomaden hatte immer weniger zu fressen, die Regierung half den Tuareg nicht, sie revoltierten. 2012, Krieg in Mali. Die beiden letzten Beispiele stammen aus der Abhandlung „Klima und Krieg" des Friedensforschers Michael Klare. Er bezeichnete darin die UN-Klimakonferenz in Paris im Vorfeld als „die wahrscheinlich wichtigste Friedenskonferenz der Geschichte".[40] In Paris kam es 2015 zur Sternstunde der Klimapolitik, sie lässt trotz aller Katastrophenmeldungen hoffen. 195 Länder einigten sich im Klimavertrag von Paris darauf, die Welt zu retten.[41] Oder komplizierter ausgedrückt: Die Erdtemperatur soll sich um nicht mehr als 1,5 Grad Celsius erhöhen. Jedenfalls aber soll die globale Erwärmung bei „deutlich unter zwei Grad" gestoppt werden. Dabei ist der Bezugspunkt nicht die Temperatur von heute, sondern jene zur Zeit vor der industriellen Revolution, als der Mensch das Klima kaum beeinflusste.[42]

1,5 Grad? Zwei Grad? Ist das viel? Wer schon einmal mit vierzig Grad Fieber im Bett gelegen ist, kann die Frage leicht beantworten. Die Menschheit hat die Welt um etwa einen Grad erhitzt[43], der Patient zeigt bereits deutliche Symptome erhöhter Temperatur. Hitzewellen werden stärker, Dürren dauern länger, Waldbrände und flutartige Regen nehmen zu. Gletscher schmelzen, Ozeane versauern, der Meeresspiegel steigt. Ökosysteme kippen, Arten sterben aus.[44]

Der Weltklimarat[45], der den wissenschaftlichen Stand zum Klimawandel in einem dicken Bericht zusammenfasst, hat herausgearbeitet, was der Unterschied zwischen 1,5 Grad und zwei Grad bedeutet. Demnach rechnet die Klimaforschung in den nächsten Jahrzehnten mit folgenden Szenarien: Bei 1,5 Grad werden siebzig bis neunzig Prozent der Korallenriffe sterben. Bei zwei Grad sind es 99 Prozent.

Bei 1,5 Grad werden sechs Prozent der Insekten, acht Prozent der Wirbeltiere und acht Prozent der Pflanzen verloren gehen. Bei zwei Grad sind es doppelt bis dreimal so viele.

Bei 1,5 Grad werden doppelt so viel Menschen von Überschwemmungen betroffen wie noch in den vergangenen Jahrzehnten. Bei zwei Grad sind es um 2,7-mal so viele.

Noch dramatischer wird es, wenn man auch das Drei-Grad-Szenario durchspielt. Menschen, die Hitzewellen ausgesetzt sein werden: vier Milliarden (1,5 Grad), sechs Milliarden (2 Grad) und acht Milliarden (3 Grad). Menschen, die in Regionen leben werden, in denen das Wasser knapp wird: 3,3 Milliarden (1,5 Grad), 3,7 Milliarden (2 Grad) und 3,9 Milliarden (3 Grad).[46]

Bei 1,5 Grad rechnet man mit einem Einbruch des Mais-Ertrages von zehn Prozent. Bei drei Grad droht ein drastischer Rückgang, in manchen Regionen wird Maisanbau unmöglich. Bei 1,5 Grad sind die Nadelwälder in der südlichen Taiga einer erhöhten Baumsterblichkeit ausgesetzt. Bei drei Grad droht der ganze Wald zu kippen und abzusterben.[47] Damit würde das gesamte Ökosystem des Borealen Nadelwalds verloren gehen.

Man muss sich vergegenwärtigen: Selbst das beste Szenario – die 1,5 Grad – ist eine deutliche Verschlechterung. So gut wie heute wird es also nie wieder. Nach Meinung der Wissenschaft wird der Mensch die Erde bereits zwischen 2030 und 2052 um 1,5 Grad erhitzt haben. Und dieses Niveau wird mindestens gehalten. „Die Erwärmung durch anthropogene Emissionen seit vorindustrieller Zeit bis heute wird für Jahrhunderte bis Jahrtausende bestehen bleiben", schreibt der Weltklimarat, sie „wird weiterhin zusätzliche langfristige Änderungen im Klimasystem bewirken, wie zum Beispiel einen Meeresspiegelanstieg und damit verbundene Folgen." [48]

Bei zwei Grad gehen die meisten Wissenschaftler davon aus, dass der Patient zwar hoch fiebert, aber mit sehr großer Wahrscheinlichkeit gerettet und stabilisiert werden kann. Die schlechte Nachricht lautet: Die Welt ist derzeit Richtung drei bis vier Grad unterwegs.[49] Niemand weiß, wie viel der Patient auf der Temperaturskala nach oben hin aushält. Denn das Klima ist hochkomplex, zu viele Faktoren sind unklar. „Zu 4, 5, 6 Grad gibt es ganz wenige umfassende Studien, weil so viele Kippeffekte eintreten können. Keiner kann derzeit seriös sagen, was schlussendlich passiert", sagt Thomas Schinko vom Internationalen Institut für Angewandte Systemanalyse, das an den Weltklimaberichten mitarbeitet. „Man kann nur sagen, dass wenn diese Kippeffekte schlagend werden, auch Dinge eintreten werden, die wir uns einfach noch nicht vorstellen können."

Wer sich etwas vorstellen will, kann in die Vergangenheit blicken: Auf dem Höhepunkt der letzten großen Eiszeit vor 21.000 Jahren lag die globale Durchschnittstemperatur laut Wissenschaft zwischen drei und acht Grad unter dem heutigen Schnitt. Das war eine völlig andere Welt.[50]

Einen Versuch eines Szenarios, das weit über die Zwei-Grad-Erwärmung hinausgeht, nahm das Potsdam-Institut für Klimafolgenforschung vor. Es warnte, dass selbst wenn alle Staaten den Klimavertrag von Paris einhalten würden, eine Heißzeit drohen könnte. Das würde bedeuten: Vier bis fünf Grad mehr, der Meeresspiegel stiege dann zwischen zehn und sechzig Meter, Teile der Erde würden unbewohnbar.[51] Was die Sache so gefährlich macht, sind so genannte Kippelemente. Darunter verstehen Klimaforscher etwa, wenn das arktische Meereis schmilzt, der Regenwald im Amazonas zerstört wird und das Eisschild von Grönland oder die Permafrostböden in Sibirien tauen.[52] Klimaforscher wissen nicht genau, wo die einzelnen Kipppunkte liegen, aber sie rechnen damit, dass wie beim Domino ein fallender Stein die nächsten Steine kippen lässt. Tauen etwa die Permafrostböden in Sibirien auf, würden jene gigantischen Treibhausgasmengen in die Luft gehen, die das Eis derzeit noch im Boden hält. Das könnte die Klimakrise schlagartig verschärfen und wiederum das arktische Eis rasant schmelzen lassen.

Wenn die Systeme kippen, könnte sich das Klima selbst dann drastisch verschlimmern, wenn die Menschen selbst gar kein Treibhausgas mehr in die Atmosphäre blasen. Die Erderhitzung würde dann automatisch weiterlaufen und wäre kaum umkehrbar.[53] „Neueste Analysen zeigen, dass neun von 15 Kipppunkten des Klimasystems bereits in Bewegung geraten sind, auch wenn sie noch nicht gekippt sind", sagt der Innsbrucker Klimaforscher Georg Kaser. „Für die Menschheit als Gesamtheit ist es mit Sicherheit katastrophal, was auf uns zukommt."[54]

In ihrem Buch „Klimaschock" beschäftigten sich die beiden renommierten Ökonomen Gernot Wagner und Martin L. Weitzman mit dem wirtschaftlichen Risiko des Klimawandels. Sie nahmen dazu die Szenarien des Weltklimarates unter die Lupe und konzentrierten sich nicht auf die wahrscheinlichen Szenarien, sondern auf die möglichen. Die Chance, dass der Mensch die Erde trotz durchschnittlicher CO_2-Ausstöße um mehr als sechs Grad erhitzt, liegt demnach bei mehr als zehn Prozent. Niemand kann sagen, was in dem Fall passieren würde. Fest steht nur, es wäre verheerend. Wagner zieht einen drastischen Vergleich: Wenn die Menschen wüssten, dass ein Asteroid auf die Erde zuraste und im Jahr 2100 das Potenzial hätte, „unsere Zivilisation gänzlich zu zerstören", dann würde sich die Menschheit gleich an die Arbeit machen, um den zukünftigen Einschlag abzuwehren. Aber auch wenn uns durch die Erderhitzung das Gleiche droht, bleiben die Menschen beim Klima untätig.

„Mit dem Klimawandel ist es nicht so präzise, er ist das Gegenteil von einem Kometen", sagt Wagner. „Es gibt zwar intensivere Wirbelstürme, Flutkatastrophen und Dürren. Aber es gibt kein Datum, kein einzelnes Event, das zur Katastrophe führen könnte."

Als mahnendes Beispiel dafür gilt jener Planet, der der Erde am ähnlichsten ist: die Venus. Wissenschaftler gehen davon aus, dass ein so genannter galoppierender Treibhauseffekt unseren Nachbarplaneten immer weiter erhitzte. In der Theorie brachte die Hitze die Ozeane auf der Venus zum Verdampfen. Der Wasserdampf ist wiederum ein aggressives Treibhausgas, es trieb die Temperatur immer weiter nach oben, bis schließlich alles flüssige Wasser weg war. Die Temperatur auf der Venus beträgt heute knapp 500 Grad.[55]

Zwar warnte der Popstar der Astrophysik, Stephen Hawking, kurz vor seinem Tod noch davor, das Venussyndrom könnte sich bald auf der Erde wiederholen.[56] Doch gilt dieses Szenario unter Klimaforschern als sehr unwahrscheinlich.[57] Man muss die Lage gar nicht dramatisieren, sie ist ja ohnehin schon schlimm genug.

Hitzewelle in Paris, 2003. Die Bestattungsunternehmen im Großraum Paris haben keinen Platz mehr für weitere Leichen. Eine Halle in einem Lebensmittelgroßmarkt in Rungis südlich von Paris wird kurzerhand umfunktioniert. Statt Gemüse und Obst soll sie nun bis zu 2000 tote Menschen kühlen. Am Ende wird die Hitze alleine in Frankreich mehr als 15.000 Menschen das Leben kosten. Es hat vor allem Alte und Kranke getroffen.[58]

15.000 tote Franzosen. Ist das jetzt viel oder wenig? Zum Vergleich: Rechnet man alle Todesopfer von Terroranschlägen seit 1970 in Frankreich zusammen, kommt man auf 547.[59] Wir sprechen also von einem Faktor, der in einem Jahr 27-mal tödlicher war als ein halbes Jahrhundert Terror. Während sich das Blutbad in der Redaktion der französischen Satirezeitschrift *Charlie Hebdo*, das mörderische Drama im Pariser Konzerthaus Bataclan und die Bewegtbilder des Lkw-Attentäters im südfranzösischen Nizza in unser kollektives Gedächtnis gebrannt haben, sind Frankreichs tausende Hitzetoten von 2003 nahezu vergessen. „Die Hitze ist ein leiser Mörder, der leise Leute tötet", sagt der österreichische Umweltmediziner Hans-Peter Hutter, „die Opfergruppe hat keine Lobby und ist für die meisten unserer Gesellschaft unsichtbar."[60]

Die Klimakrise könnte aber auch aus anderen Gründen die Krankenbetten füllen. Hutter und andere Umweltmediziner gehen davon aus, dass die Erwärmung in Österreich Krankheiten zu uns bringen wird, die bislang als Tropenerkrankungen galten. Sie befürchten, dass Parasiten bei uns heimisch werden, die tödliche Krankheiten verursachen – wie etwa Malaria. Was Wärme liebt, breitet sich aus. Die hochallergene Beifuß-Ambrosie etwa. Allein sechs Pollen pro Kubikmeter Luft von ihr können Heuschnupfen, Bindehautentzündungen und Asthma verursachen.[61] Am schlimmsten aber bleibt die Hitze. Sie führt laut einer neuen Studie dazu, dass Babys deutlich früher auf die Welt kommen.[62] Und sie fordert in Österreich heute schon deutlich mehr Todesopfer als der Verkehr.[63]

Es wird noch schlimmer kommen. Wissenschaftler des Joint Research Centre der Europäischen Kommission berechneten mit statistischen Methoden die Gefahr von Wetterextremen für die Europäische Union, inklusive Schweiz, Norwegen und Island. Kernaussage der Studie, die in der führenden medizinischen Fachzeitschrift *The*

Lancet erschien: Der Klimawandel ist im 21. Jahrhundert weltweit eine der größten Bedrohungen für die menschliche Gesundheit. Wenn die Europäer den Kampf gegen den Klimawandel nicht aufnehmen, steuern sie auf eine gesundheitliche Katastrophe zu.

Starben im Zeitraum 1981 bis 2010 pro Jahr im Schnitt rund 3000 Europäer aufgrund von Wetterextremen, so werden es in den nächsten zwei Jahrzehnten jährlich mehr als 30.000 sein – also zehn Mal so viele. Die Hitze ist der Studie zufolge mit Abstand das größte Problem. Im letzten Drittel des Jahrhunderts könnten Wetterextreme jährlich rund 150.000 Europäer dahinraffen. Die Zahl der Opfer würde sich damit also verfünfzigfachen. Im letzten Drittel des Jahrhunderts würden zwei von drei Europäern in Regionen leben, in denen das Klima lebensgefährlich wird.[64]

Dass Menschen aufgrund der Klimakrise ihre Heimat verlassen müssen, lässt sich heute schon beobachten. Pazifische Inselstaaten wie Kiribati oder die Malediven im Indischen Ozean sind dem Untergang geweiht, das tiefgelegene und dicht besiedelte Bangladesch wird regelmäßig überflutet. Die Prognosen, wie viele Menschen auf der ganzen Welt aufgrund der Klimakrise flüchten müssen, reicht von fünfzig Millionen bis eine Milliarde Menschen. Die Zahl, die am häufigsten zitiert wird: 200 Millionen Menschen bis zur Jahrhundertmitte. Die Genfer Flüchtlingskonvention kennt keine Klimaflüchtlinge, sie wurde 1951 verabschiedet, als der Klimawandel noch kein Thema war.[65]

Umso bemerkenswerter war ein Erkenntnis des österreichischen Bundesverwaltungsgerichts aus dem Jahr 2017. Es gewährte einem Somalier zwar kein Asyl, aber zumindest subsidiären Schutz. Der Asylwerber durfte also in Österreich bleiben. Das Gericht begründete den Fall so: Die Hungersnot in Ostafrika habe dem Somalier die Existenzgrundlage genommen, würde ihn Österreich heimschicken, würden ihm Hunger oder lebensgefährliche Erkrankungen drohen. Davor müsse Österreich den Somalier schützen. Die Gefahr war real. Bereits 2011 starb eine Viertelmillion Somalier nach einer Hungersnot. Aufgrund des Klimawandels nahm die Zahl und Intensität der Dürren weiter zu. Das Bundesverwaltungsgericht zitierte in seinem Erkenntnis dazu auch den Außenminister Somalilands, einer autonomen somalischen Region. „Es gab hier schon immer Dürreperioden, aber nur alle zehn Jahre. Jetzt haben wir sie schon alle zwei Jahre", sagte der Außenminister, „und die Dürre in diesem Jahr ist die schlimmste Dürre, die wir in Ostafrika jemals hatten."[66] Es gehört zu den großen Ungerechtigkeiten unserer Zeit, dass ausgerechnet die armen Regionen, die die Klimakrise am wenigsten verantworten, sie am härtesten zu spüren bekommen. Aber auch das reiche Österreich wird zu den Verlierern der Klimakrise zählen. Das belegt die „Cost of Inaction"-Studie, die das Umweltministerium in Auftrag gab und in der zwölf Schlüsselsektoren untersucht wurden – von Landwirtschaft über Tourismus bis zu Handel und Gesundheit. Rechnet man zusammen, was der Klimawandel den Österreichern bringt und was er sie kostet, steht bereits heute unterm Strich ein Minus von einer Milliarde Euro pro Jahr. Bis zur Jahrhundertmitte werden es laut der Berechnung im Schnitt jährlich zwischen vier und neun Milliarden Euro sein.[67]

Fünf bis neun Milliarden Euro. Ist das viel oder wenig? Zum Vergleich: Rund fünf Milliarden gab die Republik im Jahr 2019 für das Innenministerium und Verteidigungsministerium zusammen aus. Knapp neun Milliarden waren es für die Bildung.[68] Die Klimakrise würde dieses Budget fressen – und hungrig bleiben. Jedes Jahr. Da überrascht es nicht, dass der „Global Risks Report" die drei größten Risiken der Welt so zusammenfasst: Extremwetterereignisse. Versagen in der Klimawandelvermeidung und -anpassung. Naturkatastrophen.[69] Sie hängen direkt mit der Klimakrise zusammen. Detail am Rande: Der „Global Risks Report" wird vom Weltwirtschaftsforum in Davos erstellt, eine Art Mekka der globalen Elite. Der Klimawandel ängstigt also auch die Reichen und Mächtigen.

Da drängt sich eine Frage auf: Halten die Klimaforscher ein Aussterben der Menschheit tatsächlich für möglich? „Ich warne in der Regel nicht vor dem Aussterben der Menschheit, sondern vor dem Zusammenbrechen der Zivilisation. Weil niemand kann beurteilen, ob einzelne Menschen erhalten bleiben", sagt Helga Kromp-Kolb, die Obfrau des Climate Change Centre Austria, dem österreichischen Kompetenzzentrum für Klimaforschung. Im November 2019 veröffentlichte das Fachjournal *BioScience* eine Warnung, die 11.258 Wissenschaftler aus 153 Ländern unterzeichneten. „Wissenschaftler haben die moralische Verpflichtung, die Menschheit vor jeder katastrophalen Bedrohung deutlich zu warnen", schreiben die Forscher. Aufgrund dieser Verpflichtung erklären sie „klar und deutlich, dass die Erde vor einem Klimanotstand steht".[70] Düster klingt das. Verstörend, traurig. So wie die Warnrufe aus dem Weltklimarat, die immer lauter werden.[71] Oder die Untersuchungen, die zeigen, dass die Permafrostböden viel schneller tauen als gedacht.[72] Oder die Studie, die berechnete, dass dreimal so viele Leute von Meeresspiegelanstieg und Küstenüberschwemmungen betroffen sind wie bisher angenommen.[73] Oder jene, der zufolge ein Fortschreiten der Erderhitzung jede sechste Art vom Aussterben bedroht.[74]

Am nachdenklichsten stimmt vielleicht der Artikel, den der Biologe Timothy A. C. Gordon im Herbst 2019 in der Fachzeitschrift *Science* veröffentlicht hat. Gordon forschte zur Geräuschkulisse von Korallenriffen, binnen weniger Jahre sind die für die Wasserwelt so wichtigen Ökosysteme durch die Klimakrise verstummt.[75] In seinem Artikel, den er mit zwei weiteren Biologen verfasste, forderte er professionelle Hilfe für trauernde Umweltforscher ein. „Das Maß an Umweltzerstörung ist heute größer als je zuvor in der Geschichte der Menschheit. Der Verlust von wertvollen Arten, Ökosystemen und Landschaften verursacht starke Trauer bei Menschen, die emotional an der Natur hängen. Den Umweltwissenschaftlern bieten sich jedoch nur wenige Möglichkeiten, professionell zu trauern", schreiben Gordon und seine Kollegen. „Damit wir unsere zunehmend geschädigten natürlichen Ökosysteme verstehen können und Lösungen finden, müssen Umweltforscher weinen dürfen."[76]

Forscher, die weinen, Wissenschaftler, die vor dem Kollaps der menschlichen Zivilisation warnen. Sind wir noch zu retten?

Bei all den schlechten Nachrichten hatten die Wissenschaftler des Weltklimarates auch eine gute im Gepäck, als sie ihren dicken Bericht 2018 veröffentlichten: Es ist noch nicht zu spät. 1,5 Grad sind zu schaffen. Der Welt blieben – Stand 2018 – zwölf Jahre, um eine Katastrophe abzuwenden.[77] Aber es brauche eine massive Trendwende. Die Politik müsse dafür sorgen, dass der Ausstoß von klimaschädlichen Gasen zurückgeht. Und zwar rasch und massiv.[78] Der „Emissions Gap Report" der UN 2019 berechnete, dass die Staaten der Welt ihre Anstrengungen im Klimaschutz verdreifachen müssten, um noch unter zwei Grad zu bleiben. Und für 1,5 Grad verfünffachen.[79]

Der Schlaf der Politik

12. Dezember 2015, der französische Außenminister Laurent Fabius knallt einen grünen Holzhammer auf den Tisch. Kurz zuvor hat der Chefverhandler auf der 21. Weltklimakonferenz in die vollbesetzte Halle geblickt. Es hat keine Gegenstimme mehr gegeben. „Der Vertrag von Paris ist angenommen", ruft Fabius.[80] In Le Bourget, einem Vorort von Paris, bricht Jubel aus. Soeben haben sich die Staatenlenker der Erde nach zähen Verhandlungen auf einen historischen Klimavertrag geeinigt. Die Vertreter der Inselstaaten atmen auf. Ihre Heimat scheint vor dem Untergang gerettet. Mitten im Jubel fasst sich Fabius vor Rührung ans Herz. Es war ein Meisterstück der Diplomatie. Sogar die Öl-Nation Saudi-Arabien hat ihr Veto zurückgezogen. Später wird man sich das Gerücht erzählen, der französische Präsident habe extra beim saudischen König angerufen und im Gegenzug für dessen Zustimmung einen Waffendeal ausgehandelt.

Schon ein halbes Jahr nach dem Beschluss in Paris stimmt das österreichische Parlament zu, den völkerrechtlichen Vertrag umzusetzen. Österreich könne stolz auf die rasche Ratifizierung dieses Vertrags sein, sagt der damalige Umweltminister Andrä Rupprechter (ÖVP). Es scheint wieder einmal so zu sein, als wäre Österreich im Klimaschutz irgendwo vorne mit dabei.[81] Der Eindruck täuscht. Österreich hat in der Klimapolitik versagt.[82] Zwar schnürte die türkis-grüne Regierung 2020 ein großes Klimaschutz-Paket,[83] aber ob dieses wirkt, lässt sich noch nicht bewerten. Analysieren lässt sich hingegen der klimapolitische Dornröschenschlaf, der dreißig Jahre lang dauerte – vom Beginn der Klimapolitik 1990 bis zum Jahr 2019, dem Jahr der ersten großen Klimastreiks.

Die 1990er-Jahre. Die Mädchen tragen bauchfrei, im Kassettenradio läuft die Boygroup Take That. Im neutralen Österreich regieren SPÖ und ÖVP, sie bereiten sich gerade auf den EU-Beitritt vor. Der Kalte Krieg ist beendet, aber auf der Weltbühne bahnt sich schon der nächste Brocken an, der von der Staatengemeinschaft bewältigt werden muss: der Klimawandel. In den Jahrzehnten zuvor haben Wissenschaftler immer erdrückenderes Material veröffentlicht. Österreich gilt in diesen Tagen als Umweltmusterland. Sauberes Wasser, reine Luft, idyllische Landschaft. Die Hainburger Auen gerettet, ein

Atomkraftwerk verhindert, seit Jahrzehnten Wasserkraft aus der Steckdose. Gegner des EU-Beitritts fürchten sich schon: Könnten die hohen österreichischen Umweltstandards durch einen EU-Beitritt fallen? 1990 setzt sich Österreich ein ehrgeiziges Ziel, das Toronto-Ziel. Der jährliche CO_2-Ausstoß soll bis 2005 um zwanzig Prozent sinken. Österreich will wieder Vorreiter sein.

In den folgenden Jahren lässt die große Koalition das Problem analysieren und nach Lösungen suchen. Im Energiekonzept von 1993 werden rund hundert Maßnahmen für effizientere Energie erarbeitet, im Klimabericht 1997 über siebzig Maßnahmen für den Klimaschutz. Es gibt viele Ideen. Die Umsetzung bleibt aus. Die Klimapolitik der 1990er-Jahre lautet: quatschen, Papier produzieren, warten. Den großen Worten folgen keine Taten. Die Bilanz ist verheerend. Statt die klimaschädlichen Gase um ein Fünftel zu senken, werden sie bis 2005 um rund ein Fünftel steigen. Das großspurig angekündigte Toronto-Ziel wird desaströs verfehlt.

Wer ist dafür verantwortlich? Ein schwaches Umweltministerium, das nur koordiniert, aber kaum etwas entscheiden kann. Mächtige Ministerien wie das Finanzministerium, die die Gefahr der Klimakrise ignorieren. Strategien, die vage bleiben, unverbindlich und ohne zeitliche Vorgaben, sodass niemand handeln muss. Kurzfristiges Denken. Fehlender Wille. Feigheit vor unbeliebten Maßnahmen. Zersplitterte Kompetenzen. Einflussreiche Lobbygruppen, die blockieren. All diese Gründe fand Politikwissenschaftler Reinhard Steurer von der Universität für Bodenkultur Wien (Boku), er arbeitet seit den 1990er-Jahren das Versagen der heimischen Klimapolitik auf. Eine seiner ersten wissenschaftlichen Analysen heißt „Klimaschutzpolitik in Österreich"[84], sie ist zwanzig Jahre alt, liest sich aber so, als wäre sie erst 2019 aus dem Drucker gekommen. „Die Klimapolitik hat sich seither nicht wirklich verändert", sagt Steurer im Sommer 2019, „man tut so, als ob es wichtig wäre, setzt sich Ziele. Und dann passiert nichts, um diese im eigenen Land sicherzustellen."

2019. Aus Smartphones dringt die Stimme der 17-jährigen Sängerin Billie Eilish. Jeder hat WLAN. Österreich ist längst Teil der EU. Viel hat sich verändert seit 1990. Nur Jürgen Schneider sitzt in seinem Büro im sechsten Stock des Umweltministeriums und sagt: „In den letzten knapp dreißig Jahren hatten wir eine Stagnation der Treibhausgasemissionen." Seit 2018 ist Schneider Chef in der neu geschaffenen Klimasektion im Umweltministerium. Er kennt die Kurve im Klimaschutzbericht 2018[85] in- und auswendig. Sie zeigt, wie viel klimaschädliche Gase Österreich jährlich seit 1990 ausgestoßen hat. Sie verläuft in Auf und Abs, pendelt sich aber gerade wieder auf der Höhe ein, wo sie gestartet ist: bei knapp unter achtzig Millionen Tonnen CO_2 im Jahr. So wie zu Zeiten von Take That und bauchfreien Shirts. „Das ist nicht von allein passiert", sagt Schneider, „ohne Klimapolitik wären die Emissionen in den letzten dreißig Jahren gestiegen." Wohlstand, Individualisierung, Bevölkerungswachstum – es sind die großen gesellschaftlichen Trends, die mitbeeinflussten, wie viel klimaschädliche Gase das Land ausgepufft hat. Die Wirtschaft ist seit 1990 gewachsen. Die Österreicher wohnen besser, reisen öfter, konsumieren mehr. Vor allem gibt es immer mehr Österreicher. Lebten 1990 noch 7,7 Millionen Menschen im Land, so sind es heute rund 8,8 Millionen.[86]

„Die Volkswirtschaft ist effizienter geworden", sagt Schneider. Aber der Planet ist auch heißer geworden. Im Februar 2019 gibt die amerikanische Behörde NASA die bislang vier heißesten Jahre der Erde seit Beginn der Wetteraufzeichnungen bekannt: 2015, 2016, 2017 und 2018.[87] Daran ist auch Österreich mit schuld. Das zeigt ein schneller Blick auf die Grafik vom Wegener Center für Klima und Globalen Wandel an der Karl-Franzens-Universität Graz.[88] Es hat die Emissionen der Länder seit 1990 verglichen und um zufällige Ereignisse wie milde Winter bereinigt. Die robusten Daten zeigen, dass alle EU-Länder jährlich weniger klimaschädliche Gase in die Atmosphäre befördern als noch vor dreißig Jahren. Alle Länder bis auf fünf. Eines davon: Österreich. Während die jährliche Menge an klimaschädlichen Gasen seit 1990 im EU-Schnitt um 23 Prozent sank, ist sie in Österreich um zwei Prozent gestiegen.

Dabei müsste man nur nach Schweden schauen, um zu sehen, wie es besser funktioniert hätte. Österreich 1990 und Schweden 1990, das waren damals noch sehr ähnliche Länder. Beide sind mit Wasserkraft und riesigen Waldflächen für Biomasse gesegnet, da wie dort gibt es eine energieintensive Stahlindustrie. Heute ist das Bild ein anderes. „Die schwedische Wirtschaft ist stärker gewachsen als die österreichische, gleichzeitig haben die Schweden ihre Treibhausgasemissionen um ein Viertel gesenkt", sagt Karl Steininger, Volkswirtschaftsprofessor am Wegener Center, „dort war die CO_2-Steuer der Hebel." In Österreich wurde die CO_2-Steuer seit den 1990ern diskutiert, Schweden setzte sie 1991 einfach um und profitiert heute von ihrer Wirkung. Heute gibt es keine klimaschonenderen EU-Bürger als die Schweden, sie verursachen in der EU am wenigsten klimaschädliche Gase pro Einwohner und haben gleichzeitig das klimaschonendste Bruttoinlandsprodukt (BIP).[89]

Wie kann es sein, dass gerade im Klima-Musterland ein Mädchen auf die Straße geht, um gegen die Klimaschutzpolitik ihres Landes zu demonstrieren? Wie können ausgerechnet die drei schwedischen Worte „Skolstrejk för klimatet" zum Symbol einer Klimabewegung werden? Das liegt vermutlich daran, dass die Schweden stärker als alle anderen EU-Bürger für den Klimaschutz sensibilisiert sind.[90]

Thunbergs Heimatland mag der Vorzeigeschüler im Klimaschutz sein. Aber es sitzt eben auch in einer Klasse voller Versager. Kein einziges Land hat seine Emissionen unter Kontrolle, kein einziges würde das Pariser Klimaziel schaffen. Auch Schweden nicht.[91] Und dann sind da noch die Klassenkollegen, die auf den ersten Blick wie hoffnungsvolle Streber aussehen, sich auf den zweiten Blick aber als ebenso unfähig entpuppen. Beispiel Litauen, das seine Emissionen seit 1990 um fast sechzig Prozent gedrosselt hat. Das klingt nach visionärer Klimapolitik. War es nicht. Der massive Rückgang der klimaschädlichen Gase liegt am Niedergang der Sowjetunion. Litauen wurde zwar als Staat unabhängig, aber seine energieintensive Wirtschaft war kollabiert. Vergleicht man, wie viel klimaschädliche Gase Litauen seit 1992 in die Atmosphäre bläst, so ist der Ausstoß seitdem relativ stabil geblieben.[92]

Ein ähnliches Bild in Rumänien, das seine CO_2-Bilanz seit 1990 mehr als halbierte und damit eines der stärksten Reduktionen innerhalb der EU aufweist. Mit dem Fall des brutalen Diktators Nicolae Ceaușescu Ende 1989 lag auch Rumäniens Wirtschaft am Boden, Teile der Schwerindustrie wurden zurückgefahren, die Nachfrage nach Energie ließ nach. Mitte der 1990er-Jahre gingen die klimaschädlichen Gase zwar noch einmal zurück. Aber nur, weil der Atommeiler Cernavodă in Betrieb ging. Das mag gut für die Klimabilanz gewesen sein, aber nicht für die Umwelt.[93]

Österreich belegt bei den Pro-Kopf-Emissionen Platz 18 von 28 und im Ranking des klimaschonendsten Bruttoinlandsprodukts Platz acht. Es ist also nicht so, dass Österreich der schlechteste Schüler in der Klasse wäre. Aber er ist jener, der seine Klappe groß aufreißt, sich als Musterschüler aufspielt, aber nie Hausaufgaben macht und aus Faulheit die Prüfungen versemmelt. Bis 2019 hat Österreich in der Geschichte seiner Klimapolitik exakt 15 Klimaschutzmaßnahmen umgesetzt. Es hat unter anderem den Klima- und Energiefonds geschaffen, der klimafreundliche Projekte fördert, es hat den Sanierungsscheck eingeführt, um Wohnhäuser effizienter zu machen. Einige Maßnahmen, wie etwa der Emissionshandel, kamen nur auf Druck des Lehrers zustande – der EU.

15 Maßnahmen: Kein EU-Land hat laut der Europäischen Umweltagentur weniger gesetzt als Österreich. Zum Vergleich: Belgien setzte 124 Maßnahmen um.[94] Der Vergleich der Europäischen Umweltagentur lasse „weder Umfang noch Qualität der umgesetzten Maßnahmenbündel zu", heißt es 2019 aus der Presseabteilung des Umweltministeriums, daran den Klimaschutz zu messen sei „weder seriös noch aussagekräftig". Der Klimawissenschaftler Kirchengast nennt es hingegen „ein weiteres trauriges Symbol für das bisherige Versagen der Klimapolitik".

Das Versagen der Klimapolitik lässt sich ohnehin an den vielen verfehlten Klimaschutzzielen ablesen, zu denen sich Österreich bekannte. Das Toronto-Ziel: weit verfehlt. Das Kyoto-Ziel: weit verfehlt. Das 2020-Ziel der EU: wackelt trotz leichter Vorgaben. Das 2030-Ziel: nach Berechnungen des Umweltbundesamts mit den Maßnahmen – Stand 2019 – unmöglich zu erreichen. Wenn Österreich versagt, könnte das die Republik teuer zu stehen kommen. Dann muss Österreich fehlende Zertifikate nachkaufen. Diese könnten bis zu zehn Milliarden Euro kosten. Schon einmal musste Österreich zahlen – und kam vergleichsweise billig davon. Eine halbe Milliarde Euro berappten die Steuerzahler, weil die Republik die Kyoto-Ziele nicht erreicht hatte, zu denen sie sich verpflichtete.

Trotzdem förderte Österreich weiterhin die klimaschädlichen fossilen Energieträger. Es ließ sich einerseits Steuereinnahmen entgehen, indem es beispielsweise Kerosin und Diesel niedrig besteuert. Andererseits bezahlte der Staat die Bürger mit der Pendlerpauschale dafür, mit dem Auto in die Arbeit zu fahren. Laut einer Wifo-Studie von 2016 kosten diese klimaschädlichen Förderungen das Land jedes Jahr zwischen 3,8 und 4,7 Milliarden Euro.[95] Symbolische Anekdote am Rande: Als Service für die Autofahrer veröffentlichte bis 2019 ausgerechnet das Umweltministerium[96] jeden Monat die Pressemeldung, wie günstig der Treibstoff in Österreich war. „Eurosuper ist um 17,7 Cent pro Liter und Diesel um 13,4 Cent pro Liter billiger als im EU-Schnitt", berichtete das für die Klimapolitik zuständige Ministerium im Hitzesommer 2019.[97]

Der günstige Preis freut nicht nur die heimischen Autofahrer, es zieht auch den Schwerverkehr der Nachbarländer an. Das Bild vom einstigen Idyll ergraut, man muss nur nach Tirol blicken, wo nicht nur die Gletscher schmelzen, sondern sich vor der schönen Alpenkulisse auch die Lkw stauen. Kein Sektor verschlechterte sich seit 1990 stärker als der Verkehr; das hat alle Klimaschutzbemühungen der vergangenen dreißig Jahre zunichtegemacht. Die Kurve der klimaschädlichen Gase im Verkehr erinnert an eine Tiroler Bergfahrt. Sie steigt seit 1990 steil an, das Niveau ist seit damals um zwei Drittel höher. Wie konnte das derart schieflaufen? Christian Gratzer vom Mobilitätsverein VCÖ hat eine lange Liste mit politischen Fehlentscheidungen. Seit Jahrzehnten schraubte die Politik die Regionalstrecken der Bahn zurück, baute dafür Straßen aus und machte die Autobahnen breiter. Die Raumordnungspolitik der Bundesländer war lasch, nahezu überall durfte man Häuser bauen, zu denen nun lange Zufahrtswege führen. Die Einkaufszentren ließen die Gemeinden an den Ortsrand statt ins Zentrum bauen. Die täglichen Wege wurden lang. Man gewöhnte die Menschen ans Auto. Heute bleibt man in gewissen Teilen des Landes ohne Wagen völlig isoliert.

Die Maßnahmen, mit denen man die Emissionen im Verkehr in den Griff bekommen kann, lagen seit Jahren auf dem Tisch: ökologische Steuern, neue Raumordnungskonzepte, massiver Ausbau des öffentlichen Verkehrs. „Tempolimits sind die billigste Klimamaßnahme", sagt Gratzer. Aber anstatt die Höchstgeschwindigkeit zu senken, erhöhte sie die türkis-blaue Bundesregierung im Sommer 2018 und ließ die Lenker auf Teilstrecken mit 140 km/h über die Autobahn brettern.[98] Kein Wunder, dass Wissenschaftler deutlicher wurden als je zuvor. Klimaforscher Gottfried Kirchengast, von 46 Mitgliedern der einzige Wissenschaftler im Nationalen Klimaschutzkomitee (NKK), beschrieb Österreichs Klimapolitik 2019 so: „Bisher dominierten Schönfärberei, Irreführung, Ignoranz und Kompetenzdefizite." Im selben Jahr forderte er als NKK-Mitglied die damaligen Bundeskanzler Sebastian Kurz und seine Nachfolgerin Brigitte Bierlein in offenen Briefen eindringlich dazu auf, endlich tätig zu werden.[99] „Wir haben immer wieder Stellungnahmen an die Regierung geschickt und auch unsere Unterstützung angeboten, konstruktiv mitzuarbeiten", sagt Helga Kromp-Kolb, Obfrau des Climate Change Center Austria (CCCA). „Manchmal ist ein freundliches Schreiben zurückgekommen, manchmal gab es ein Gespräch. Niederschlag in der Klima- und Energiepolitik hat es nicht gefunden", resümiert Kromp-Kolb die vergebene Liebesmüh der vergangenen Jahre. Die Politik hörte auf ganz andere Einflüsterer.

Kaum jemand weiß das besser als Greenpeace-Klimasprecher Adam Pawloff. Pawloff kommt aus einer prominenten Familie. Seine Großmutter war Freda Meissner-Blau, Mitbegründerin der Grünen und seit den 1970ern eine nationale Ikone der Anti-Atomkraft-Bewegung. Pawloff sieht heute die Klimakrise als größte Bedrohung für die Menschheit und kämpft gegen sie an. Die Wurzeln des Versagens in der heimischen Klimapolitik verortet er historisch: „Es gab in der Sozialpartnerschaft niemanden, der die Umwelt vertritt." Die Sozialpartner haben in Österreich massives politisches Gewicht. Sie haben für Wohlstand und sozialen Ausgleich gesorgt. Während anderswo in Europa gestreikt wurde, lösten Arbeitnehmer und Arbeitgeber ihre Probleme am Tisch. Dass der Klimaschutz oft ein Problem für beide Seiten war, darauf konnte man sich schnell einigen.

Pawloff arbeitete gemeinsam mit dem Politikwissenschaftler Ulrich Brand den Einfluss der Sozialpartner wissenschaftlich auf[100], die beiden zeichneten beispielhaft das Scheitern des Ökostromgesetzes nach. 2002 setzte Österreich eine EU-Richtlinie um, um die erneuerbare Energie im Land zu erschließen. Windrad um Windrad wuchs aus dem Boden. Das Geld für die Förderung kam von denen, die die Energie kauften. Gegen die Verteuerung schlossen sich Wirtschaftskammer, Industriellenvereinigung, Arbeiterkammer und Gewerkschaft zusammen. Ihre Argumente blieben über die Jahre die gleichen: Angst vor Wettbewerbsnachteil, die Sorge um den Konsumenten, um Arbeitsplätze. Das Gesetz wurde geändert. Obwohl mächtige Bundesländer, NGOs und Grüne dagegenhielten, brachten die Sozialpartner ihre Forderungen durch. Die Förderungen wurden gedeckelt, Energie wurde wieder billiger, der Ausbau der Erneuerbaren wurde gebremst und stagnierte über Jahre. „Der österreichische Klimaschutz hat einen faulen Kern", sagt Pawloff, „es gibt eine massive personelle Verstrickung von Wirtschaftskammer und Industriellenvereinigung mit der ÖVP und von Gewerkschaft und Arbeiterkammer mit der SPÖ." Nicht selten enden Karrieren, die in mächtigen Interessenvertretungen begonnen haben, in Parteien und an wichtigen Positionen in Ministerien.

Die Furcht vor der EU, die mancher Umweltschützer vor dem EU-Beitritt noch gehabt haben mag, verkehrte sich ins Gegenteil. Die Europäische Union wurde bald zum größten Hoffnungsträger. „Es war vor allem die EU, die dafür gesorgt hat, dass im Klimaschutz doch etwas passiert", sagt Willi Haas vom Institut für Soziale Ökologie an der Boku, der Österreichs Klimapolitik mit zwei Kolleginnen wissenschaftlich analysierte.[101]

Zwei Beispiele aus der jüngeren Vergangenheit: Mit der Energieeffizienz-Richtlinie bringt die EU ihre Staaten dazu, Energie zu sparen. Weil Österreich die Vorgabe nur schlampig umgesetzt hat, baute die EU-Kommission im Juli 2019 Druck auf und leitete den zweiten Schritt eines Vertragsverletzungsverfahrens ein.[102] Und dann war da noch die Sache mit dem Energie- und Klimaplan. Jedes EU-Land bekam von Brüssel die Hausaufgabe zu erklären, wie es sein nationales Klimaziel bis 2030 erreichen wolle. Den Erstentwurf der türkis-blauen Regierung bewertete die europäische Klimaschutzorganisation European Climate Foundation. Österreich landete im letzten Drittel aller EU-Staaten: Platz 19.[103] Die EU-Kommission benotete Österreichs Plan mit einem „Nicht genügend". Er war zu vage, zu ambitionslos und enthielt zu wenige Maßnahmen.[104] Die Republik musste ihre Hausaufgaben neu machen und den Plan verbessern. Aber auch die so genannte Expertenregierung blieb säumig. Ende 2019 schickte sie den überarbeiteten Energie- und Klimaplan nach Brüssel,[105] verfehlte jedoch abermals die notwendigen Vorgaben.[106]

„Österreich ist in der Umweltpolitik kein Musterland, sondern ein Opportunist", resümierte Steurer 2019 seine jahrzehntelange Forschung zur österreichischen Klimapolitik, „wir sind nur dort gut, wo es uns selbst etwas bringt."

2020 könnte Österreich aus seinem klimapolitischen Koma erwachen. Am 7. Jänner gelobte Bundespräsident Alexander Van der Bellen die erste türkis-grüne Regierung an. Im 326 Seiten starken Regierungsprogramm wird der Klimapolitik erstmals in der Geschichte ein hoher Stellenwert eingeräumt. Das Ziel der türkis-grünen Regierung klingt mehr als ehrgeizig: Österreich soll bis 2040 klimaneutral werden. Damit würde das Land zum internationalen Musterschüler werden. Dazu will die Koalition unter anderem Kohle, Öl und Gas als Energieträger in der Raumwärme auslaufen lassen, gleichzeitig erneuerbare Energien und den öffentlichen Verkehr stark ausbauen, die Raumordnung klimafreundlich regeln und eine ökosoziale Steuerreform durchführen.[107]

„Das ist mehr, als wir bisher je hatten", analysiert Klimaforscherin Helga Kromp-Kolb. „Es ist wirklich eine Wende in die richtige Richtung."[108] Ob Österreich die Klimaneutralität bis 2040 mit seinen Vorhaben tatsächlich schafft, bleibt aber offen. Wesentliche Klimaschutzmaßnahmen wie eine ausreichend hohe CO_2-Steuer oder die Abschaffung aller klimaschädlichen Förderungen fehlen im Programm oder sind nur vage angedeutet. Und niemand weiß, wie gründlich die Regierung ihr Programm umsetzen wird.

Jedenfalls aber lässt sich damit der Komapatient wachrütteln. Denn das Umweltministerium ist so stark wie nie zuvor. Die neue Umweltministerin hält mit den Ressorts Klima, Umwelt, Energie, Infrastruktur und Verkehr wichtige Fäden in der Hand, die in den vergangenen Jahrzehnten von anderen Ministerien liegen gelassen wurden. Und erstmals in der Geschichte des Landes sitzt eine Umweltaktivistin im Umweltministerinnen-Sessel: Leonore Gewessler leitete vor ihrer Politkarriere die Umwelt-NGO Global 2000.

Was ist da geschehen? Wer hat die Republik aus ihrem dreißigjährigen Dornröschenschlaf wachgeküsst?

Drei Studierende. Fast genau ein Jahr vor der Angelobung der ersten türkis-grünen Regierung in der Hofburg standen sie mit selbstbemalten Pappschildern erstmals vor der Hofburg, am Heldenplatz. Aber sie haben die Republik nicht geküsst. Sie schrien ihr laut ins Ohr.

ANATOMIE EINES PROTESTS

We need to wake up
We need to wise up
We need to open our eyes
Do it now now now
||: We need to build a better future
And we need to start right now :||

Die erste Demo

21. Dezember 2018. In der Wiener Innenstadt ist vom Hitzesommer dieses Jahres nichts mehr zu spüren. Am Heldenplatz stehen rund dreißig junge Leute, sie tragen Wollhauben und dicke Schals. In ihren Händen halten sie große Protestschilder aus Pappkarton, die so ausschauen, als wären sie erst vor wenigen Stunden gebastelt worden. Keine Zeit für kreative Malereien oder Wortspiele, dafür dramatische Sprüche mit schwarzem Filzstift in Großbuchstaben hingekritzelt, viele auf Englisch und mit abstrakten Zahlen versehen, die für den Durchschnittsbürger kaum zu verstehen sind: „12 years left", „1,5 to survive", „Act now for 1,5C".[1]

Man würde sich an diesem Tag 1,5 Grad mehr wünschen. Auch 15 Grad. Es ist saukalt und unter diesen Umständen hätte die Botschaft „Make the planet cool again", die eine Aktivistin auf ihr Schild geschrieben hat, normalerweise sehr wenig Chancen, in die Medien zu kommen.[2] Aber vor wenigen Tagen ging die Weltklimakonferenz im polnischen Kattowitz zu Ende. Sie brachte keine großen politischen Würfe, aber die 15-jährige Greta Thunberg hielt eine Rede, die viral ging.

Eine Streikwelle hatte in der Vorwoche bereits Deutschland[3] und die Schweiz[4] erfasst. Klimaaktivisten waren dort dem Aufruf Thunbergs gefolgt, die zum Abschluss der für viele enttäuschenden Klimakonferenz zum globalen Schulstreik aufgerufen hatte.[5] Mit einwöchiger Verzögerung ist die Welle nun auch nach Österreich geschwappt. Deshalb hat Alina Rheindorf trotz der Kälte in der Puls4-Redaktionskonferenz leichtes Spiel mit ihrem Vorschlag zum Thema Klimaerwärmung. Sie ist über Facebook auf einen interessanten Termin gestoßen, die erste Fridays-for-Future-Demo in Wien. „In der Redaktion wusste ja jeder von der Greta Thunberg aus Schweden. Von diesem Schulstreik war ja schon überall die Rede", sagt Rheindorf, die als erste Journalistin über die österreichische Fridays-for-Future-Bewegung berichtet. Sie schlägt vor, einen TV-Beitrag über die Demo am Heldenplatz zu machen, „weil das zum ersten Mal in Österreich stattfindet und in jedem Fall berichtenswert ist, wenn Österreich da endlich aufschließt".

Rheindorf fährt mit ihrem Kameramann in die Wiener Innenstadt, aber während in Berlin und Basel schon in der Woche zuvor hunderte Aktivisten auf die Straße gegangen waren, findet sie auf dem Heldenplatz vor der Erzherzog-Karl-Reiterstatue nur ein Grüppchen vor. Der Kameramann hält seine Kamera trotzdem drauf.[6] „What do we want?", schreit ein junger Mann, der sich die Kapuze über den Kopf gezogen hat. „Climate justice", rufen die anderen im Chor zurück. „When do we want it?" – „Now!"[7] Weil es so kalt ist, gehen sie bald mit ihren Schildern im Kreis.

Das sieht nicht nach Massendemo aus, eher nach einer kleinen Jugendclique, die den Platz lautstark als ihr Revier markiert. „Deshalb war ich dann eh ganz glücklich, dass wir's noch in die Nachrichten reingeschafft haben", sagt Rheindorf. „Das lag aber sicher daran, dass man schon gemerkt hat, dass es eine europaweite Bewegung wird und dass Österreich – wie immer – ein bisschen hinterher ist." Noch ein Problem hat die Puls4-Journalistin. Der Protest ist nicht nur sehr klein, die Geschichte mit dem Schulstreik, die mittlerweile in Europa für Debatten sorgt, lässt sich kaum auf Wien übertragen. „Es waren damals nicht viele Schüler da, sondern hauptsächlich Ältere", sagt Rheindorf. Sie behilft sich deshalb mit einem kleinen Trick, um doch noch die Kurve für die Headline „Schwänzen fürs Klima" im TV-Beitrag zu kriegen. „Ich hab dann explizit nach Schülern und Schülerinnen gesucht, und hab mir die dann rausgepickt."

In weniger als drei Monaten wird der Protest der kleinen Gruppe auf dem Heldenplatz zu einer Großdemonstration anschwellen. Aus den wenigen Leuten wird eine Bewegung werden, die die politische und mediale Landschaft in Österreich verändern wird. „Fridays for Future wäre wahrscheinlich trotzdem irgendwann nach Österreich übergeschwappt, zwangsläufig", sagt Johannes Stangl, der junge Mann mit der Kapuze, der die kleine Gruppe auf der ersten Demo am Heldenplatz mit Schlachtrufen eingepeitscht hat und zum kleinen Gründungsteam von FFF Österreich gehört, „aber dass wir das in dieser Konstellation geschafft haben, das liegt an Kattowitz."

Die Inspiration

Kattowitz, Polen, 2. Dezember 2018. Ausgerechnet im schlesischen Kohlerevier, wo die meisten und schlimmsten Smog-Städte Europas liegen, geht die 24. UN-Klimakonferenz über die Bühne.[8] Aus aller Welt pilgern Delegierte ins internationale Kongresszentrum MCK, errichtet auf einer ehemaligen Kohlegrube, die noch bis in die 1990er-Jahre in Betrieb war. Die Stadt ließ die dreckige Schwerindustrieanlage zum sterilen Konferenzort umbauen. Die symbolische Botschaft der Polen lautet: Kattowitz ist sauber geworden.[9]

In der Nachbarschaft lodert freilich weiterhin schmutzige Kohle.[10] Das ist die symbolische Botschaft, die am Ende des UN-Gipfels von Kattowitz bleiben wird.

Zwei Wochen werden die Delegierten aus den Ländern dieser Erde im MCK die internationale Klimapolitik verhandeln. Drinnen in den Konferenzräumen feilschen Beamte und Staatenlenker um Formulierungen und Beistriche, sie pressen Kompromisse in Dokumente. Draußen demonstrieren Klimaaktivisten und skandieren Schlachtrufe im Trillerpfeifen- und Trommelkonzert. Eine Weltklimakonferenz ist immer beides: technokratisches Gezerre der Politik und buntes Festival zur Weltrettung der Zivilgesellschaft.

Johannes Stangl, 23, ist gerade noch rechtzeitig zur Konferenz gekommen. Der Physikstudent hat sich während des Studiums intensiv mit der Klimapolitik auseinandergesetzt. Sein Interesse ist tief verankert: Zuhause im Elternhaus in Krems wird viel über die Umwelt gesprochen, mit 18 wird er Vegetarier, aus Klimaschutzgründen. Schon als Schüler träumt Stangl von einer Karriere in der Wissenschaft, er will die Kernfusion weiterentwickeln und mit ihr eine unerschöpfliche Energiequelle erschließen. Es wäre ein Jahrhundert-projekt. Aber nun sagen die Forscher, dass die Menschheit nicht mehr so lange warten kann – wegen der Klimakrise.

Erst ein paar Monate vor der UN-Klimakonferenz in Kattowitz begibt sich Student Stangl auf Grundlagenforschung zum Versagen der Klimapolitik. Mit Gleichgesinnten – den Climate Action Students – besucht er das EU-Parlament in Brüssel. Das Ergebnis ist frustrierend: Nicht einmal die Europäische Union, die im internationalen Vergleich im Klimaschutz als ehrgeizig gilt, scheint die Pariser Klimaziele zu erreichen. Der Bericht des Weltklimarates zum 1,5-Grad-Ziel (siehe Seite 47) versetzt dem Physikstudenten den nächsten Schock. Der Leidensdruck ist so groß, dass Stangl mit einer Freundin überlegt, ein Klimavolksbegehren zu starten. Dann hört er von der Möglichkeit, an der Weltklimakonferenz teilzunehmen, wo die Politik die großen Hebel umlegt. Die Umwelt-NGO Climate Action Network verschafft ihm im letzten Moment noch ein Ticket.

Im Hostel lernt Stangl seinen Zimmernachbarn kennen: Philipp Wilfinger. Er ist 24 Jahre alt und kommt aus Mödling. Auch Wilfinger hat sich lange vor Thunbergs Klimastreik politisiert. In der Schule sieht er die Doku „We Feed the World". Die Bilder der Massentier-haltung schockieren ihn, die Meinung des damaligen Nestlé-Chefs zur Wasserprivatisierung ebenso. Er beginnt, sein Leben zu ändern, gemeinsam mit seiner Schwester boykottiert er Nestlé-Produkte. Die Eltern ziehen mit. „Das war cool", sagt Wilfinger.

Er studiert Umweltsystemwissenschaften in Graz, fängt Feuer für das Thema Umwelt, versucht, Müll zu vermeiden, stellt selbst Kastani-enwaschmittel her, kauft nur noch gebrauchtes Gewand und verzichtet auf Flugreisen. Aber ist das genug? Mit einem Programm berechnet er seinen ökologischen Fußabdruck und bekommt eine ernüchternde Antwort: Trotz all seiner Bemühungen lebt Wilfinger ökologisch gesehen auf zu großem Fuß und damit nicht nachhaltig. Er verbraucht also mehr Ressourcen, als die Erde auf Dauer aushalten kann. „Man kann in Österreich nicht im Einklang mit unserem Planeten leben", sagt Wilfinger. Denn zu viele Faktoren beeinflussen den Fußabdruck der Österreicher, die sie selbst nicht ändern können. Zum Beispiel, ob die Mietwohnung mit Gas beheizt wird, der öffentliche Bus mit Diesel fährt oder das städtische Krankenhaus Tonnen an Lebensmitteln wegwirft. Wilfinger wird klar: Nicht er ist das Problem, sondern das System. Wie Stangl will auch er nach Kattowitz, dorthin, wo die Entscheidungen fallen. Im österreichischen Umweltministerium bewirbt er sich um ein Ticket und wird von dort als Jugenddelegierter entsandt; als solcher soll Wilfinger jungen interessierten Leuten, die zuhause geblieben sind, von der Konferenz berichten.

In Kattowitz herrscht Ferienlagerstimmung. Schnell freunden sich die Zimmernachbarn Wilfinger und Stangl an. Am Tag streunen sie mit anderen Jugenddelegierten und jungen Umweltaktivisten aus Österreich in der Gruppe durch das Konferenzgebäude, hören sich Vorträge und Diskussionen an, nehmen an Sitzstreiks teil, gehen gemeinsam essen und demonstrieren. Am Abend sitzen alle beisammen und lesen sich das Programm für den nächsten Tag durch. „Da hat jemand gesagt: Da ist die Greta Thunberg, die die Schule bestreikt", sagt Stangl, „ich hab von ihr davor noch nie gehört. Keine Ahnung, wer das ist." Tatsächlich ist Thunberg zu diesem Zeitpunkt im deutschsprachigen Raum noch nahezu unbekannt. Während andere internationale Medien über ihre Klimastreiks berichtet haben, bleibt es hierzulande lange still um sie. Kattowitz ändert das. Der polnische Kohleort wird zur Geburtsstätte der deutschen, schweizerischen[11] und österreichischen Fridays-for-Future-Bewegung.

„Greta hat in einem ganz kleinen Rahmen mit etwa hundert Leuten einen Talk gemacht, sie hat über den Schulstreik gesprochen, ob er was bringt, was sie damit erreichen will", sagt Stangl, „sie war supermotivierend und inspirierend." Aber sie ist nicht die Einzige, die den Physikstudenten fasziniert. Da ist zum Beispiel auch die Gruppe von Extinction Rebellion, eine neue Klimabewegung, die sich mit zivilem Ungehorsam Gehör verschaffen will. Zwei Wochen vor Beginn der Klimakonferenz in Kattowitz haben sie in London fünf Themse-Brücken besetzt und damit ein Verkehrschaos verursacht.[12] Nun sucht Extinction Rebellion nach Verbündeten, um eine weltweite Bewegung zu schaffen.

Die Konferenz aber gehört Thunberg, der Schulstreikerin. Das symbolische Bild, das im Rückblick vom UN-Klimagipfel 2018 bleiben wird, ist die Rede der 15-Jährigen, die um die Welt geht.

Katharina Rogenhofer arbeitet in diesen Tagen als Praktikantin der UNO in Kattowitz, Abteilung Öffentlichkeitsarbeit. Sie verbreitet

Thunbergs Rede als Videoclip über einen der vielen UNO-Kanäle in den sozialen Medien. Die 24-jährige Wienerin schließt sich der herumstreunenden Gruppe der jungen Österreicher an. Sie kennt Stangl schon lange, ihre Freundeskreise überschneiden sich, beide besuchten gemeinsam als Stipendiaten das Europäische Forum Alpbach, in dem sich Studierende mit Größen aus Politik, Wirtschaft, Wissenschaft und Gesellschaft austauschen können.

Rogenhofer studiert Biologie in Wien und Naturschutz an der englischen Elite-Universität Oxford. Sie erforscht, wie sich Lebensräume von Pflanzen- und Tierarten durch die Klimakrise verschieben. Wenn es heißer wird, wandern die Arten in den Bergen nach oben, wo es noch kühler ist. Spinnen gelingt das. Den Nordostalpen-Primeln nicht. Es ist absehbar, dass die Pflanzenart in Österreich ausstirbt. „Da verändert sich so viel in den Ökosystemen, das muss auch in der Politik wahrgenommen werden", sagt Rogenhofer. Sie will einen Unterschied machen. Aber wie?

In Kattowitz sieht Rogenhofer Greta Thunberg auf dem Gang sitzend beim Freitagsstreik, an ihrem Ein-Mädchen-Protest samt „Skolstrejk för klimatet"-Schild laufen die Entscheidungsträger vorbei. „Da habe ich zum ersten Mal in meinem Leben das Gefühl gehabt, ich habe einen Interessenkonflikt", sagt Rogenhofer, „einerseits würde ich mich gerne zu ihr setzen, andererseits arbeite ich gerade für die UN."

UN-Praktikantin Rogenhofer spricht Thunberg an und redet mit ihr über ihren Protest, auch Stangl und Wilfinger sind dabei. „Das hat uns vor Augen gehalten, dass es um viel mehr geht. In den Konferenzräumen wurde darüber gesprochen, ob eine bestimmte Datenbank jetzt eine Suchfunktion haben soll oder nicht", erzählt Rogenhofer. Ja, in irgendeinem Kontext sei auch das bestimmt wichtig. „Aber es hat nicht das Problem an der Wurzel gepackt. Und sie hat sich hingesetzt und gezeigt: Hey, es geht um mich, um meine Zukunft. Ich bin ein junges Mädel, ich werde noch so lange auf dem Planeten sein, jetzt kümmerts euch da endlich drum. Das hat uns schon inspiriert", sagt Rogenhofer. „Wir haben zu dem Zeitpunkt beschlossen: Irgendetwas muss sich jetzt bewegen."

Die Vorbereitung

Zurück in Wien. In den Augen des Trios bleibt klimapolitisch gesehen von Kattowitz nicht mehr als die letzten vier Buchstaben. Der Frust ist groß, die Rufe der Demonstranten hallen noch im Ohr. „Hey Leute, wenn schon international nichts vorangeht, müssen wir schauen, dass in Österreich was passiert", sagt Stangl. Die drei Studierenden haben neue Protestformen des Klimaaktivismus kennengelernt, sie wollen etwas unternehmen. Aber was?

Wilfinger steht in Kontakt mit anderen Klimaaktivisten. Sie planen eine neuartige Protestaktion: meditieren fürs Klima. Aber daraus wird nichts, es klingt zu spirituell und könnte abschreckend wirken. Was ist mit einer normalen Demo? „Klassische Demos haben anscheinend nicht dazu geführt, dass die Politik sich mehr mit Klimapolitik beschäftigt", sagt Stangl. „Wir wollten ein anderes Framing haben." Wenige Tage vor Weihnachten 2018 lässt sich erahnen, wohin sich der Protest entwickeln könnte. Stangl hat nach seiner Rückkehr aus Kattowitz einen Kommentar verfasst, den das linke Blog Mosaik veröffentlicht. Darin schreibt Stangl über Greta Thunberg und Extinction Rebellion, über die existenzielle Bedrohung des Klimawandels, die in breiteren Kreisen der Zivilgesellschaft angekommen sei. Man müsse dieses Momentum nützen, „um weltweit Druck auf Regierungen aufzubauen und der Klimakrise mit angemessenen Maßnahmen zu begegnen", appelliert Stangl. „Nach vielen Jahren vergeblicher Versuche, die weltweiten CO_2-Emissionen zu reduzieren, ist es an der Zeit, Gretas Worte ernst zu nehmen: ‚Wenn Lösungen in diesem System so unmöglich zu finden sind, dann müssen wir vielleicht das System selbst ändern.'"[13]

Mitte Dezember treffen sich Rogenhofer, Stangl und Wilfinger im Café Möbel, einem studentischen Bobo-Lokal in Wien-Neubau, zehn Gehminuten vom Wiener Heldenplatz entfernt. Sie haben keine Ahnung, wie man eine Demonstration organisiert, aber sie wollen Fakten schaffen. Wer weiß, wie lange das Momentum nach der Konferenz noch anhält. „Das war einer der Hauptängste: dass das Thema nach der Klimakonferenz wieder gegessen ist", sagt Stangl. Es muss also rasch gehen, einfach, ohne lange Vorbereitungszeit, noch vor Weihnachten. „Wir haben ein bisschen recherchiert und haben gefunden, dass auch in Deutschland Proteste anlaufen", sagt Wilfinger. „Die hatten alle Fridays for Future und den Stadtnamen dazu. Dann haben wir uns gedacht: Na gut, dann nennen wir uns Fridays for Future Vienna."

Die Studierenden schließen sich dem internationalen Trend an, obwohl sie selbst längst zu alt dafür sind, um eine Schule zu bestreiken. Aber wie gründet man eine Fridays-for-Future-Bewegung? Welche Beitrittsformulare muss man unterschreiben? Hält man mit Thunberg Rücksprache? Rogenhofer lacht. „Es ist sehr schwierig, mit Greta Thunberg Rücksprache zu halten, weil sie wird von Anfragen überflutet", sagt sie, „Greta ist nur die Zündflamme gewesen, aber sie ist nicht der Kopf der Bewegung. Natürlich ist sie Inspiration und Leitfigur, aber sie führt gar nichts an und gibt auch nichts vor. Bei ihr fließen überhaupt keine Informationen zusammen. Die Bewegung organisiert sich selbst." Und ja, das sei tatsächlich so, dass jeder einfach einen Fridays-for-Future-Ableger gründen kann. „Das ist ja kein gesichertes Label", sagt Rogenhofer.

Zur Gründung einer Ortsgruppe ist also Folgendes notwendig: Man erstellt eine Facebook-Seite.

Wie die Bewegung in so kurzer Zeit so groß werden konnte, erklärt sich auch daraus. Eine neue Gruppe kann immer und überall entstehen. Jeder kann mitmachen. Niederschwelliger geht es nicht.

Kurz vor Weihnachten gehen die drei Verbündeten aus Kattowitz ans Werk. Rogenhofer erstellt den Facebook-Event „Streik für das Klima – Wien #ClimateStrike", Wilfinger liefert Textbausteine, Stangl erstellt eine Instagram-Seite, übermalt das Logo der deutschen Bewegung mit „Vienna" und meldet die erste Demo seines Lebens an. Auf ihren Seiten teilen die drei das Facebook-Event, in der Erklärung heißt es dort: „Geplant ist ein ruhiger, friedvoller Protest mit Schildern, nach dem Vorbild der 15-jährigen Schwedin Greta Thunberg, die jeden Freitag vor dem schwedischen Parlament streikt, statt in die Schule zu gehen." Die Demo soll von zehn bis 16 Uhr dauern – eine kleine Ewigkeit. Das soll der Dringlichkeit der Krise gerecht werden, „jede/r kann kommen und gehen, wann sie/er möchte".[14] Die drei jungen Initiatoren laden Freunde und Verwandte ein, sie mobilisieren vor allem über Whatsapp. „Jeder hat für sich am Abend vorher in den eigenen vier Wänden Schilder gemalt", erzählt Wilfinger. Er beschriftet zwei riesige Kartons, bindet sie mit einer Schnur zusammen, steigt mit ihnen am 21. Dezember 2018 in die U-Bahn und fährt auf seine erste Demo. „Es war total aufregend", sagt der 24-jährige Student, „da sind wir gestanden, zwanzig Leute, es war extrem kalt, wir hatten Tee in Thermoskannen und Kekse, damit wir uns warm und motiviert halten." Sie üben mit den anderen Demonstranten die Sprüche ein, die sie selbst erst vor wenigen Tagen von den Protesten auf der UN-Klimakonferenz in Kattowitz gelernt haben. Bald skandieren sie im Chor. Die Demo-Gruppe wird zu keinem Zeitpunkt mehr als fünfzig Menschen zählen, über alle sechs eisigen Stunden verteilt kommen nach Schätzungen der Organisatoren zusammengerechnet etwa hundert Leute.

Rückblickend betrachtet ist die erste Fridays-for-Future-Demo in Österreich eine schnell hingeschusterte Aktion. Die damalige Puls4-Journalistin Alina Rheindorf beeindruckt sie trotzdem. Diese jungen Menschen, die stundenlang in der Kälte ausharren und ankündigen, ihren Protest auch in den bald anbrechenden Ferien fortzusetzen. „Es waren lauter Leute, wo man gemerkt hat, denen ist das Thema wichtig. Die sind jetzt nicht da zum Spaß, sondern die wollen wirklich etwas verändern", sagt Rheindorf. „Und die versuchen da einen Anfang zu machen. Sie waren auch sehr überzeugt, dass sie ab jetzt jeden Freitag da stehen werden."

Wie eine Bewegung entsteht

Die Demonstration war klein, sie dauerte zu lange, es war zu kalt. Das Gründer-Trio will trotzdem weitermachen. „Wir haben keine große Erwartung gehabt. Wir haben es eher als notwendig erachtet, auf die Straße zu gehen", sagt Stangl und fasst mit seinen zwei Mitstreitern Wilfinger und Rogenhofer einen Entschluss: „Wir müssen jede Woche auf die Straße gehen, damit das Thema präsent wird." Das Ziel ist zunächst keine Massendemo, sondern Beharrlichkeit.

Für Rogenhofer wird der 21. Dezember 2018 zu einem einschneidenden Ereignis. „Weil ich so lange vorher etwas gesucht habe, was einen Impact hat. Ich habe das erste Mal tatsächlich das Gefühl gehabt, das ist ein Gemeinsam. Da stehen viele", sagt Rogenhofer.

Viele? „Ja, okay: Auf der ersten Demo waren vielleicht nur hundert Leute. Aber für mich war es schon großartig, dass wir hundert Menschen bewegen können." Früher hatte Rogenhofer Demos gemieden, zu viele Menschen. Früher plagte sie sich mit der Frage, wie sie selbst am wenigsten klimaschädlich leben könnte. Greift man im Geschäft zu den Bio-Äpfeln, die in Plastik verpackt sind, oder zu den plastikfreien, die aus einem fernen Land hierher gekarrt wurden? Stets dräut die Gefahr, sich falsch zu entscheiden, immer diese moralische Verpflichtung, sich über jeden Handgriff informieren zu müssen. Nach der Demo verschiebt sich ihre Sicht auf die Dinge. „Ich habe gemerkt: Das gibt mir wahnsinnig viel Kraft zu sehen, es ist nicht nur meine individuelle Entscheidung", sagt sie. „Ich trage nicht die Last der Welt auf meinen Schultern und muss nicht mit jeder Konsumentscheidung die Welt retten. Sondern das sind große politische Hebel und wir können es gemeinsam angehen, dass sie betätigt werden. Das habe ich bei der ersten Demo schon gespürt."

Das Gefühl der Selbstermächtigung und der Wille weiterzumachen bereiten den Boden für den nächsten Entwicklungsschritt der Bewegung. Schon auf der ersten Demo finden sich Mitstreiter, die aktiv mitarbeiten wollen. „Wir haben zu den Leuten, die noch am Ende der Streiks da waren, gesagt: ‚Hey, wir gehen alle ins Café Möbel, wenn ihr Lust habt, kommt mit, wir planen, wie es so in den nächsten Wochen weitergeht", sagt Wilfinger. „Das waren die ersten informellen Organisationstreffen, die noch total undefiniert waren." Die erste strategische Entscheidung fällen die durchfrorenen Aktivisten schnell: Die Demodauer wird drastisch verkürzt, von sechs auf drei Stunden, von zehn auf 13 Uhr.

Die Art, wie die Wiener Fridays-for-Future-Bewegung entstanden ist, prägt sie bis heute. Weil das Gründer-Trio zunächst im eigenen Freundes- und Bekanntenkreis für die erste Demo mobilisiert hatte, sind zur ersten Demo vor allem Gleichaltrige gekommen. Fridays for Future Wien ist deshalb immer noch tendenziell studentischer und älter als jene Gruppen in anderen Orten, die von Schülern gegründet wurden. Einige der Studierenden, die damals bei der ersten Wiener Demo in der Kälte standen, rutschten bald in den Maschinenraum der Bewegung und wurden zu entscheidenden Personen für Fridays for Future in Wien.

So wie Katharina Schneider, eine alte Freundin von Katharina Rogenhofer. Wie Rogenhofer kennt auch sie die zerstörerische Kraft der Klimakrise auf die Tier- und Pflanzenwelt aus ihrem Biologiestudium. Auf der ersten Demo wollte sie ein Zeichen setzen, seither ließ sie der Protest nicht mehr los. Das hat auch mit Zufall zu tun. „Wir hatten am ersten Tag ganz viele Plakatschilder. Und wir wollten die nicht wegschmeißen, weil die erstens cool waren und es zweitens Müll verursacht hätte", erzählt Schneider, „ich hab gesagt, ich wohne da um die Ecke, tragen wir sie halt zu mir. Und natürlich brauchten wir sie beim nächsten Mal wieder." Die Demos beginnen in den nächsten Wochen stets damit, die Plakate aus Schneiders Wohnung zu holen, und enden damit, sie wieder dorthin zu verfrachten. So entwickelt sich die Wohnung in den ersten Monaten zum Hauptquartier der Bewegung, wo wichtige Entscheidungen getroffen werden. Schneider selbst wird zu einer der zentralen Stützen in der Organisation und Öffentlichkeitsarbeit.

Die Bewegung keimt vorerst aber im Café Möbel, wo die durchfrorenen Aktivisten sich aufwärmen und über die nächsten Schritte sprechen. Dort wächst über die ersten Wochen langsam ein Kernteam heran, aus den drei Gründern entwickelt sich bald eine aus einem Dutzend Aktivisten bestehende Gruppe. Einige von ihnen sind mit den Gründern befreundet, andere sind dem Trio völlig unbekannt. „Es waren Leute, die nach einer Bewegung gesucht haben, die ihrem Frust Ausdruck verleihen kann", erzählt Stangl.

Menschen wie Veronika Winter, 23 Jahre, aus St. Marien in Oberösterreich. Sie studiert in Wien Deutsch und Biologie auf Lehramt. Facebook spült ihr im Dezember 2018 den Facebook-Event der ersten Demo in den Newsfeed. Der geplante Brunch-Termin mit den Freundinnen wird spontan abgeblasen, stattdessen gehen die jungen Frauen geschlossen zur Demo. Winter kennt zwar niemanden dort, aber sie brennt für das Thema Gerechtigkeit. Früher hatte sie sich deshalb in der Flüchtlingshilfe engagiert. Durch Greta Thunberg ist für sie die Klimakrise ins Zentrum der Gerechtigkeitsdebatte gerückt. „Je mehr ich mich mit Klima- und Umweltpolitik beschäftigt habe, desto mehr habe ich gemerkt: Puh, also eigentlich muss man viel mehr da ansetzen. Weil die Klima- und Umweltkrise einfach alles betrifft", sagt Winter. Wenige Monate nach der ersten Demo wird sie Präsidentin des Vereins „Fridays For Future Vienna / Wien – Verein zum aktiven Einsatz für Klimaschutz und Klimagerechtigkeit"[15] und einer der wichtigsten Triebfedern innerhalb Fridays for Future Wien. Dass sich der Trupp in den ersten Wochen professionalisiert, hat auch damit zu tun, dass Menschen mit Erfahrung an die Bewegung andocken. Nikolai Ritter zum Beispiel, der beim zweiten Streik zur Gruppe stößt. Dass er bereits 53 Jahre alt ist, ist für die bedeutend jüngeren Mitstreiter kein Problem. „Ganz am Anfang waren sie froh, dass sich Leute dafür interessieren", sagt Ritter über seinen Einstieg. Der dreifache Vater ist in der Anfangsphase das älteste Mitglied des Kernteams und wird später die Gründung der Allianzpartner Parents for Future, Farmers for Future und Artists for Future vorantreiben.

Ritter kommt vom Film, in seinem Lebenslauf stehen Produktionen wie „Soko Donau", „Tom Turbo" und „Die Wanderhure".[16] Der Filmarchitekt und Szenenbildner bezeichnet sich selbst als „notorischen Projektgründer". 2008 ändert eine Reise in den Südsudan sein Leben. Er sieht der Armut direkt ins Gesicht, stürzt sich auf die Themen Gerechtigkeit, Kolonialismus und Nachhaltigkeit, will die Welt ändern und beginnt zuhause einen Unterschied zu machen. Er engagiert sich in der Flüchtlingshilfe, versucht, klimaneutral zu leben, stößt verschiedene nachhaltige Projekte an, initiiert unter anderem Food-Cops und ein großes Urban-Gardening-Projekt in der Lobau im 22. Wiener Bezirk. „Ich war sehr aktiv, aber auch sehr gefrustet, weil solche Leuchtturmprojekte nicht genügend Breitenwirkung in der Welt haben", erzählt Ritter.

Ende 2018 sieht er Thunbergs Rede in Kattowitz und fängt Feuer. Er sucht nach einem österreichischen Fridays-for-Future-Ableger. Seine älteste Tochter findet den für ihn. Sie schickt ihm ein E-Mail zum Facebook-Event des zweiten Klimastreiks, als er es öffnet, ist die Demo schon im Gange. Ritter setzt sich sofort aufs Rad und fährt zum Heldenplatz. Wenig später wird er die Future-Werkstatt begründen, die Kreativabteilung der Fridays in Wien. „Streiken alleine reicht nicht, wir müssen Bilder inszenieren, mit denen man die Medien füttert", sagt der Filmarchitekt, „ich habe mich deshalb um das Theatralische bei den Fridays for Future gekümmert." Auch deshalb werden die Demos auf dem Heldenplatz Anfang 2019 immer bunter. Die Aktion #TeaforFuture wird erfunden, bei der Aktivisten

Passanten in ein „Klimastüberl" auf dem Heldenplatz einladen, um mit ihnen bei einem Tee zusammenzusitzen und über eine nachhaltige Welt zu reden.[17] Die Protestgesänge werden mehr, sitzen immer besser und werden bald mit Gitarre begleitet. Die Schilder werden kreativer. Mehr Medien werden auf die Klimaschützer aufmerksam. Trotz alldem scheint Fridays for Future Österreich von seiner ersten Massendemonstration weit entfernt zu sein. Während die Bewegung Anfang 2019 in den Niederlanden[18], in Belgien, Deutschland[19] und der Schweiz[20] zehntausende Menschen auf die Straßen bringt, kann davon hierzulande keine Rede sein. Auf den Wiener Heldenplatz kommen zu den Demos höchstens hunderte Aktivisten.

Dass sie bald zur Massenbewegung werden, liegt an der Whatsapp-Gruppe Fridays for Future International. Sie wurde am 28. Dezember 2018 erstellt und versammelt Aktivisten der Klimastreik-Bewegung aus aller Welt. Auch der österreichische Fridays-Mitbegründer Johannes Stangl wird als Mitglied zu dieser Gruppe hinzugefügt. Warum sich der Protest so schnell wie ein Lauffeuer ausbreitete, liegt auch an dieser ebenso raschen wie einfachen Vernetzung. Brauchte man früher Wochen, Monate und Jahre, um eine internationale Bewegung aufzubauen, geht das heute mit ein paar Klicks. Man muss nur die einzelnen Fridays-Gruppen in den verschiedenen Ländern über Instagram oder Facebook kontaktieren, die Nummern von Ansprechpartnern erfragen und diese in einer Whatsapp-Gruppe zusammenbringen.

Australische Aktivisten kündigen in der Fridays-for-Future-International-Gruppe eine große Sache an. 2018 haben sie als erstes Land tausende Menschen auf die Straße gebracht, nun planen sie den nächsten Schritt: den ersten weltweiten Klimastreik. Geplanter Termin: 15. März 2019. Lange wird in der Gruppe um den richtigen Termin gerungen, die Kollegen aus Deutschland und der Schweiz wollen etwa schon im Februar etwas Großes auf die Beine stellen. Die Österreicher sprechen sich hingegen für den März-Termin aus. „Man hat genug Zeit, um zu mobilisieren, aber er ist nah genug", erklärt Stangl. Immer mehr Länder plädieren schließlich für Mitte März, schließlich machen auch die Deutschen und Schweizer mit.

Am 7. Februar 2019 postet die Wiener Fridays-for-Future-Gruppe auf Instagram: „Auch in WIEN werden wir an die international angekündigten Großdemonstrationen anschließen." Nachsatz: „Am 15.3. gehören die Straßen Wiens uns und der Zukunft!"[21]

Der 15. März 2019 wird schließlich zum Wendepunkt der gesamten österreichischen Fridays-for-Future-Bewegung. Er wird sie zum politischen Machtfaktor im Land machen.

Die Fridays erobern die Bundesländer

Rückblickend machen die Aktivisten von Fridays for Future Wien zweierlei richtig: Sie helfen einander. Und sie lassen sich helfen. Etwa von der Juristin, die beim zweiten Streik auf der Demo vorbeischaut und sich einbringen will. Sie wird später die rechtlichen Fragen rund um den Schulstreik klären. Oder der Programmierer, der zur Bewegung stößt. „Zuerst waren wir nur ein Facebook-Event", sagt FFF-Mitbegründerin Rogenhofer, „dann war am zweiten Streik ein ITler da, der gemeint hat, er würde uns eine Webseite bauen." Bald geht fridaysforfuture.at online, samt Anleitung für potenzielle Mitstreiter, wie man eine Fridays-for-Future-Gruppe im eigenen Ort gründen kann. „Wir hatten das erste Mal eine E-Mail-Adresse", sagt Rogenhofer, „dann ist es so richtig losgegangen."

Wenige Wochen nach dem ersten Streik in Wien erobert die Bewegung die Bundesländer. „Wenn es eine neue Gruppe gab, haben sich die Gründer bei uns gemeldet", sagt Wilfinger, „die haben gesagt, wer sie sind, und wir haben gesagt: Passt! Und schon waren sie auf der Webseite. Da hat man gar nicht viel rumgefragt."

Immer mehr Gruppen schießen aus dem Boden. Die Wiener stehen lose mit ihnen in Kontakt. „Mit denen hat man ab und zu telefoniert und hat auch Tipps und Unterstützung gegeben, wenn sie Fragen hatten", sagt Wilfinger. Allein im ersten Jahr der Bewegung werden sich 29 Regionalgruppen gründen, von A wie Amstetten bis W wie Wiener Neustadt. Sie umfassen alles; von kleinen Orten wie das Vorarlberger Schnifis oder das steirische Pöllau bis hin zu größeren Regionen wie dem Südburgenland, dem Waldviertel und Osttirol, von Bezirken und Bezirkshauptstädten wie Ried im Innkreis, Schärding und Spittal an der Drau bis hin zu Bundesländern wie Vorarlberg und Wien.[22] Zu Beginn ist Fridays for Future trotzdem vor allem eines: ein Phänomen der Hauptstädte. So überrascht es nicht, dass die internationale Protestwelle zuerst nach Wien schwappt und kurz darauf in die Landeshauptstädte weiterfließt. Innsbruck, Linz, Salzburg und Graz gehören zu den ersten Orten, in denen FFF-Gruppen gegründet werden. Die folgenden Seiten skizzieren, auf welch unterschiedliche Weise sie entstanden sind.

Innsbruck: 's isch Zeit!

Georg Pleger, 51 Jahre alt, ist ein umtriebiger Mensch, der sich in seiner Heimat in der Umwelt- und NGO-Szene einen Namen gemacht hat. Für das Zukunftszentrum Tirol – einem Thinktank der Tiroler Arbeiterkammer, des Landes Tirol und der Stadt Innsbruck – arbeitete er als Projektmanager am Thema nachhaltiger Wirtschaft.[23] In seiner Heimatgemeinde Völs nahe Innsbruck war er Gemeinderat der Grünen und hatte sich 2008 vergeblich um die Landesspitze der Tiroler Grünen beworben.[24] 2011 wurde er Sprecher von Occupy Innsbruck, einem österreichischen Ableger von Occupy Wall Street. Die Bewegung richtete sich gegen die Finanzpolitik, aus Protest zeltete Pleger damals mit seinen Mitstreitern in Eiseskälte auf dem Bozner Platz in der Innsbrucker Innenstadt.[25]

Ende 2018 wird Pleger in der internationalen Protestbewegung Extinction Rebellion aktiv, die versucht, Regierungen mittels gewaltfreiem, zivilem Widerstand zu „entschiedenem Handeln in Anbetracht der ökologischen Krise zu bewegen".[26] Wenig später – kurz vor Weihnachten – hört er von der ersten Fridays-for-Future-Demo in Wien. Pleger setzt sich in den Zug und fährt von Innsbruck nach Wien, um auf dem Heldenplatz dabei zu sein.

Auch zu den nächsten Demos wird Pleger aus Tirol anreisen und an den Treffen im Café Möbel teilnehmen. Gemeinsam mit anderen Fridays plant er den Aufbau der Webseite. „Für mich als Tiroler war ein wesentlicher Punkt, dass die Wiener Infrastruktur auch für andere Gruppen zu Verfügung gestellt wird", sagt Pleger. „Wir haben versucht, das, was in Wien läuft, auch in die Bundesländer zu bringen."

Am 18. Jänner 2019 exportiert er den Protest nach Innsbruck und meldet Tirols erste Fridays-for-Future-Demo bei der Polizei an. Thema der Demo: „FridaysForFuture – Klimastreik: Gemeinsam gegen die Klimakatastrophe". Ziel: „Aufruf zur Beteiligung an den weltweiten Klimastreik-Aktionen von FridaysForFuture und den gewaltfreien Protesten von Extinction Rebellion". Geschätzte Teilnehmerzahl: „Es werden fünf bis zehn teilnehmende Personen erwartet."[27]

Pleger vertritt mit Fridays for Future und Extinction Rebellion zwei internationale Klimabewegungen, aber es kommt kein Mensch. Zwei Stunden steht er alleine vor der marmornen Annasäule in der Innsbrucker Innenstadt, von zehn bis zwölf Uhr. Auf eine wackelige Holzkonstruktion hat er ausgedruckte A3-Zettel befestigt, sie zeigen den Schriftzug von Fridays for Future und das Logo von Extinction Rebellion. Der Wind fegt durch die Maria-Theresien-Straße und wirft die Holzkonstruktion um. Ein Passant kommt vorbei. „Er hat gesagt: Wieder so ein Klimaidiot", erzählt Pleger, „das fahrt ein. Es war wie ein Schlag in die Magengrube."

Es sind windige, widrige Umstände. Aber da ist auch eine Mutter mit ihrem dreijährigen Kind, die extra vorbeikommt, weil sie von der Demo erfahren hat, und Pleger Mut zuspricht. „Das war für mich eine emotional hilfreiche Unterstützung", sagt der Tiroler Aktivist.

1. Februar 2019, zwei Wochen später, derselbe Ort. Pleger hat die Demozeit um eine Stunde verlängert, sie läuft nun parallel zu Wien von zehn bis 13 Uhr. Um vier Uhr früh ist er aufgestanden, um zuhause im Wohnzimmer noch drei große Banner zu malen. Nun steht er da, wieder alleine. Spontan bittet er die Umwelt-NGO Greenpeace in Tirol um Hilfe, er bräuchte ein paar Leute, um die Banner hochzuhalten. Für ein Foto. „Greenpeace hat es über den Verteiler an seine Ehrenamtlichen ausgeschickt", sagt Pleger, „so sind die ersten Mitakteure gekommen."

Es kommen insgesamt drei. Das sind genug, um gemeinsam die drei Banner in die Kamera zu halten, auf denen jeweils ein buntes Wort geschrieben steht: „Fridays" – „for" – „future".[28] Eine der Helferinnen ist die ehemalige Greenpeace-Mitarbeiterin Anna Perktold, die über das Rundmail vom Protest erfährt.

Der 51-jährige Pleger ist der Geburtshelfer der Tiroler Bewegung, aber er zieht sein Baby nicht groß. „Ich habe relativ schnell an die Anna übergeben, weil es eine Bewegung ist, die von Jugendlichen und Schülern ausgegangen ist", sagt Pleger.

Die zwanzigjährige Perktold ist zwar keine Schülerin mehr. Aber sie hat Zeit. Die ausgebildete Grafikerin sucht gerade Arbeit oder zumindest eine neue sinnvolle Aufgabe. Perktold meldet die nächste Demo an und lädt zuvor über Facebook in „Die Bäckerei", ein Innsbrucker Kulturzentrum ohne Konsumzwang. Bei der ersten Innsbrucker „Future Werkstatt" sollen Plakate und Banner für die nächsten Demos gemalt werden. Der Aufruf endet mit: „Helft mit, FFF in Innsbruck aufzubauen. Gemeinsam für den Klimaschutz!"[29]

Nur eine Handvoll Mitstreiter folgen dem Bastel-Appell, die meisten kennt Perktold persönlich. Aber keine Spur von Enttäuschung, im Gegenteil. „Ich hab mich voll gefreut, dass Leute kommen", sagt sie. Um Ressourcen zu schonen, fertigen sie die Plakate aus Altpapier, Karton und Papiersäcken.[30] Die dritte Demo steht bereits im Zeichen des ersten weltweiten Protests. Auf Facebook lädt Perktold mit folgenden Worten dazu ein: „Wir üben schon mal für den globalen Schul- und Unistreik am 15. März. Junge und junggebliebene Menschen jeden Alters sind herzlich willkommen!"[31]

Freitagfrüh, am 8. Februar 2019, erscheint das erste Mal ein Bericht in der *Tiroler Tageszeitung* über die entstehende Fridays-for-Future-Bewegung in Innsbruck.[32] Wenige Stunden später kommen dreißig Demonstranten zur dritten Demo an der Annasäule. Perktold hat keine Ahnung, was zu tun ist. Geburtshelfer Pleger unterstützt sie, übt mit ihnen die Protestsprüche ein, die er aus Wien mitgenommen hat. Gemeinsam umrunden die Demonstranten mit ihren Plakaten die Annasäule. Fridays for Future ist beim dritten Anlauf in Innsbruck angekommen.

Perktold bleibt in den ersten Wochen die zentrale Figur für die Innsbrucker Bewegung. Zwangsläufig. „Es war schwierig, ein Team zusammenzubringen", sagt sie, deshalb übernimmt sie die Sache zunächst als „One-Woman-Show". Sie nimmt Kontakt mit der Wiener Bewegung auf, holt sich Tipps, meldet die Demos an, organisiert das Drumherum, kümmert sich um den Social-Media-Auftritt. Auf Instagram mischt sie Aufrufe zur Demo und Vernetzungstreffen mit

Service-Infos zum Klimaschutz: Fahrrad fahren statt Auto fahren, weniger Fleisch essen, Plastikstrohhalme vermeiden, keine Kaffeekapseln benutzen.[33] Zu den Demos kommen immerhin jedes Mal zwischen zehn und dreißig Leute.

Unter ihnen ist auch Karin Seidner, 25 Jahre, die zu dieser Zeit für ein Reisebüro arbeitet. Bevor Fridays for Future in Innsbruck Fuß fasste, hatte sie bereits mehrere Umweltorganisationen angeschrieben, um sich ehrenamtlich zu engagieren. Aber alles, was die anbieten, ist, Flyer zu verteilen oder zu werben. Das ist Seidner zu wenig. Im Gegensatz dazu wird in der neuen Bewegung jede Hilfe gebraucht. Wer etwas tun will, kann sich bei den Fridays sofort einbringen und wichtige Aufgaben übernehmen. Als Seidner von der FFF-Demo vor der Annasäule hört, denkt sie sich: „Volle geil, weil ich war so verzweifelt, dass ich mir selbst schon gedacht hab, ob ich mich nicht an einem Samstag während meiner Freizeit da hinsetzen soll." Also geht sie jeden Freitag in der Mittagspause demonstrieren.

Seidner liebt fremde Länder und Kulturen, aber bald kündigt sie ihren Job im Reisebüro, „unter anderem, weil ich nicht mehr damit leben hab können". Sie hat nicht nur Reisen organisiert, sie hat sich auch über die Folgen ihrer Branche informiert. Sie bekommt Gewissensbisse. „Wegen dem Fliegen, den Kreuzfahrtschiffen, dem Massentourismus, den Müllinseln auf den Malediven", sagt Seidner, „der Massentourismus macht so viel kaputt."

Noch vor dem ersten weltweiten Klimastreik formt sich doch noch ein Innsbrucker Kernteam. Als Perktold nach dem ersten großen Klimastreik einen Job als Grafikerin findet, muss sie bei den Fridays leiser treten. Seidner wiederum steigert sich nach ihrer Kündigung im Reisebüro in die Bewegung hinein und wird neben anderen bald ein wichtiger Teil des Organisationsteams. Die Beispiele von Seidner und Perktold zeigen eines deutlich: Ob die richtigen Leute gerade Zeit für ihr gesellschaftspolitisches Engagement aufbringen können, ist für den Aufbau einer Bewegung mitentscheidend. „Mander 's isch Zeit", das legendäre Zitat des Tiroler Rebellen Andreas Hofer, bekommt durch die Innsbrucker Klimaproteste zwei Jahrhunderte später eine aktuelle Wendung.

Die vielen ehrenamtlichen Stunden, Tage, Wochen und Monate sind kräftezehrend. Dafür bekommt Seidner ein Gefühl der Selbstermächtigung. „Davor war man in einer verzweifelten Starre, dass man nichts bewirken kann und dass es eh nichts bringt – das hat man von vielen Seiten immer gehört", sagt Seidner, „durch Fridays for Future hat man wieder ein bisschen Hoffnung geschöpft, weil man mehr verändern kann, als man denkt. Auch wenn man nur eine Einzelperson ist. Das schlägt Wellen."

Linz:
Vom Smartphone zum Megaphon

Freitag, 11. Jänner 2019: Zum vierten Mal haben die Wiener Aktivisten fürs Klima gestreikt. Sie haben Passanten auf einen Tee eingeladen, um mit ihnen über die Klimakrise zu sprechen. Sie nennen es „Tea for Future" (siehe Seite 75 f.). Auf Instagram posten sie ein Foto von der Aktion und schreiben dazu: „Das neue Format werden wir nächste Woche bei unserem 5. Streik für das Klima am Freitag, 18.1. von 10–13 Uhr am Heldenplatz fortsetzen."

Ein Profil mit dem Namen „idaschowieda" kommentiert das Posting: „Hi? 👋 ich bin aus OÖ und nach Wien fahren ist auf dauer sehr teuer. Wird in Linz auch gestreikt?"[34]

„idaschowieda" heißt in Wirklichkeit Ida Berschl, sie ist 17 Jahre alt und lebt in St. Florian am Inn, einer oberösterreichischen Marktgemeinde südlich der Bezirkshauptstadt Schärding. Die Maturantin scheut sich nicht vor Verantwortung, sie ist ehemalige Schulsprecherin des Borg Schärding, leitet eine Pfadfindergruppe und ist Jugendleiterin im Alpenverein. Mehrere Tage wartet sie auf eine Antwort auf ihren Kommentar. Die kommt am Montag, dem 21. Jänner 2019, um 14.11 Uhr. FFF-Aktivist Max Fuchslueger schreibt ihr auf Instagram. Er kümmert sich in Wien um die Vernetzung der Bewegung. Der folgende Chat markiert den Beginn von Fridays for Future Linz.

***

Max Fuchslueger: Hey, ich bin von F4F Wien :) ich hab gelesen dass du aus Linz bist. Uns hat schonmal jemand auf Facebook gefragt obs auch sowas dort gibt also ist der wunsch da :) willst du nicht F4F Linz ins Leben rufen? Würde ich super finden und ich kann dir auch den ein oder anderen Tipp geben :)

Ida Berschl: Hi! Ich bin zwar aus Schärding, aber Linz wäre für mich die nächstgelegenste größere Stadt... Würde sehr gern bei F4F mitmachen!
Wo wäre es in Linz am geeignetsten zu Streiken?

MF: Wahrscheinlich vor dem Oberösterreichischem Landtag (?) oder einem anderen Regierungsgebäude.

IB: Linzer Landhaus? Da hat der OÖ Landtag seinen Sitz 🫢

MF: +43699/1XXXXX74
Wir können gern auf whatsapp weiterschreiben, aber bitte mach das diesen Freitag :)

*** Wechsel des Chats von Instagram auf Whatsapp ***

IB: Hallo Max! Ich bin Ida (für F4F)
Habe schon eine Freundin überredet, die F4F in Linz mit mir machen möchte.

MF: So cool!!!

IB: Sollen ich gleich eine Insta Seite machen?
Hoppala soll

MF: Ja das geht recht flott :)
Auch eine provisorische facebook Seite wär cool :)
Und dann bald ein Event, dann können wir das mit unserer kleinen Reichweite bisschen promoten :)
Aber kein Stress wenn ihr 2 am Freitag vorm Landtag steht macht mich und viele andere das sehr glücklich :)

IB: Instaseite einfach fridaysforfuturelinz nennen?

MF: Yes :)

          IB: Und gleich wie die Wienerseite aufbauen?

MF: Ja wie du willst :)
Hier ein Logo zum verwenden

          IB: Danke, wollte gerade danach fragen :)

     ***

Zur ersten Demo am 25. Jänner 2019 kommen neben Berschl und ihrer Freundin sieben weitere Menschen. Sie haben über Social Media von der Demo erfahren. Berschl kennt sie nicht, sie hat nicht mit ihnen gerechnet und deshalb keine Demo angemeldet. Weil sie zu viele sind, löst die Polizei die Versammlung vorzeitig auf.

Unter den neun Demonstranten ist auch Georg Pleger, der den landesweiten Aufbau der Bewegung vorantreiben will. In der Vorwoche hat er den Protest erstmals nach Innsbruck gebracht. Nun ist er in Linz vor Ort, um die jungen Klimaaktivisten moralisch zu unterstützen und ihnen Tipps zu geben.

Eine Woche nach der ersten Demo streiken zig Leute vor dem Landhaus, in der Woche darauf sind es bereits rund 200 Menschen auf dem Taubenmarkt in der Linzer Innenstadt. Wie kam es zu dieser Vergrößerung von neun auf rund 200 innerhalb von zwei Wochen?

Weil die Suchenden plötzlich fündig wurden, glaubt die Gründerin von FFF Linz. „Ganz viele Leute, die engagiert und interessiert waren, haben – wie ich auch – nachgefragt und recherchiert: Wann kommt es in Linz?", sagt Berschl. Eine Facebook-Veranstaltung kann man fast so leicht erstellen wie teilen. Schwer ist nur eines: Es zu tun. „Es ist nie jemand auf die Idee gekommen, es selbst zu machen. Das ist so banal, obwohl es jetzt im Nachhinein gesehen gar nicht banal ist", sagt Berschl.

Eine weitere ganz und gar nicht banale Erkenntnis lässt sich daraus ableiten: Die Ersten prägen die Bewegung. Sie nehmen eine ebenso bestimmende wie zentrale Rolle ein, weil sie automatisch zum Ansprechpartner für alle werden, die sich ihr anschließen. „Ungefähr die Hälfte der Leute, die am Anfang gekommen sind, sind auch ins

Organisationsteam gekommen", sagt Berschl. Auch Erwachsene sind von Beginn an mit dabei.

Dass in Linz kaum zwei Monate nach der ersten Demo beim ersten globalen Klimastreik schließlich 3000 Menschen[35] auf die Straße gehen werden, liegt aber weniger an den Erwachsenen als an der Mobilisierung der Schüler. Sie läuft – und das ist bemerkenswert – zunächst abseits der Linzer FFF-Bewegung. Genauer gesagt über das Smartphone von Bjarne Kirchmair.

Der 17-Jährige ist Schulsprecher des Georg-von-Peuerbach-Gymnasiums in Linz. Dass er die Fäden in die Hand nimmt, ist dem Zufall geschuldet. Kirchmair ist in seiner Heimatgemeinde Gallneukirchen in der Pfarre aktiv, Mitte Februar 2019 besucht er einen Vortrag im Evangelischen Gemeindesaal: „Leben mit Schöpfungsverantwortung". Der Nachhaltigkeitsexperte Dietmar Kanatschnig spricht darin auch über die Klimakrise und die Gefährdung der Zukunft.[36] Bjarne, der erzählt, dass er die Ökos in seiner Klasse lange belächelt hat, wird durch den Vortrag aufgerüttelt. Zur gleichen Zeit informiert ihn sein Schulsprecher-Stellvertreter über eine Ankündigung der marxistischen Bewegung „Der Funke". Die ruft unter dem Begriff „Fridays for Future" zum Großstreik am 15. März 2019 auf, und zwar unabhängig von den frisch gegründeten Fridays for Future Linz.

„Ich habe mir gedacht: Jeder macht, was er machen kann. Und ich als Schulsprecher habe Reichweiten, indem ich in meiner Schule alle Schüler erreichen kann, aber auch mit sehr vielen Schulsprechern in Linz befreundet bin", sagt Bjarne. „Ich kann nicht alle Schüler jeden Freitag auf die Straßen bringen. Aber für einen Streik kann ich alle Schulen bewegen." Einen Tag nach dem Klimakrisen-Vortrag im evangelischen Gemeindesaal gründet er die Whatsapp-Gruppe SV #fridaysforfuture; SV steht für Schülervertretung. Er recherchiert die Nummern von Schulsprechern und deren Stellvertretern aus rund dreißig Schulen, schreibt, ruft und spornt sie an. Die leiten seinen Aufruf zum Schulstreik in Linz wiederum an die eigenen Schulkollegen weiter.

Ende Februar kontaktiert Bjarne schließlich die Linzer FFF-Gründerin Ida Berschl. „Ich habe ihr gesagt, dass ich mit der Schülervertretung was für Fridays for Future organisiere und ich wollte mich mit ihr absprechen", sagt er. Berschl fügt ihn gleich zur Whatsapp-Organisationsgruppe der Linzer Bewegung dazu. Einige der Linzer Organisatoren des ersten globalen Klimastreiks kennen sich zunächst nur übers Smartphone. Beim ersten großen Organisationstreffen wenige Wochen vor dem großen Streik, wo sich zum ersten Mal alle persönlich begegnen, ist Bjarne schon mit dabei. „So bin ich dazugestoßen", sagt Bjarne, „und bis jetzt nicht mehr rausgekommen."

Salzburg: Im Aufwind der Medien

Anika Dafert, 17 Jahre, Radstadt. Die Gymnasiastin liebt Latein, bei der Salzburger Altgriechisch-Olympiade belegt sie den zweiten Platz. Schon die Oma demonstrierte gegen Atomkraftwerke an der tschechischen Grenze und verteilte Flugblätter jenseits des Eisernen Vorhangs. Die Eltern kaufen im Bioladen ein, leben in einem strohgedämmten Passiv-Holzhaus, vermeiden, so gut es geht, Plastik. Der Versuch eines nachhaltigen Lebens im Salzburger Land.

Die Greta-Thunberg-Welle schwappt auch ins Passivhaus im Pongau. Ihre Eltern fordern sie und ihre um zwei Jahre jüngere Schwester auf: „Jetzt machts mal was, die Greta streikt! In Wien gibt's Streiks, in Innsbruck gibt's Streiks. Wo bleibt denn Salzburg?" Dafert sucht, Woche für Woche, aber Salzburg bleibt protestfrei. „Irgendwann war's dann so weit, dass wir uns alle gedacht haben: Okay, so, jetzt reicht's. Jetzt machen's halt wir."

Dafert ruft Katharina Rogenhofer an, die Fridays for Future Wien mitbegründet hat. Die erklärt ihr, wie man eine Demo anmeldet und über Social Media Werbung macht. Die Schülerin erstellt einen Facebook- und Instagram-Account für Fridays for Future Salzburg. Das erste Event enthält nicht viel mehr als die wichtigsten Informationen, „1. Demonstration Fridays For Future Salzburg", Alter Markt in Salzburg, Freitag, 8. Februar 2019, von 10 bis 13 Uhr – dieselbe Streikzeit wie in Wien.[37]

Schon einen Tag später meldet sich Anton Prlić bei Dafert, er schreibt als Lokaljournalist für die *Salzburger Nachrichten*. Genau wie Dafert hat er nach einem Salzburger Ableger der Bewegung gesucht. „Im Prinzip war's so, dass Anfang Februar Greta Thunberg schon in aller Munde war. Dann war schon davon die Rede, dass es Ableger gibt und eine weltweite Bewegung entsteht", erzählt Prlić. „Im Lokaljournalismus nimmt man ein großes Thema und schaut, ob es das auch in Salzburg gibt. Dann hat man schon eine Story." Also fragt der Salzburger Journalist bei einer Lokalpolitikerin der Grünen nach, ob die etwas von Fridays for Future in Salzburg wisse. Die schickt ihm die Facebook-Ankündigung weiter, auf die sie gestoßen ist.

Prlić wartet auf eine Antwort, aber auf seine Anfrage über Facebook meldet sich drei Tage niemand. Er denkt, die Seite sei tot, auch seine Story scheint zu sterben. „Dann kam eine Antwort zurück mit der Rückrufnummer, um die ich gebeten habe. Das war eben die Anika", sagt Prlić. „Das war dann für mich auch der Anlass, dass ich mich bei Instagram angemeldet habe. Weil sie nämlich gleich gesagt hat, von den Jungen hat Facebook kein Mensch mehr."

Am 6. Februar 2019, zwei Tage vor der ersten Salzburger Freitags-Demo, lachen die Schwestern Anika und Luisa aus den *Salzburger Nachrichten*: „Schüler streiken für das Klima – jetzt auch in Salzburg".[38] Es war nicht viel mehr als ein Facebook-Event, das sie auf die Titelseite der Lokalausgabe gebracht hat. Warum bekamen sie gleich den wertvollsten Platz der Lokalausgabe, noch bevor irgendetwas auf der Straße passiert ist? „Das Thema war zu der Zeit sehr aktuell. Dazu kam noch ein Faktor: Du hast einen jungen Menschen, der Fotograf hat ein wunderschönes Foto gemacht mit Schneepanorama", sagt Prlić, „wenn du ein gutes Foto hast, kriegst du leichter einen prominenten Platz."

Zwei Tage später kommen statt der angemeldeten dreißig Leute 150 zur ersten Demo auf den Alten Markt in der Salzburger Altstadt. Mit dabei: weitere Journalisten, inklusive Fernsehen. „Es war fast zu einfach für uns. Es war kein Aufwand", sagt Dafert, „wir haben so Glück gehabt." Während sich in Innsbruck das Organisationsteam erst nach und nach bildet, geht es in Salzburg rasch. „Das ist sehr einfach und reibungslos entstanden, weil wir durch relativ viel Medienaufwind schnell interessierte Leute gefunden haben", sagt Dafert, „dadurch ist schnell eine Basis an Interessierten und engagierten Leuten entstanden, die eigentlich viel organisiert haben."

Graz: Die Kraft des Netzwerks

Lena Stuhlpfarrer ist erst 18 Jahre alt, aber bereits bestens vernetzt. Sie ist an ihrer Schule stellvertretende Schulsprecherin, sie engagiert sich im Landesteam der Sozialistischen Jugend Steiermark[39] und ist Vorsitzende der linken Schülerorganisation Progress.[40]

Anfang 2019 interessiert sich die Maturantin der Grazer „Klusemann Extern" vorwiegend für Schülerpolitik und Feminismus, die Klimakrise ist für sie noch kein bestimmendes Thema. Über Social Media wird sie auf Greta Thunberg und die internationale Schulstreikbewegung fürs Klima aufmerksam. „Ich hab das voll cool gefunden, dass junge Menschen wieder einmal gezeigt haben: Wir sind nicht politikverdrossen, sondern uns geht das was an und wir stehen auf – überall auf der Welt", sagt Stuhlpfarrer, „und dass da ein junges Mädchen ist, das zu seiner Meinung steht und sich nicht davon abbringen lässt."

Der erste weltweite Streik am 15. März macht auch unter steirischen Schülern die Runde, Stuhlpfarrer denkt sich: „Eigentlich müssten wir das auch in Graz machen." Marlene Seidel ist zu dem Zeitpunkt schon einen Schritt weiter. Die Maturantin an der Graz International Bilingual School hat bereits eine Demo über Social Media angekündigt und sucht Mitstreiter, um den Protest von Thunberg nach Graz zu holen. „Ich dachte mir, wenn sie das kann, dann können wir das auch", erklärt Seidel. „Meine Freunde haben den Post dann geteilt und es haben mich viele Personen angeschrieben, die unbedingt mithelfen wollten."[41]

Marlene Seidels Social-Media-Aufruf ist die Initialzündung für die Bewegung in Graz. „Ich habe Marlene angeschrieben, ob wir das nicht gemeinsam machen wollen", sagt die Progress-Vorsitzende Stuhlpfarrer. Auch Jakob Prettenthaler vom Bischöflichen Gymnasium – ebenfalls im Matura-Jahr – bietet seine Mitarbeit an. Die drei Maturanten kennen einander nicht und treffen sich zur Erstbesprechung im Tribeka, einem hippen Café in der Grazer Innenstadt.

Dort legen sie den Grundstein für die bis dahin erfolgreichste Demonstration der Fridays-for-Future-Bewegung in Österreich. Rund 1500 Menschen werden am 15. Februar 2019 mit bunten Schildern am Mariahilferplatz stehen und durch die Grazer Innenstadt marschieren.[42] Anders als in anderen Landeshauptstädten, wo höchstens hunderte Menschen den Aufrufen folgen, beginnt Fridays for Future in der Steiermark mit einem lauten Knall.

Warum?

Erstens, der Zeitpunkt für die Demonstration war gut gewählt. 15. Februar 2019, 12 Uhr.[43] Zeugnistag in der Steiermark, ein kurzer Schultag. „Wenn man das Zeugnis kriegt, macht man nachher meistens noch etwas in der Stadt. Das war naheliegend", sagt Stuhlpfarrer, „wir haben das gleich genutzt, weil wir da gut hinmobilisieren konnten." Vor allem aber müssen die Jugendlichen keinen Konflikt mit Lehrern und Direktoren riskieren, wenn sie mittags auf die Straße gehen, weil sie keinen Unterricht mehr haben.

Zweitens findet die Demo nicht sofort statt. Die Organisatoren haben mit zwei bis drei Wochen Vorbereitungszeit ausreichend Vorlauf, um ein lauteres öffentliches Echo zu erzeugen als die Aktivisten in den anderen Landeshauptstädten. Sie nutzen dabei aktiv ihre Kontakte zu Medien. Knapp eine Woche vor der Demo veröffentlicht die *Kleine Zeitung* – die auflagenstärkste Zeitung im Bundesland – im Grazer Regionalteil einen doppelseitigen Artikel über die kommende Demo.[44] Wenige Tage später lädt der steirische SPÖ-Chef und Landeshauptmann-Stellvertreter Michael Schickhofer die Klimaaktivisten in sein Büro – und liefert damit noch vor der Demo den nächsten Medienbericht.[45]

Der dritte Grund für den Erfolg: Die Mobilisierung läuft nicht nur über Social Media, sondern erstmals im großen Stil auch über die Schulen. Was in Linz am 15. März 2019 gelingt, schaffen die Grazer schon einen Monat früher. Die drei Organisatoren bewegen nicht nur ihre eigenen Schulkollegen zur Demo, sie finden über Instagram und im eigenen Freundeskreis viele weitere junge Mitstreiter, die sie zu Schulverantwortlichen machen. Damit haben die Organisatoren Ansprechpartner, die Flyer entgegennehmen, diese in ihren eigenen Schulen verteilen und Kollegen mobilisieren. Über eine eigene Whatsapp-Gruppe sind sie alle miteinander verbunden.

Ganze Klassen strömen am 15. Februar 2019 auf den Mariahilferplatz. „Die Lehrer haben auch unterstützt", sagt Stuhlpfarrer und spricht dabei aus eigener Erfahrung. Im Englischunterricht spielt ihre Lehrerin den Schülern einen englischen Vortrag von Greta Thunberg vor, in dem diese von ihrem Schulstreik erzählt. „Die Lehrerin hat gesagt: Da ist auch ein Streik in Graz, gehts hin!", erzählt Stuhlpfarrer, „sie hat gar nicht gewusst, dass ich das organisiere. Das war cool."

Der wohl entscheidende Punkt für den steirischen Demo-Erfolg ist aber der vierte: Die Schüler fangen nicht bei null an. Stuhlpfarrer ist nicht nur Demo-erprobt, sie bringt mit Progress und SJ auch zwei wertvolle Netzwerke ein, auf die die Bewegung zu Beginn aufbauen kann. Sowohl die Sozialistische Jugend als auch die progressive Schülerorganisation sind enorm wertvoll für die Mobilisierung von Schülern und jungen Menschen. Die Organisationen unterstützen den Protest auch anderweitig: Progress übernimmt etwa die Druckkosten der Flyer, die Sozialistische Jugend stellt das technische Equipment – etwa den Demobus und die Soundanlage. Die Demonstration selbst meldet Christoph Purgstaller an, der steirische SJ-Landesgeschäftsführer. „Er war volljährig und hat Demoerfahrung gehabt", sagt Stuhlpfarrer.

Die Steirer setzen damit auf einen entscheidenden Erfolgsfaktor, der sich international bereits deutlich herauskristallisiert hat: Dort, wo man bereits vorhandene Netzwerke nützt, wird der Protest sehr schnell sehr groß. Das hat sich schon in Australien gezeigt, wo Ende 2018 zum ersten Mal tausende Schüler fürs Klima streikten. Die Demonstration wurde damals von der großen Jugendorganisation Australian Youth Climate Coalition (AYCC) unterstützt.[46] In Deutschland wiederum, wo ebenfalls binnen Wochen tausende Menschen fürs Klima auf die Straße gingen, bekamen die Aktivisten Starthilfe von den Jugendorganisationen der Grünen und der Umwelt-NGO Bund für Umwelt und Naturschutz.[47] Die Schweizer Massenproteste fürs Klima organisierten – wie auch in der Steiermark – die JungsozialistInnen (Juso) mit.

Der D-Day der Fridays

Zurück in Wien. Der Tag für die erste weltweite Demo steht fest, sofort arbeitet die Gruppe darauf hin. „Wir haben unsere Café-Möbel-Treffen nach den Streiks auf den 15. März hin ausgerichtet", sagt Johannes Stangl, Mitbegründer von FFF in Österreich, „wir haben gesagt: Leute, wer möchte wirklich Aufgaben übernehmen, wer möchte Forderungen schreiben, wer möchte alle Schulen anschreiben, wer möchte Plakate designen?" Wer sich einbringen will und zur Kerngruppe dazustößt, wird in die Whatsapp-Gruppe Orga-Team hinzugefügt – Orga steht für Organisation. Die Zahl der Whatsapp-Nachrichten nimmt zu, jene der persönlichen Besprechungen ebenso. Die Kerngruppe setzt sich nicht nur nach den Demos zusammen, sondern schiebt extra Treffen im Headquarter ein – der Wohnung der Aktivistin Katharina Schneider.

Die große Demonstration am 15. März 2019 wird im Wesentlichen von etwa einem Dutzend Aktivisten organisiert. Die Kerngruppe arbeitet eher noch unstrukturiert; fast alle machen fast alles. Wer Zeit hat, erledigt anfallende Aufgaben. Nur bei genauem Betrachten kristallisieren sich zarte Formen der Arbeitsteilung heraus. Johannes Stangl, der die allererste Demo angemeldet hat, meldet meist auch die anderen Demos an, Philipp Wilfinger kümmert sich vermehrt um Social Media. Der 52-jährige Filmarchitekt Ritter verwaltet die Kreativabteilung und ist zuständig für den Transport, weil er als Einziger in der Runde ein Auto hat. Schneider stellt nicht nur ihre Wohnung zur Verfügung, sondern übernimmt zunehmend die Öffentlichkeitsarbeit und vermittelt den Journalisten Interviewpartner aus der Bewegung.

War das erste Ziel der Gruppe zunächst, regelmäßig zu demonstrieren und die Bewegung ins Laufen zu bringen, rückt nun ein neues, größeres Ziel in den Fokus: die Mobilisierung der Massen. Eine Großdemonstration soll die Politiker unter Druck setzen.

Während die Gruppe Woche für Woche kleine Demo um kleine Demo organisiert, wird im Hintergrund der Boden für das große Ereignis beackert. Die Wiener vernetzen sich mit den etablierten Umweltorganisationen, aber vor allem greift die studentisch geprägte Wiener Gruppe nach den Schülern. Die Mobilisierung erfolgt gleich auf mehreren Wegen. Da ist zunächst der offizielle Weg, über die Schulen selbst. Direktoren und Lehrer gestatten den Aktivisten, Workshops in Klassen abzuhalten, die wiederum an der Freitagsdemo mit Lehrern im Rahmen einer Exkursion teilnehmen. Vor allem startet die Schülermobilisierung aber bei den Schülern selbst. Ähnlich wie in Graz setzen die Wiener Aktivisten auf Schülerorganisationen, nützen persönliche Kontakte zu alten Schulen und Lehrern, setzen auf die

Macht der Social Media. So werden Schüler zu Schulverantwortlichen gemacht, die in den eigenen Schulen zu mobilisieren beginnen und weitere Mitstreiter finden. Whatsapp-Gruppe um Whatsapp-Gruppe wird gegründet. Die Botschaft vom 15. März wird von Gleichaltrigen von Schule zu Schule getragen.

Die Kerngruppe klärt auch die rechtliche Frage des Schulstreiks: Dürfen Schüler wegen einer Klimademo dem Unterricht fernbleiben? Die Wiener Gruppe nimmt zunächst zu den Organisatoren Kontakt auf, die zehn Jahre zuvor die Demonstration gegen die Abschaffung der schulautonomen Tage organisiert haben, und baut auf deren Wissen auf. Veronika Winter, die selbst Lehramt studiert, arbeitet die rechtliche Position weiter aus. Eine Juristin, die der Bewegung ehrenamtlich ihre Hilfe angeboten hat, überprüft das. Über Social Media rufen die Aktivisten zu Schülervernetzungstreffen in Cafés auf, um in Vorträgen über die Schulstreiks aufzuklären.

Um den Schülern ein Gefühl von Sicherheit zu vermitteln, erstellen die Aktivisten Leitlinien: Wie redet man mit Direktoren und Lehrern. Was heißt das überhaupt, wenn man in der Schule streikt? Die Fragen und Antworten werden herumgeschickt. Die Schüler bekommen damit ein Werkzeug in die Hand, mit dem sie ihre Schulleitung und Elternvertreter auf ihre Seite ziehen können. Auf der Webseite der Fridays finden die Jugendlichen vorformulierte Entschuldigungsschreiben als Download, darin steht unter anderem: „Sie/Er wird an diesem Tag nicht am Unterricht teilnehmen, sondern auf eine Demonstration für eine lebensrettende Klimapolitik gehen."[48]

In wenigen Wochen hat die globale Bewegung eine Stimmung geschaffen, die die Luft in Österreich zum Knistern bringt. „Dieser 15. März hat sich irgendwann verselbständigt. In den Wochen davor wurde klar, das wird riesig werden", sagt FFF-Mitbegründer Wilfinger. „Diese Definition von ‚weltweitem Klimastreik' wurde irgendwie zu einer selbsterfüllenden Prophezeiung." Je näher der Tag rückt, desto öfter sprechen Schüler und Lehrer darüber. „Es war diese Erzählung, dass die Jugend das erste Mal global an einem einzelnen Tag geschlossen für ein Thema eintritt: Das war ein Event, wo viele gesagt haben: ‚Da bin ich dabei, das schau ich mir an'", sagt Katharina Schneider, zuständig für die Öffentlichkeitsarbeit in der Wiener Bewegung. Die bevorstehende Großdemonstration bringt neue Herausforderungen mit sich. Über Whatsapp-Gruppen suchen die Aktivisten Freiwillige. Denn anders als bisher sollen die Demonstranten in fünf fetten Demozügen auf den Heldenplatz strömen[49], und dafür benötigt man Ordner, die darauf achten, dass nichts aus dem Ruder läuft.

Die Spannung in den Tagen vor dem D-Day der Fridays erfasst auch die Medien. Doch die öffentliche Debatte dreht sich in erster Linie nicht um die gescheiterte Klimapolitik, gegen die sich die Schülerstreiks richten. Mehr beschäftigt das Land eine ganz andere Frage: Dürfen die Schüler das überhaupt?

Rechtlich liegt die Sache so: Schüler haben kein Streikrecht in Österreich. Allerdings kann ihnen der Klassenvorstand oder der Direktor erlauben, dem Unterricht fernzubleiben, wenn es einen wichtigen Grund gibt. Ist eine Demo gegen die Klimakrise ein wichtiger Grund? Das bewerten die Bildungsdirektionen in den einzelnen Bundesländern völlig unterschiedlich. Die Wiener, Niederösterreicher, Salzburger und Vorarlberger sehen in der Klima-Demo keinen Entschuldigungsgrund, um vom Unterricht fernzubleiben. Die Bildungsdirektionen in den anderen Bundesländern wollen die Schulen selbst entscheiden lassen.[50]

So wie der Tiroler Bildungsdirektor Paul Gappmaier, der dem jugendlichen Engagement fürs Klima gewogen ist. Nachdem ein Schüler schriftlich darum angesucht hatte, wegen der Demo fernbleiben zu dürfen, lässt der Bildungsdirektor alle Schulen informieren, dass die Möglichkeit bestehe, Schülern laut dem Schulunterrichts- bzw. Schulpflichtgesetz freizugeben.[51]

Der Wischiwaschi-Kurs auf Länder-Ebene findet seine Entsprechung im Bund. Zwei Tage vor dem Streik erklärt Bildungsminister Heinz Faßmann (ÖVP), er habe zwar Verständnis, wenn die Schüler am Klimastreik teilnehmen wollen, aber sie sollten die Schulpflicht nicht gegen das Demonstrationsrecht ausspielen. Anders formuliert: Sie sollten erst demonstrieren, wenn der Unterricht vorbei sei.[52]

Die Aktivisten suchen zwar gezielt den Kontakt zu den Journalisten und veranstalten zum ersten Mal eine Pressekonferenz, aber erst die Debatte um die Schulstreiks macht die Klimademos in der Öffentlichkeit zum großen Thema. „Dadurch hat's Zündstoff und Konfliktpotenzial gehabt. Und damit haben die Organisatoren erreicht, dass es Diskussionsthema geblieben ist. Das ist nicht unwesentlich", sagt

Günter Pilch, Umweltjournalist der *Kleinen Zeitung,* „es wäre nicht so intensiv darüber berichtet worden, wenn es nicht diesen Aspekt des Schulschwänzens gehabt hätte."

Es gibt laute Kritiker in der Debatte, aber auch viele, die sich auf die Seite der streikenden Jugend stellen. „Rund um den 15. März ist es zu einer Solidaritätswelle gekommen", sagt FFF-Mitbegründerin Rogenhofer. Einflussreiche Organisationen geben den Fridays Rückendeckung, darunter die Gewerkschaft, die Caritas, die Pfadfinder und Pfadfinderinnen Österreichs, die Umweltbewegungen Global 2000, Greenpeace und WWF, die Ärztekammer und alle drei Oppositionsparteien, Neos, SPÖ und Liste Jetzt.[53] Am entscheidendsten sind aber wohl die vielen Eltern und Lehrer, die sich mit den Aktivisten solidarisieren. Mit ganzen Klassen kommen Lehrer auf den Heldenplatz, sie verbuchen die Teilnahme an der Demonstration als praxisnahen Unterricht in Biologie oder Künstlerischer Erziehung.[54]

Am 15. März 2019 demonstrieren auf der ganzen Welt mehr als 1,6 Millionen Menschen für eine ehrgeizige Klimapolitik.[55] Alleine im kleinen Österreich sind es zigtausende Menschen – viel mehr als von den Veranstaltern erwartet. Trotz Regens strömen allein im Westen des Landes tausende Demonstranten auf die Straßen (Innsbruck: rund 4000[56], Salzburg: rund 3000[57], Bregenz: rund 1600[58]). Auch im Süden und Osten des Landes werden die Straßen der Landeshauptstädte geflutet. In Linz demonstrieren 3000[59], in Klagenfurt und Graz rund 1000. Die Bundeshauptstadt bricht den Rekord bei weitem und bringt – je nach Zählung – zwischen 10.500 und 30.000 Menschen auf den Wiener Heldenplatz.[60]

Auf den Schildern der Aktivisten stehen keine abstrakten, schwer verständlichen Sprüche mehr wie auf der ersten Demo. Stattdessen liest man jetzt drastische, eingängige Parolen, oft gewürzt mit Humor: „Das Klima ist aussichtsloser als meine Matura", „The planet is hotter than me"[61], „Blümchenduft statt Benzinluft", „Don't fuck with nature, fuck yourself", „Ich bin so wütend, ich hab sogar ein Schild gemacht".[62]

Der 15. März 2019 wird zu einer Machtdemonstration. Nur drei Tage später laden der Bundespräsident, die Nachhaltigkeitsministerin und der Bildungsminister Vertreter von Fridays for Future zum Gespräch.[63] Die Bewegung ist gerade zum politischen Player geworden. Nun macht sie sich daran, Österreich zu verändern.

WAS DIE BEWEGUNG BEWEGT

We are unstoppable –
Another world is possible!

Forscher werden forscher

Eine Woche vor dem ersten globalen Klimastreik gibt Christian Lindner, Parteichef der deutschen FDP, der auflagenstärksten Zeitung Deutschlands ein Interview. Der liberale Politiker kritisiert in der *Bild am Sonntag* die FFF-Bewegung und richtet den Schülern aus, sie sollten besser nach der Schule demonstrieren und sich in der Unterrichtszeit „lieber über physikalische und naturwissenschaftliche sowie technische und wirtschaftliche Zusammenhänge informieren". Der Politiker spricht der Bewegung die Kompetenz in puncto Klimapolitik ab. „Ich bin für Realitätssinn. Von Kindern und Jugendlichen kann man nicht erwarten, dass sie bereits alle globalen Zusammenhänge, das technisch Sinnvolle und das ökonomisch Machbare sehen. Das ist eine Sache für Profis."[1]

Eine Sache für Profis. Für viele Klimawissenschaftler klingt dieser Satz wie Hohn. Die Erderhitzung schreitet voran, die Emissionen steigen und steigen, aber trotzdem reden die Politiker seit Jahrzehnten das Problem klein und setzen auf symbolische Alibiaktionen anstatt auf wirksame Maßnahmen. Und da spricht ausgerechnet ein Politiker von Profis? Kritisiert jene junge Klimabewegung, deren Kernbotschaft lautet: „Hört auf die Wissenschaft!"

Lindners Aussage ist der Gipfel einer politischen Debatte, die seit Monaten in Deutschland läuft. Da ist etwa die Bundeskanzlerin Angela Merkel (CDU), die Mitte Februar 2019 auf der Münchner Sicherheitskonferenz über die Propaganda der Russen spricht und deren gefährliche Desinformationskampagnen im nächsten Satz mit Fridays for Future verknüpft: „Dass plötzlich alle deutschen Kinder, nach Jahren und ohne jeden äußeren Einfluss, auf die Idee kommen, dass man diesen Protest machen muss, das kann man sich auch nicht vorstellen."[2] Da ist Merkels Wirtschaftsminister Peter Altmaier (CDU), der angesichts der Klimaproteste warnt, die deutsche Wirtschaft könnte durch den Klimaschutz gefährdet werden. Da ist der Verkehrsminister Andreas Scheuer (CSU), der meint, Dieselsteuern und ein Tempolimit auf Autobahnen seien „gegen jeden Menschenverstand". Und da sind rechte Medien, die Thunberg und die FFF-Bewegung mit böswilligen Verschwörungstheorien in Verruf bringen wollen (siehe dazu Seite 127 ff.).[3]

Es gärt in der Wissenschaftscommunity. Niemand kennt die verheerende Situation so gut wie die Klimaforscher selbst. Jahrzehntelang verpackten sie die ökologische Krise in komplizierte Sätze. Die Ergebnisse ihrer Studien wurden zwar Jahr für Jahr alarmierender, die Erde immer heißer, aber ihre Sprache blieb kühl. Ihre wissenschaftliche Arbeit hat auf politischer Ebene kaum etwas verändert. Jetzt stehen tausende Schüler und Studierende auf den Straßen, sie übersetzen die Studien der Klimawissenschaftler in emotionale Botschaften und eindringliche Bilder und erzeugen damit eine riesige Öffentlichkeit. Aber der Nachwuchs steht unter Beschuss. Im Kampf um die Deutungshoheit haben die Jugendlichen einen starken Gegner: erfahrene Berufspolitiker und Lobbyisten der Wirtschaft, die seit Jahren blockieren, bestens vernetzt und im wahrsten Sinne des Wortes blendende Rhetoriker sind.

Eine kleine Gruppe an Wissenschaftlern will Klarheit schaffen und gründet eine Initiative. Allein ihr Name macht klar, auf welcher Seite sie steht. „Um angesichts der grassierenden Verniedlichung oder gar Diffamierung die Klimaschutzbewegung zu stärken und den Fokus wieder auf wissenschaftlich begründete inhaltliche Fragen zu richten, haben wir im Februar 2019 die Graswurzel-Initiative Scientists for Future gegründet", schreibt Gregor Hagedorn in einem Artikel über die Entstehung der Initiative, die er mitbegründet hat. Diese gehe „vom Wissen zum Handeln über". Hagedorn arbeitet am Berliner Leibniz-Institut für Evolutions- und Biodiversitätsforschung, er hat einige Kollegen um sich geschart, denen es zu wenig ist, Studien zu schreiben. Sie wollen, dass die Wissenschaft ernst genommen wird. „Nachdem anfängliche Zweifel überwunden waren, wuchs das Kernteam schnell auf über vierzig Personen. Viele weitere Ehrenamtliche unterstützten es mit unglaublichem Engagement und ermöglichten einen erstaunlichen Erfolg", schreibt Hagedorn.

Die „anfänglichen Zweifel" sind durchaus verständlich. Denn der Schritt in die politische Arena ist für Wissenschaftler nahezu revolutionär. Sie müssen sich hinauswagen aus dem Elfenbeinturm, dessen Mauern so dick sind, dass man sich hinter ihnen zwar sicher fühlt, aber gleichzeitig von niemandem gehört wird. Die Hüter der Weisheit stellen sich im Kampf um die Deutungshoheit schützend vor die Jugend. „Scientists for Future versteht sich als Akteur der Wissenschaftskommunikation, der sich an Wähler*innen und Noch-nicht-Wähler*innen, Entscheider*innen in Wirtschaft und Politik, aber auch an Wissenschaftler*innen außerhalb ihrer jeweiligen Fachspezialisierung wendet", erklärt Hagedorn.[4]

Die Scientists for Future folgen damit Kollegen aus Belgien.[5] Dort sind schon Ende Jänner 2019 mehr als 3400 Wissenschaftler aktiv geworden.[6] Unter dem Namen „Scientists4Climate" unterstützten die Belgier die Klimaaktivisten und schrieben einen offenen Brief an ihre Regierung in Brüssel: „Es ist jetzt Zeit, um weitreichende strukturelle Maßnahmen zu setzen, um Treibhausgase schnell und drastisch zu senken."[7] Die Aktion der Belgier zieht erste Kreise. Eine Woche später solidarisieren sich 350 Wissenschaftler in den Niederlanden mit den Schülern. „Auf Basis der Fakten aus der Klimaforschung haben die Aktivisten recht, deshalb unterstützen wir sie als Wissenschaftler", schreiben die Niederländer in einem offenen Brief in der Tageszeitung *Trouw*.[8] Wieder eine Woche später – Mitte Februar – folgen mehr als 200 Wissenschaftler aus Großbritannien, ihren offenen Solidaritätsbrief veröffentlicht der *Guardian*: „Wir sind begeistert, dass unsere Kinder – angeregt durch die edlen Taten von Greta Thunberg und vielen anderen streikenden Schülern auf der ganzen Welt – ihre Stimme erheben."[9] Auch auf der anderen Seite des Erdballs, in Neuseeland, geben über 1500 Wissenschaftler der streikenden Jugend Rückendeckung.[10]

Die Wissenschaftler des österreichischen Klimaforschungsnetzwerks Climate Change Centre Austria (CCCA) sind auf diese Solidaritätswelle aufmerksam geworden. „Wir haben im CCCA ein paar Mails gewechselt", sagt CCCA-Obfrau Helga Kromp-Kolb, „mit dem Gedanken: Das sollten wir auch machen." Dann landet eine Anfrage bei der Klimaforscherin. Die Deutschen klopfen an, sie fragen, ob man nicht gemeinsam vorgehen will, um als Wissenschaftscommunity im gesamten deutschsprachigen Raum ein starkes Zeichen zu setzen. Die Österreicher sagen zu. Die Schweizer auch. So entsteht die erste Kerngruppe der „Scientists for Future".

Ab Mitte Februar 2019 doktern Wissenschaftler aus drei Ländern gemeinsam auf Google-Doc an einem Textentwurf herum, „so, wie das halt unter Wissenschaftlern üblich ist – also sehr mühsam", sagt Kromp-Kolb, „aber dafür war nachher wirklich jeder Satz abgesichert". Die kleine Gruppe lässt den fertigen Entwurf von Kollegen prüfen. „Wir haben in eineinhalb Tagen 750 Feedbacks gehabt", sagt Klimaforscher Gottfried Kirchengast vom Wegener Center der Universität Graz, der im Kernteam mitarbeitet.

Die Wissenschaftler setzen sich nicht nur mit der Stellungnahme auseinander, sondern diskutieren auch das Selbstverständnis der neuen Initiative. „Also wofür stehen wir, wenn wir uns als Scientists for Future zusammenfinden", sagt Kirchengast, „uns allen war klar: Wenn wir uns da hinstellen, dann ist das etwas anderes als die üblichen wissenschaftlichen Stellungnahmen, die man sonst zu einem Thema abgibt. Wenn man so etwas unterschreibt und sich als Scientist for Future versteht, ist man beides: Dann ist man nicht nur Wissenschaftler, sondern hat auch eine gesellschaftspolitische Position eingenommen." Die Argumente blieben klar auf dem Fundament der Wissenschaft, aber man setze sich gleichzeitig für Gemeinwohl und Gerechtigkeit ein. Kurzum, „man stellt sich auf die Hinterfüße und unterstützt das", sagt Kirchengast.

Der ursprüngliche Plan der Scientists-Kerngruppe sieht vor, zunächst zehn Erstunterzeichner aus allen drei Ländern zu gewinnen und die Initiative danach in die Breite zu tragen. Aber noch bevor die Stellungnahme fertig ist, verbreitet sich die Kunde von dieser in der Wissenschaftscommunity wie ein Lauffeuer, immer mehr wollen mitmachen. „Zurzeit demonstrieren regelmäßig viele junge Menschen für Klimaschutz und den Erhalt unserer natürlichen Lebensgrundlagen. Als Wissenschaftlerinnen und Wissenschaftler erklären wir auf Grundlage gesicherter wissenschaftlicher Erkenntnisse: Diese Anliegen sind berechtigt und gut begründet. Die derzeitigen Maßnahmen zum Klima-, Arten-, Wald-, Meeres- und Bodenschutz reichen bei weitem nicht aus", heißt es in der finalen Version der Stellungnahme. Anfang März zählen 700 Wissenschaftler zu den Erstunterzeichnern.[11]

Das ist erst der Beginn. Die Klimaforscher nützen ihre Netzwerke, einige Rektorate entschließen sich, ihn offiziell an alle Kollegen an ihrer Universität weiterzuleiten, Wissenschaftler reichen ihn an Kollegen weiter. „Es war zum Teil einfach ein Schneeballeffekt", sagt Kromp-Kolb. Das Interview mit FDP-Chef Lindner, der die Schüler abkanzelte und ihnen erklärte, man möge das Thema den Profis überlassen, habe dabei ungeheuer mobilisierend gewirkt, erzählt Physiker Michael Stöhr, einer der deutschen Scientists for Future.[12] Drei Tage vor dem weltweiten Klimastreik gehen die Scientists for Future mit Pressekonferenzen in Berlin, Wien und Graz an die Öffentlichkeit. Da verzeichnen sie bereits mehr als 12.000 Unterschriften von Forschern aus dem deutschsprachigen Raum.[13] Das Setting der Pressekonferenz lässt keinen Zweifel offen: Sowohl in Graz als auch in Wien treten die Wissenschaftler Seite an Seite mit den Gründern der jeweiligen Fridays-for-Future-Ortsgruppe auf.

In Wien präsentiert unter anderem Thomas Schinko vom Internationalen Institut für Angewandte Systemanalyse (IIASA) die Stellungnahme der Wissenschaftsbewegung, er leitet die Arbeitsgruppe Nachwuchs im Climate Change Centre Austria.[14] „Wir haben versucht, die Jungen zu stärken und zu schützen. Wir haben durch die Stellungnahme der Scientists for Future den Druck rausnehmen können", sagt Schinko, „es hätte ja gerade angefangen, dass diese erste Generation an Fridays for Future wirklich als Schulschwänzer und Spaßhaber hingestellt werden, die nicht wissen, wovon sie reden. Das ist gut gelungen, diese Dynamik abzuwürgen."

Gleichzeitig haben die Scientists for Future eine andere Dynamik in Gang gesetzt. Immer mehr Kollegen melden sich, zum Schluss nimmt die Solidaritätswelle historische Ausmaße an. Innerhalb weniger Wochen sammelt die Kerngruppe mehr als 26.800 Unterschriften von Wissenschaftlern aus dem deutschsprachigen Raum, davon alleine rund 2000 aus Österreich. Es sind so viele, dass die Initiative beschließt, die Unterschriftenliste eine Woche nach dem globalen Klimastreik zu schließen, auch weil eine Überprüfung der Namen zu viel Zeit in Anspruch nimmt.

Dass sich eine derart große Zahl an Wissenschaftlern hinter die streikenden Schüler stellt, verändert nicht nur die öffentliche Debatte, sondern treibt die Scientists weiter an. Sie erstellen eine Webseite samt Logo, stellen Infomaterial mit Klimafakten zur Verfügung, vernetzen sich, treten bei öffentlichen Veranstaltungen auf, gehen auf Demos und gründen wie die Fridays for Future dezentral Ortsgruppen, die sich selbst organisieren. Gemeinsam erarbeiten sie eine Charta mit ihrem Selbstverständnis. Den Satz „Wir forschen und handeln, wir sind mutig und wir ändern etwas!" haben sie in diesem Text gefettet.[15] Der Schritt in die politische Arena wird auch von wissenschaftlicher Seite honoriert. Die renommierte US-Fachzeitschrift *Science* veröffentlicht die Stellungnahme der Scientists for Future.[16]

Das zivilgesellschaftliche Engagement der Wissenschaftler habe „durch Fridays for Future eine enorme Blüte erlebt", sagt Klimaforscher Kirchengast, „das war eine Formung in der Community".

Plötzlich Klimawahl

26. Mai 2019. Christoph Hofinger bekommt große Augen. Was für ein Tag! Etliche Wahlen hat der Chef des österreichischen Sozialforschungsinstituts Sora schon analysiert. Die Hochrechnungen von Sora gehören mittlerweile zum fixen Bestandteil jeder Wahltag-Sendung im ORF. Aber die EU-Wahl 2019 ist anders. „Es gibt Wahlen, die versteht man erst in der Wahlnacht", sagt Hofinger, „es hat vorher niemand kapiert, was bei dieser Wahl los ist."

Meinungsforscher und politische Beobachter haben damit gerechnet, dass die EU-Wahl 2019 zu einer Richtungswahl zwischen Befürwortern und Gegnern der EU werde. „Aber es war eine Klimaschutzwahl", sagt Hofinger, „ein Signal einer unzufriedenen Jugend." In ganz Europa laufen junge Wähler in Scharen zu den Urnen. Sie kurbeln die Wahlbeteiligung in der EU an. Seit 1994 übersteigt sie erstmals wieder die Fünfzig-Prozent-Marke.[17] Das Thema Klima- und Umweltschutz wird zum zweitwichtigsten Wahlmotiv nach Wirtschaft und Wachstum, in sieben EU-Staaten sogar zum wichtigsten.[18] Vor allem die Grünen, die die höchste Glaubwürdigkeit in der Klimapolitik genießen, profitieren von der politischen Großwetterlage. Die Ergebnisse sind bemerkenswert, quer durch Europa. Die grüne EU-Fraktion legt von 52 Mandaten auf 74 zu. Besonders in den großen Ländern. In Deutschland verdoppeln sich die Grünen auf 20,5 Prozent und landen damit auf Platz zwei, weit vor den Sozialdemokraten. Auch in Frankreich verdoppeln die Grünen ihre Mandatszahl von sechs auf zwölf.[19] In Österreich setzt es ein leichtes Minus, dennoch jubeln die Grünen euphorisch: Sie feiern an diesem Tag ihre Wiederauferstehung. Noch wenige Monate zuvor schien es, als würde es die Partei zerbröseln. Bei der letzten Wahl auf Bundesebene 2017 waren sie aus dem Nationalrat geflogen, sie hatten mehr als zwei Drittel ihrer Wähler verloren. Die Bundespartei war pleite, musste fast alle Mitarbeiter kündigen, es folgte Krise auf Krise. Noch vor der ersten Fridays-for-Future-Demo in Österreich im Dezember 2018 lag die Partei in Umfragen bei schwachen sechs Prozent.[20]

Wenige Monate später greifen die Grünen die Stimmung im Land auf und erklären die EU-Wahl zur „Klimawahl".[21] Noch am Wahltag schraubt ihr Spitzenkandidat Werner Kogler die Erwartungen nach unten und meint: „Das kann knapp werden."[22] Am Abend fahren die österreichischen Grünen das für sie historisch zweitbeste Ergebnis aller EU-Wahlen ein: 14,1 Prozent.[23]

Warum sah das niemand kommen?

„Die Wahlbeteiligung der Jungen ist um zwanzig Prozentpunkte gestiegen. Das war nicht absehbar, so etwas ist sehr schwer zu messen vor einer Wahl", sagt Hofinger, „sehr viele Jugendliche in Europa haben erst knapp vor der Wahl gesagt: Jetzt geh ich auch wirklich wählen." Was ist da passiert?

Zwei Tage vor der EU-Wahl hatte die globale Fridays-for-Future-Bewegung mit dem zweiten weltweiten Klimastreik zum zweiten Mal ein starkes Zeichen gesetzt. Die Entscheidung für den Zeitpunkt fiel strategisch. „Das war ein relativ klarer Termin", sagt Johannes Stangl von Fridays for Future Wien, „es war als Europastreik vor den EU-Wahlen geplant, aber wurde dann auch international angenommen." Alleine in Deutschland demonstrierten Hunderttausende,[24] in Österreich mehrere Tausend.[25]

Die Bewegung befeuerte damit das Klimathema in der heißen Wahlkampfphase. Und sie beeinflusste die Wahl indirekt. Sechs Tage vor dem Streik hatte sich das Video eines deutschen Influencers namens Rezo viral verbreitet. Rezo – ein junger Mann mit blauen Haaren, Baseballkappe und knallig orangem Kapuzenpulli – erklärte in lässigem Jugendjargon, warum die konservative deutsche CDU die Zukunft seiner Generation bedrohe. Rezo sprach vor allem über die lasche Klimapolitik Deutschlands und bezog sich auf die Fridays-for-Future-Demonstrationen und die Aussagen der Scientists for Future. Er belegte alles mit allerhand Quellenangaben.

Das knapp einstündige Video trug den Titel „Die Zerstörung der CDU", aber Rezo rechnete auch mit den Sozialdemokraten und den Rechtspopulisten der AfD ab. Zum Schluss gab er eine leise Wahlempfehlung für Grüne und Linke ab und appellierte zugleich an seine Zuschauer: „Wählt bitte nicht die SPD, wählt bitte nicht die CDU, wählt bitte nicht die CSU und schon gar nicht die AfD."[26] Bis zum Wahltag wurde das Video mehr als elf Millionen mal geklickt. Es fand den Weg in die traditionellen Massenmedien und wurde dort stark diskutiert. Dass die deutschen Großparteien in der EU-Wahl bei den jungen Wählern durchrasselten, während die Grünen stark zulegten, bekam bald einen eigenen Namen: „Rezo-Effekt".[27]

„Das Phänomen Rezo war ganz wichtig als Scharnier zwischen Fridays for Future und dem Wahlergebnis, aber auch als Scharnier zwischen Fridays for Future und den traditionellen Medien", sagt Politikexperte Hofinger. Dass Rezo auch Resonanz in Österreich fand, steht außer Zweifel. Wie stark sie war, lässt sich allerdings kaum sagen. Fest steht: Das Thema Umwelt- und Klimaschutz war gemeinsam mit Sozialpolitik und Zuwanderung erstmals das stärkste Wahlmotiv der Österreicher. Nichts anderes beschäftigte die Jungwähler mehr.[28] Und nirgendwo wurde es heißer diskutiert als unter den Grün-Wählern. Diese Kombination aus Jung und Grün spiegelt sich auch in der Analyse der EU-Wahl wider: Während die Grünen in Österreich bei den über Sechzigjährigen mit vier Prozent eine Randerscheinung blieben, wurden sie bei jenen unter dreißig Jahren mit 28 Prozent zur stärksten Partei – mit Abstand.

Die EU-Wahlbefragungen zeigen auch, dass der Umgang mit der Natur kein grünes Nischenthema mehr war. Es interessierte die breite

Bevölkerung. Mit Ausnahme der FPÖ-Wähler landeten Umwelt- und Klimaschutz bei den Wählern aller Parteien unter den drei wichtigsten Themen im Wahlkampf.[29] Damit wird die EU-Wahl 2019 zum Wendepunkt in der österreichischen Politik. „Die meisten Parteien wollten Fridays for Future und das Klimathema aussitzen", sagt Hofinger, „durch die grüne Welle – verbunden mit dem extrem starken Ergebnis der grünen Partei bei den Jungen – war ganz klar: Aussitzen geht jetzt nimmer."

Das Volk hat gesprochen, das Thema ist gesetzt. Die Parteien und Medien müssen reagieren. Und sie reagieren.

Die Aufmerksamkeitsexplosion

Zu Beginn ein beeindruckender Vergleich aus der jüngsten Mediengeschichte: Folgende fünf Zahlen dokumentieren, wie oft die Nachrichtenagentur APA und die zehn größten österreichischen Tageszeitungen insgesamt über das Thema Klimawandel[30] berichtet haben.

Im Jahr 2015: 3635 Artikel.

Im Jahr 2016: 3597 Artikel.

Im Jahr 2017: 5202 Artikel.

Im Jahr 2018: 5721 Artikel.

Im Jahr 2019: 14.323 Artikel.

Die Zahlen zeigen zweierlei. Erstens, das mediale Interesse an der Klimakrise ist in den vergangenen Jahren gestiegen. Zweitens, 2019 muss etwas ziemlich Arges passiert sein. Denn der Anstieg in diesem Jahr steht in keinem Verhältnis zu jenen davor. Wie lässt sich diese Aufmerksamkeitsexplosion erklären?

Am Hitzesommer 2019 allein kann es jedenfalls nicht gelegen sein. Schon 2015, 2016, 2017 und 2018 waren die bis dahin weltweit heißesten Jahre seit Beginn der Wetteraufzeichnungen gewesen.[31] Auch abseits dessen hatte es nicht an Ereignissen gemangelt. 2002 und 2013 richteten zwei Jahrhunderthochwasser innerhalb von elf Jahren Milliardenschäden in Österreich an.[32] 2015 wurden hierzulande so viele Waldbrände wie nie zuvor verzeichnet.[33] 2003 rollte eine nie geahnte Hitzewelle übers Land und 2017 forderte die Hitze in Österreich schon mehr Menschenleben als der Verkehr.[34] Trotzdem blieb die Klimakrise über all die Jahre ein Randthema. Denn sie widerspricht der medialen Logik. Die Klimakrise ist kompliziert. Sie ist nicht neu. Und sie ist schwer zu fassen. Zwar steht fest, dass sich durch die Klimakrise Katastrophen häufen und verschlimmern. Aber kein einzelnes Ereignis lässt sich ihr direkt zuschreiben; keine Dürre, keine Hungersnot, kein Krieg, kein Jahrhunderthochwasser, keine Mure, kein Waldbrand, keine Hitzewelle, kein Hitzetoter. Die Klimakrise ist statistisch nachweisbar, aber ihr fehlen die konkreten Gesichter der Opfer. Genau das ist es aber, was Medien brauchen: Gesichter. Opfer.

2019: 14.323 Artikel. Die Medien sind plötzlich voll mit Klimageschichten. Wieso?

„Das sind die Freitagsdemonstrationen gewesen", sagt *Standard*-Wirtschaftsredakteurin Nora Laufer, die sich auf die Klimakrise spezialisiert hat. Günter Pilch, Umweltjournalist der *Kleinen Zeitung*, schlägt in dieselbe Kerbe: „Fridays for Future hat eine beträchtliche Auswirkung darauf, wie und vor allem in welcher Dichte in Österreich gerade über das Klimawandel-Thema berichtet wird." Zwar hätte auch der extreme Hitzesommer samt der verheerenden Folgen mehr Aufmerksamkeit auf die Klimakrise gelenkt, darin sind sich die beiden Journalisten einig. „Aber die Bewegung war ein ganz wesentlicher Anschub dafür, warum das Klimathema 2019 dermaßen hochgekocht ist", meint Pilch.

Während die *Kleine Zeitung* und der *Standard* schon vor der Fridays-for-Future-Bewegung regelmäßig übers Klima berichtet haben, fasst das Thema in anderen Medien erstmals richtig Fuß und geht in die Breite. Die Klimakrise taucht bald in allen Ressorts auf, von der Innenpolitik über die Wirtschaft bis hin zu Chronik und Außenpolitik. Auch jene Kollegen schreiben darüber, die sich in der Vergangenheit nicht am Thema Erderhitzung die Finger verbrennen wollten. Und das hat einen einfachen Grund: Die Nachfrage an solchen Geschichten ist massiv gestiegen. „Es sind irre Zugriffszahlen, die sich da entwickelt haben", sagt Laufer vom *Standard*, „das können wir genau nachverfolgen. Ich schreibe die gleichen Klima-Geschichten wie vor zwei Jahren, aber auf einmal lesen das um ein Vielfaches mehr Leute."

Immer häufiger landet das Thema auf den Titelseiten und als Topmeldung auf Online-Nachrichtenseiten. „Das hätte es vor zwei Jahren noch nicht so gegeben", sagt Laufer, „da gab's immer wieder mal eine einzelne Meldung, die größer gemacht worden ist – zum Beispiel eine Dürre. Aber dass die Zeitung wirklich damit aufmacht, ist neu. Und das passiert jetzt häufig." Umweltjournalisten quer durchs Land müssen nicht mehr um Randspalten im Heft kämpfen, sondern bekommen seitenweise Platz eingeräumt. Der ORF sendet unter dem Titel „Unser Klima – Unsere Zukunft" an einem einzigen Tag zehn Stunden lang Programm über die Klimakrise.[35] Die *Kronen Zeitung* startet eine Klimakampagne. Die *Kleine Zeitung* launcht einen Klima-Newsletter.[36]

„Es war tatsächlich so, dass ich mit dem Voranschreiten dieses Themas selbst sehr nahe am Bereich der Überhitzung gearbeitet habe", sagt Pilch, „ich komme fast nicht nach mit den Sachen. Das ist schon sehr stark spürbar." Die Verkehrspolitik, die Steuerreform, der Hitzesommer, die Nationalratswahl – alles lässt sich plötzlich auch aus dem Blickwinkel der Klimakrise erzählen. Klimapolitik wird nun nicht mehr mit faden, rauchenden Schloten illustriert, sondern mit den Fotos von streikenden Jugendlichen, die in ihren Händen Schilder mit eindringlichen Sprüchen halten: „Don't steal our future".[37] Die Bewegung hat die große Erzählung verändert und liefert die notwendigen Bilder gleich hinterher. Die Leser beginnen zu verstehen: Es geht bei sperrigen Wortungetümen wie dem „Nationalen Energie- und Klimaplan" nicht um eine abstrakte, kaum zu fassende Verschmutzung durch CO_2, sondern um nichts weniger als die Zukunft der Menschheit.

Die Aufmerksamkeitsexplosion sieht, hört und spürt man auch international. Das *Time Magazin* veröffentlicht anlässlich des UN-Klimagipfels in New York eine Ausgabe, in der sich jede einzelne Seite ums Klima dreht – ein monothematisches Heft in dieser Form gab es zuvor erst vier Mal in der altehrwürdigen Geschichte des Magazins.[38] Selbst der wirtschaftsliberale *Economist* wandelt in dieser Woche seine Ausgabe zur Klima-Spezialausgabe um und behandelt das Thema in allen Ressorts.[39]

Sie folgen einem Trend. Im Sommer 2019 hat sich die Journalismus-Initiative „Covering Climate Now" formiert, sie ruft Medien dazu auf, häufiger und besser übers Klima zu berichten. Das Projekt wurde von der journalistischen Institution *Columbia Journalism Review* und der Wochenzeitschrift *The Nation* ins Leben gerufen. Mehr als 250 Medien weltweit beteiligen sich daran und erreichen damit insgesamt mehr als eine Milliarde Menschen.[40]

Das britische Qualitätsblatt *The Guardian* wiederum, das bereits eine lange Tradition in engagierter Klimaberichterstattung hat, erklärt bereits im Frühsommer 2019 in einer Stellungnahme, seine Wortwahl zu ändern: Statt „Klimawandel" verwendet die Zeitung nun vorrangig Begriffe wie „Klimanotstand" oder „Klimakrise", „Erderwärmung" wird weitgehend durch „Erderhitzung" ersetzt. Damit möchte man auch dem wissenschaftlichen Stand der Dinge gerecht werden und nicht mehr verharmlosen, „wenn Forscher von einer Katastrophe für die Menschheit sprechen". *The Guardian* bezieht sich in seiner Stellungnahme explizit auf Greta Thunberg, die eine klarere Sprache in der Klimaberichterstattung eingefordert hatte.[41]

Auch im deutschsprachigen Raum nehmen die Aktivisten die Journalisten in die Pflicht. So kritisiert etwa Luisa Neubauer, die zum Gesicht der deutschen Fridays-for-Future-Bewegung geworden ist, noch vor dem zweiten weltweiten Klimastreik im Mai 2019 die oberflächliche Berichterstattung der Journalisten. „Um die richtigen Fragen zu stellen, müssten auch mehr Politikjournalisten selbst über eine gewisse Expertise verfügen", schreibt Neubauer in der deutschen Wochenzeitung *Die Zeit*, „doch während jeder Blattmacher eine dreifach differenzierte Meinung zum Nahostkonflikt, zu Migration und den transatlantischen Beziehungen hat, kann anscheinend kaum jemand im deutschen Politikjournalismus zwischen Klima- und Umweltschutz unterscheiden." Dabei müsse es in diesen Zeiten „eine Selbstverständlichkeit sein, dass Journalisten aller Ressorts über die Klimakrise Bescheid wissen".[42]

Im Hochsommer verfassen die österreichischen Aktivisten ebenfalls einen Aufruf. „Wir brauchen die sofortige Kehrtwende zu einer umfassenderen, mutigeren Klima-Berichterstattung mit starker Präsenz und Frequenz. Die Rolle der freien Presse besteht darin, die Menschen zu informieren und die Mächtigen zur Rechenschaft zu ziehen. In diesen Tagen verlangt unser kollektives Überleben nichts Geringeres", schreiben die Aktivisten an die Journalisten. Wie Thunberg wollen auch die österreichischen Fridays, dass die Medien auf eine „neutrale und damit letztendlich beschönigende Sprache" wie den Begriff „Klimawandel" verzichten.[43]

Seit der ersten großen Demonstration im März 2019 hat sich das Wort „Klimakrise" in der Berichterstattung der *Kronen Zeitung* verfestigt. Das auflagenstärkste Boulevardblatt des Landes ist bekannt dafür, das Ohr nah am Volk zu haben und rechtzeitig Stimmungen aufzugreifen. „Die Formulierung ‚Klimawandel' wird man in der *Krone* in der Regel jetzt nicht mehr finden", sagt der geschäftsführende *Krone*-Chefredakteur Klaus Herrmann, „wir sehen das als Klimakrise oder Klimaschock." Im Sommer startet das Blatt eine Klimakrisen-Kampagne. Das Logo dazu taucht erstmals Mitte Juni 2019 bei einem Interview mit Klimaforscherin Kromp-Kolb auf, es zeigt eine ausgetrocknete Erdkugel mit Rissen.[44]

„Im Frühjahr und Frühsommer 2019 ist eine Stimmung entstanden in Österreich, wo ein Thema, das uns schon immer am Herzen gelegen ist, plötzlich eine ganz neue Dynamik bekommen hat. Ausgelöst durch Fridays for Future und Greta Thunberg gab es noch viel mehr Interesse an dem ganzen Themenbereich", erklärt *Krone*-Chefredakteur Herrmann die Beweggründe für die Kampagne. „Und dem haben wir uns dann voller Engagement angeschlossen. Wir haben gesehen, dass wir darüber auf jeden Fall noch intensiver berichten wollen und sollen, als wir's schon ohnehin getan haben." Die Resonanz lässt sich nicht nur an den vielen Leserbriefen und Postings auf der *Krone*-Nachrichtenseite ablesen. „Wir haben im Zusammenhang mit der Nationalratswahl den ganzen Sommer über Schulklassen aus allen Bundesländern gefragt, was sie am meisten bewegt", sagt Herrmann, „da war – nicht sehr zu unserer Überraschung – die Klimakrise das absolute Thema Nummer eins."

Zentraler Bestandteil der *Krone*-Kampagne wird die Klimakrisen-Kolumne der Klimaforscherin Helga Kromp-Kolb, in der sie Fragen von Lesern beantwortet. Die Geschichte, wie es zur Kolumne kam, ist beachtlich: Denn nicht die *Krone* fragte an, sondern die Mitbegründerin der Scientists for Future ging selbst auf das Boulevardblatt zu und bot an, ehrenamtlich für die *Krone* zu schreiben. „Es war uns irgendwie klar, dass wir an die Menschen herankommen müssen, an die wir sonst nie herankommen", sagt die Klimaforscherin, „weil die kommen nicht zu unseren Vorträgen." Für die Kampagne habe es keinen großen strategischen Plan gegeben, meint *Krone*-Chefredakteur Herrmann, aber seine Zeitung wolle nun so lange am Thema dranbleiben, bis das Problem erledigt sei. Darauf könne man sich verlassen. „Ich habe selber zwei kleine Töchter und merke auch, wie sehr Eltern und Großeltern immer stärker von Kindern oder Jugendlichen überzeugt werden oder sich selbst überzeugen", sagt Herrmann, „das ist auch für mich persönlich ein Motiv, weil ich mir tatsächlich denke: Wie geht's meinen Kindern oder deren Kindern in fünfzig oder hundert Jahren?"

Der Klimakommunikationsexperte Christopher Shaw von Climate Outreach in Oxford, einer führenden Organisation im Bereich der Klimakommunikation in Europa, sagt: „Wir stellen immer wieder fest, dass es die Auswirkungen auf Kinder und Enkelkinder sind, die große Besorgnis auslösen." Die wachsende Sorge um den Nachwuchs aufgrund der Klimakrise belegt unter anderem eine Langzeitstudie aus den USA.[45] Wie sich dieses Phänomen in der heimischen Medienlandschaft niederschlägt, zeigt sich neben der *Kronen Zeitung* wohl nirgendwo so eindrucksvoll wie an einem Ort, an dem man es am wenigsten erwarten würde: in einer Fernsehzeitschrift. Das TV-Blatt *Tele* liegt 15 Zeitungen bei, es erreicht damit nach eigenen Angaben knapp eine Million Leser.[46] Anfang September 2019 startet die „tele-klimainitiative". Das Magazin möchte „einen Beitrag zur Sensibilisierung für das Thema Umweltschutz und zum alarmierenden Zustand des Klimas auf der Erde leisten. Dies ist aus unserer Sicht das derzeit wichtigste Thema, weil der drohende Klimakollaps unser aller Lebensgrundlage unmittelbar und dramatisch bedroht." Warum wirbt ein TV-Magazin für Klimaschutz?

Tele-Geschäftsführer Hans Metzger, 61, sagt: „Meine vier Kinder waren die Hauptmotivation." In den vergangenen Jahren hat Metzger die wissenschaftlichen Bücher des deutschen Soziologen Harald Welzer verschlungen, einige handeln von der Vergangenheitsbewältigung. Darin werden in mehreren Familien die Großväter damit konfrontiert, wie das denn so war im Zweiten Weltkrieg, mit den Juden, den Konzentrationslagern, der Massenvernichtung. Ob man davon denn nichts gewusst habe. „Ich weiß, dass uns das auch so gehen wird", sagt Metzger. „In zehn Jahren fragen mich die Kinder: ‚Habt ihr nichts gewusst von der Klimakatastrophe?' Dann möchte ich sagen können: ‚Ich hab's gewusst, ich habe viel zu lange nichts getan, aber ich hab dann zumindest einen kleinen Beitrag geleistet und meine Möglichkeiten mit meinem Unternehmen für das Thema genutzt.'"

Medienmanager Metzger hatte sich lange nur am Rande mit der Klimakrise beschäftigt, wie es zum Sinneswandel kam, kann er klar zuordnen. „Greta Thunberg hat mich motiviert und mir wirklich den Kick gegeben", sagt er, „sie hat zwei simple Dinge gesagt: ‚Ihr Alten habt es versemmelt. Und hört endlich auf die Wissenschaftler!‘ Total einfach und hundertprozentig richtig."

Metzgers Idee für die *Tele*-Kampagne: Berühmte Fernsehgesichter zu zeigen, die sich mit ihren eigenen Klimabotschaften an die Öffentlichkeit wenden. Viele heimische Filmstars und Fernsehjournalisten machen mit, darunter Ursula Strauss, Michael Ostrowski, Adele Neuhauser, Robert Palfrader, Hilde Dalik, Hugo Portisch, Corinna Milborn und Paul Lendvai.[47] „Es hat keine einzige Absage gegeben, außer von den Leuten vom ORF, die dürfen das nicht", sagt Metzger. „Die Promis melden sich mittlerweile von selbst. Da ist in der Kommunikation wirklich etwas gelungen." Ob die Kampagne auch dem Image der Zeitschrift *Tele* nütze? „Es schadet uns zumindest nicht und es positioniert uns in einer anderen Ecke", sagt Metzger. „Wir gehören zu den Medien, die kampagnenhaft etwas tun. Das passiert viel zu wenig. Es gibt zwar kritische Medien, aber viele schreiben nur darüber. Die haben keinen Kampagnencharakter. Das hat keine Power."

Der gesellschaftliche Klimawandel

Juni 2019. Im deutschen Rostock verbiegt die Hitze die Gleise der Schmalspurbahn „Molli". In Berlin löst sie den Asphalt von der Straße.[48] In Frankreich lässt der Bildungsminister die Abschlussprüfungen aufgrund der extrem hohen Temperaturen um eine Woche verschieben.[49] In Wien richtet die Caritas im Shopping Center Nord ein Cooling Center ein, in dem die Menschen vor der Hitze Zuflucht finden.[50] Es ist der weltweit heißeste Juni seit Beginn der Messgeschichte. In Deutschland, Frankreich und Italien liegen die Temperaturen rund zehn Grad höher als sonst. In Frankreich heizt es auf 45,9 Grad auf, der höchste Wert seit Beginn der Wetteraufzeichnungen.[51] Auch in Österreich bricht ein Rekord. „In der Gesamtbetrachtung ist der Juni 2019, mit einer Abweichung zum Mittel von +4,7 °C, der wärmste Juni seit dem Beginn der instrumentellen Wetteraufzeichnung im Jahr

1767", analysiert die österreichische Zentralanstalt für Meteorologie und Geodynamik (ZAMG). In keinem Juni zuvor war es hierzulande heißer, sonniger und trockener.[52]

Auch politisch beginnt der Sommer hitzig wie selten zuvor. Mitte Mai 2019 veröffentlichen die *Süddeutsche Zeitung* und das deutsche Nachrichtenmagazin *Der Spiegel* das so genannte Ibiza-Video. Die Hauptrollen darin spielen Österreichs Vizekanzler Heinz-Christian Strache und FPÖ-Klubchef Johann Gudenus. Das Video wurde vor der Nationalratswahl 2017 aufgenommen, als beide Politiker noch in der Opposition waren.

Es ist eine Falle. In einer Villa auf Ibiza werden die beiden heimlich dabei gefilmt, wie sie einer vermeintlichen russischen Millionärin in Aussicht stellen, ihr öffentliche Aufträge zuzuschanzen, für sie teils das Wasser zu privatisieren und ihr erklären, wie sie am Rechnungshof vorbei an die FPÖ spenden könne. Im Zentrum der Diskussion: der Kauf der *Kronen Zeitung*. Wenn die Millionärin die *Krone* kaufe, müsse das Boulevardblatt auf Linie gebracht werden, damit die FPÖ Wahlen gewinne. „Drei, vier Leute, die müssen wir pushen. Drei, vier Leute, die müssen abserviert werden. Und wir holen gleich mal fünf neue herein, die wir aufbauen", sagt FPÖ-Chef Strache auf Ibiza. „Zack, zack, zack!"[53]

Zack, zack, zack! Das ist auch der politische Takt, in dem es nach der Veröffentlichung des Videos im Mai 2019 weitergeht. Innerhalb von zweieinhalb Wochen explodiert die türkis-blaue Regierung und wird durch eine Expertenregierung unter der Führung der neuen Bundeskanzlerin Brigitte Bierlein ersetzt.[54] Österreich geht in Neuwahlen, der Nationalratswahlkampf 2019 beginnt.

Doch diesmal schauen die Plakate und Themen anders aus als noch vor wenigen Wochen in der EU-Wahl. Die ÖVP plakatiert „Weil Klimaschutz Hausverstand braucht".[55] Sie verspricht, Klimaschutz zur Priorität zu machen, und will den Klimaschutz in der Verfassung verankern.[56] Die SPÖ geht mit dem Slogan „Nur gemeinsam schaffen wir's aus der Klimakrise" in die Wahl und bewirbt mit dem „Klimaticket" eine billige Öffi-Jahreskarte für ganz Österreich.[57] Die Neos plakatieren „Umwelt & Wirtschaft verbinden" und versprechen eine „ökologische Steuerrevolution".[58] „Die Wahlplakate für die Nationalratswahl würden nicht so aussehen, wenn es Fridays for Future und den Protest der Jungen bei der EU-Wahl nicht gegeben hätte", sagt Politikexperte Christoph Hofinger. Haben tatsächlich die Aktivisten die Nationalratswahl zur Klimawahl gemacht? „Selbstverständlich hat das mit den Fridays for Future zu tun", sagt Bruno Rossmann, Chef der Liste Jetzt und langjähriger Budgetexperte der Grünen. Die Bewegung habe nicht nur den Wahlkampf, sondern auch ihn selbst beeinflusst. Zwar tritt Rossmann nicht mehr zur Wahl an, aber er arbeitet mit Hochdruck an seinem politischen Vermächtnis: ein Öko-steuer-Modell mit CO_2-Steuer, das die unteren Einkommensschichten entlastet. „Ich habe natürlich gesehen, dass diese jungen Leute sehr sehr engagiert sind", sagt Rossmann, „das hat mich schon noch einmal beflügelt."

Die Veränderung geht durch die Parteien. „Ich glaube, dass da wirklich eine starke Sensibilisierung bei Entscheidungsträgerinnen und Entscheidungsträgern dagewesen ist", sagt Neos-Klimasprecher Michael Bernhard: „Bei uns Neos war das schon auch ein Prozess, wo Menschen, die das bisher auf die leichte Schulter genommen haben, gesagt haben: ‚Okay, ich habe verstanden, das ist wirklich wichtig.'" Auch SPÖ-Umweltsprecher Uwe Feichtinger beobachtet, dass durch die Fridays „das Thema in der Partei stärker zur Kenntnis genommen worden ist als früher". Nachsatz: „Es wird sich keine Partei mehr der Tatsache verschließen können, dass das Klima ein wichtiges Thema ist und man das angehen muss."

Dieser Dynamik kann sich selbst die FPÖ kaum entziehen. Via Aussendung lässt der neue FPÖ-Chef mitteilen: „Für Norbert Hofer sind Klimaschutz und der von den Menschen herbeigeführte Kli-mawandel die größten Herausforderungen unserer Zeit. Unter sei-ner Obmannschaft wird sich die FPÖ intensiv mit diesen Themen auseinandersetzen."[59] Das ist erstaunlich, denn die FPÖ tanzte bis dahin auf dem Kirtag der Klimawandel-Leugner. Noch Ende 2018 hatte der damalige FPÖ-Chef und Vizekanzler Strache den Einfluss des Menschen auf den Klimawandel öffentlich bezweifelt.[60] Der Hit-zesommer 2019 scheint die FPÖ gerade zu verbiegen wie die Gleise der Rostocker Schmalspurbahn „Molli".

Die Stimmung prägt auch die Partei, die sich die Umweltpolitik seit jeher auf die Fahnen geschrieben hat. Die Grünen, die 2017 mit einem Bündel an Wahlkampfthemen von Bildung über Mieten und

Homoehe bis hin zu EU und Energiewende[61] aus dem Nationalrat flogen, konzentrieren sich 2019 aufs Klima. Das macht sich auch bei den Quereinsteigern bemerkbar, die die Grünen holen. Die stärkste Landesgruppe – die Wiener Grünen – wählen den Greenpeace-Klimaexperten Lukas Hammer auf den ersten Platz ihrer Landesliste. Leonore Gewessler, die Chefin der Umwelt-NGO Global 2000, bekommt als Quereinsteigerin den zweiten Platz auf der Bundesliste, die Journalistin Sibylle Hamann den dritten. Ihren Wechsel in die Politik erklärt sie so: „Ich spüre einen Aufbruch, eine Energie und eine Dringlichkeit, sich einmischen zu wollen. Das hat natürlich mit unseren Kindern zu tun. Ich habe selber zwei Teenager, die da drüben am Ballhausplatz immer mit brennendem Herzen dabei sind bei Fridays for Future. Und das hat in mir etwas angezündet."[62]

Zur politischen Großwetterlage kommt die tatsächliche. Der Juli 2019 bricht den nächsten Rekord, auch er wird der weltweit heißeste seit Messbeginn.[63] Nach dem außergewöhnlich heißen Juni rollen zwei weitere Hitzewellen über Österreich.[64] In Belgien, Luxemburg, Großbritannien und den Niederlanden zeigt das Thermometer so hohe Temperaturen wie noch nie.[65] Es ist so heiß und trocken, dass selbst die Wälder in der Arktis brennen,[66] auf sie folgen bald verheerende Brände im Amazonas – es sind mehr als je zuvor.[67] Der Klimaforscher Steffen M. Olsen vom Dänischen Meteorologischen Institut knipst derweil in Grönland das ikonische Klimakrisenbild des Jahres, das sich viral verbreitet: Es zeigt Hunde, die einen Schlitten ziehen, aber weil die oberste Eisschicht knöcheltief geschmolzen ist, sieht es so aus, als würden die Hunde über Wasser laufen.[68]

Den Medien geht im Sommer der Stoff nicht aus. Das liegt auch an Greta Thunberg, die im August mit einem Segelboot über den Atlantik schippert. Auch die Wissenschaftler liefern Schlagzeilen, sie gehen vor der Nationalratswahl in die Offensive. Von der jahrelangen Zurückhaltung ist längst nichts mehr zu spüren, sie veranstalten Pressekonferenz um Pressekonferenz und drängen förmlich in die Öffentlichkeit. Ihr Ton klingt dabei ungewohnt politisch. Zum Beispiel Politikwissenschaftler Reinhard Steurer. Er zerlegt im Wahlkampf die Argumente von Politikern, die sich als engagierte Klimaschützer inszenieren, aber in Wahrheit in der Klimapolitik weiterhin bremsen wollen. Die Wähler sollen durch seine Anleitung „entsprechende Politiker im besten Fall als Schönfärber, im schlimmsten Fall als Täuscher enttarnen" können.[69] Oder Melanie Pichler vom Institut für Soziale Ökologie an der Boku, die auf einer Pressekonferenz knapp vor der Nationalratswahl zur österreichischen Umwelt- und Klimapolitik klar Stellung bezieht: „Die türkis-blaue Klima- und Umweltpolitik hat zu einer Entdemokratisierung geführt." Auf derselben Presse-konferenz legt Politikwissenschaftler Ulrich Brand von der Uni Wien nach: „Der aktuell von der EU-Kommission bis Ende 2019 geforderte Nationale Energie- und Klimaplan hat von österreichischer Seite viele Defizite."[70]

Die Dynamik im Sommer 2019 entwickelt eine derartige Wucht, dass manche Wissenschaftler sogar Wahlwerbung machen. Reinhold Lang leitet das Institute of Polymeric Materials and Testing an der Johannes Kepler Universität in Linz und forscht zum Thema Nachhal-tigkeit. Wie die drei vorhin erwähnten Wissenschaftler zählt auch er zu den Scientists for Future.[71] Als die Fridays alle Erwachsenen dazu aufrufen, aktiv zu werden, fühlt sich Lang angesprochen und über-legt, was er fürs Klima tun könne. Die Idee kommt ihm bei einem Spaziergang mit seinem Hund: „Möglicherweise sollten wir dem Kogler unsere Unterstützung anbieten." Er hält die Grünen mit ihrem Spitzenkandidaten Werner Kogler[72] in den Themen Nachhaltige Ent-wicklung, Umwelt- und Klimaschutz für am kompetentesten und glaubwürdigsten. Langs Schlussfolgerung: „Es ist wichtig, dass die Grünen nicht nur wieder im Parlament sind, sondern dass sie stark ins Parlament kommen."

Die Idee ist auch dem Frust der Vergangenheit geschuldet. Immer wieder hatten er und andere Wissenschaftler den Kontakt zur tür-kis-blauen Regierung gesucht, um das Thema Nachhaltigkeit vor-anzubringen. Ohne Erfolg. Im Sommer 2019 gewinnt Lang für sein Vorhaben weitere sieben Wissenschaftler, darunter den Klima- und Energieexperten Stefan Schleicher und den Klimaökonomen Karl Steininger, zwei der bekanntesten Klimaforscher des Landes. Ange-lehnt an die Fridays-for-Future-Bewegung nennen sie ihre Initiative „#ForumFuture – Kompetenzforum für nachhaltige Entwicklung in Politik, Wirtschaft & Gesellschaft". Die Wissenschaftler veranstalten mit den Grünen Pressekonferenzen in Wien, Linz und Graz, sie gei-ßeln nicht nur die bisherige „Schein- und Showpolitik" der Regierung, sondern geben im Sinne des Klimaschutzes öffentlich eine Wahlempfehlung für die Grünen ab.[73] Dass Forscher plötzlich Partei ergreifen, kommt für manche in der Wissenschaftscommunity einem Tabubruch gleich. „Man muss aufpassen, dass man nicht in den Bereich der Wahlwerbung kommt", mahnt Martin Polaschek, der Rektor der Karl-Franzens-Universität Graz.[74]

Das Gegenteil von Wahlwerbung macht Gottfried Kirchengast, der als einziger Wissenschaftler im Nationalen Klimaschutzkomitee sitzt. Er kanzelt Ex-Kanzler Kurz öffentlich ab. Kurz sei „nicht staatsmännisch", das Klimaschutzprogramm der ÖVP eine „ziemlich dreiste Irreführung der Bevölkerung".[75] Kirchengast belässt es nicht bei Worten, er wird auch anderweitig aktiv. Weil Österreich den ungenügenden Klima- und Energieplan der türkis-blauen Regierung auf Druck der EU überarbeiten muss, vereint Kirchengast mehr als siebzig Wissenschaftler um sich, mit denen er über mehrere Monate hinweg einen alternativen, besseren Klima- und Energieplan ausarbeitet. Es entsteht eine Art wissenschaftliche Anleitung, wie die Republik den Pariser Klimavertrag erfüllen kann.[76]

Die vier Hauptautoren des Papiers[77] – allesamt Scientists for Future – stellen das Dokument in der heißen Wahlkampfphase auf einer Pressekonferenz vor. Im Publikum sitzen auch Vertreter von Fridays for Future Österreich, darunter deren Mitbegründer Johannes Stangl. Er bezeichnet die Arbeit der Klimaforscher als „Plan der Hoffnung". Nur vier Tage später – am 13. September 2019 – steht Stangl selbst mit den Wissenschaftlern auf der Bühne. Fridays for Future hat die wahlkämpfenden Politiker zur „Großen Klimaprüfung" in den Festsaal der TU Wien gerufen, alle bis auf die FPÖ sind gekommen. Das Podium ist hochrangig besetzt, auf der einen Seite die Spitzenkandidaten von Neos, Liste Pilz und Grünen, die Ex-Umweltministerin der ÖVP und der Ex-Verkehrsminister der SPÖ. Auf der anderen Seite die vier Scientists for Future mit ihrem wissenschaftlich fundierten Klima- und Energieplan. Im Publikum: junge Menschen. Das Konzept: Die Politiker dürfen das Klimaprogramm ihrer Partei kurz vorstellen, danach benoten die vier Wissenschaftler das Wahlprogramm der einzelnen Parteien. Die Nachrichtenagentur APA und der TV-Sender Puls 24 übertragen die Prüfung live.

Während die vielen Wahlduelle im Fernsehen hochprofessionell inszeniert werden, wirkt dieses hier improvisiert wie auf einem Maturaball. Statt aufwendigen Video-Einspielungen stehen auf den Seiten Whiteboards, auf denen die Aktivisten mit Filzstift die Bewertungskriterien für die Prüfung geschrieben haben. Auf der Bühne haben sie bemalte Pappschilder drapiert, darauf stehen Slogans wie „Kein Bock auf Naturkatastrophe". Der Politiker, der an der Reihe ist, trägt an einem Stehtisch vor, die anderen sitzen wie aufgefädelt ganz knapp daneben, so dicht beieinander, dass man das Banner im Hintergrund nicht mehr lesen kann.[78]

Die „Große Klimaprüfung" verdichtet den gesellschaftlichen Klimawandel, der sich gerade im Land vollzieht, in einem einzigen Bild: Es zeigt hochrangige Politiker, die sich erstmals ernsthaft über Klimapolitik den Kopf zerbrechen und konkrete Vorschläge liefern müssen. Wissenschaftler, die die Politiker wie Schüler bei einer mündlichen Prüfung benoten und deren mangelnde Leistung korrigieren.[79] Das junge Publikum, das die Klimakrise am stärksten betrifft und das die Politiker kritisch beobachtet. Medien, die das dermaßen interessiert, dass sie die Veranstaltung in voller Länge live übertragen. Und schließlich jene jugendlichen Aktivisten, die das alles zusammengebastelt und ermöglicht haben.

Eine Woche vor der Nationalratswahl kommt es zum politischen Showdown der Klimabewegung. In New York beginnt der UN-Klimagipfel. Greta Thunberg wird in ihrer bislang emotionalsten Rede die politische Elite für ihr Versagen in der Klimapolitik geißeln, ihr Ausruf „How dare you!" (Wie könnt ihr es wagen!) wird schon bald zum geflügelten Wort. Fridays for Future Österreich erklärt die Woche vor der Wahl zur „Week for Future". Während andere Länder zum dritten globalen Klimastreik am 20. September 2019 aufrufen, mobilisieren die Österreicher für den Freitag danach, dem sogenannten Earth Day. Das Kalkül: Der Termin liegt zwei Tage vor der Wahl, ein letztes Aufbäumen, bevor die Menschen ihr Kreuzerl machen.

Die „Week for Future" wird zur Woche der Erfolge. In der Nacht vor der großen Demo ruft der Nationalrat in seiner letzten Parlamentssitzung den so genannten Climate Emergency aus, den die jungen Klimaaktivisten mit den Umweltsprechern der Parteien ausgehandelt haben (siehe Seite 126 ff.).[80] Einen Tag später – am 27. September 2019 – sprengt die Klimademonstration alle Rekorde (siehe Seite 202 ff.). Je nach Zählung gehen in Österreich zwischen 70.000 und 150.000 Menschen auf die Straße.[81] Es ist der letzte und zugleich lauteste Paukenschlag der FFF-Bewegung im Wahlkampf. Die mediale Aufmerksamkeit ist gewaltig. Einen Tag vor der Wahl füllen die Bilder der Massenkundgebung die Titelseiten quer durch die Zeitungslandschaft. Die mächtige *Kronen Zeitung* covert mit elf Fotos von Demonstranten und titelt: „Die Gesichter des größten Klimastreikes aller Zeiten: Wir haben Angst um unsere Erde".[82]

Einen Tag später: Wahlsonntag. Der Ibiza-Skandal, der die türkis-blaue Regierung sprengte, liegt vier Monate zurück. Eine weitere Affäre um ÖVP-Wahlkampfkosten und ÖVP-Spender hatte über Wochen die Innenpolitik beschäftigt. Wenige Tage vor der Wahl tauchte noch dazu ein Spesenskandal rund um den damaligen FPÖ-Chef Strache auf. Außerordentlich viel wurde daher im Wahlkampf über die „Käuflichkeit der Politik" gesprochen. Das geht aus der Wahltagsbefragung hervor, die das Institut Sora mit dem Institut für Strategieanalysen durchführte. Nur ein Thema beschäftigte die Österreicher in dieser historisch heißen politischen Ausnahmezeit noch mehr als Käuflichkeit und Korruption: Umwelt- und Klimaschutz. Es liegt erstmals unangefochten an der Spitze.[83]

„Es wäre ja nicht so gewesen, dass dieser Wahlkampf nicht ein Thema gehabt hätte: Ibiza, die Parteifinanzen, die Spesendebatte um Strache – das war durchaus ein starkes Konkurrenzthema", sagt Politikexperte Hofinger vom Sora-Institut, „aber Umwelt- und Klimaschutz sind im Verlauf des Sommers über die anderen Themen hinausgewachsen." Wie schon in der EU-Wahl zählt das Klima für die Wähler aller Parteien bis auf jene der FPÖ zu den drei wichtigsten Themen, aber diesmal ist es noch dominanter als vier Monate zuvor. Für die Neos-Wähler landet es auf Platz eins, gleichauf mit dem pinken Kernthema Bildung. Noch klarer ist die Themenlage für die Wähler der Grünen. Auf dem ersten Platz landet Umwelt- und Klimaschutz. Dann kommt lange nichts. Und dann wieder lange nichts. Die Neos und die Grünen fahren am 29. September 2019 ihr bestes Nationalratswahlergebnis aller Zeiten ein.

Das ist gleich zweifach überraschend, denn die Ausgangslage war sowohl für die Pinken als auch für die Grünen extrem schwer. Im Jahr vor der Wahl verabschiedete sich Neos-Gründer Matthias Strolz von der Politik, auch die ehemalige Bundespräsidentschaftskandidatin Irmgard Griss kündigte ihren Rückzug aus der Partei an. Die beiden galten als die stärksten Zugpferde der Pinken. Gleichzeitig fischte der populäre ÖVP-Chef Sebastian Kurz mit Wirtschaftsthemen im Wählerteich der Neos. Trotzdem legen die Liberalen 2,8 Prozent zu.

Noch eindrucksvoller die Situation der Grünen: Die Partei, die es 2017 in einer nie dagewesenen Wahlschlappe zertrümmert hatte, zieht zwei Jahre später fast ohne Geld und Strukturen in die Neuwahl. Sie schnellt um 10,1 Prozentpunkte in die Höhe.[84] Bei den unter Dreißigjährigen teilen sich die Grünen mit der ÖVP den ersten Platz. In den Wählergruppen „Akademiker" und „Frauen mit Matura" werden sie zur stärksten Partei.[85] Noch am Wahlabend des 29. September 2019 stellt ein ORF-Journalist dem grünen Spitzenkandidaten Werner Kogler folgende Frage: „War das eigentlich Ihr Sieg oder ist das auch ein bisschen der von Greta Thunberg?" Kogler antwortet: „Es war jedenfalls ein ‚Sunday for Future', davon bin ich überzeugt."[86]

Der grüne Herbst

Oktober 2019. Erstmals in der Geschichte der Europäischen Union sehen die EU-Bürger in der Bekämpfung der Klimakrise die wichtigste Aufgabe des EU-Parlaments. Das geht aus einer großen Eurobarometer-Umfrage hervor. Sie zeigt auch: Fast sechs von zehn Befragten denken, die Proteste der Jugend würden sich direkt auf die nationale und europäische Politik auswirken.[87]

Etwa ein Jahr nachdem sich Greta Thunberg zum ersten Mal mit ihrem selbstgebastelten Schild vor das schwedische Parlament gesetzt hat, bricht in Europa ein grüner Herbst an. Das neu gewählte EU-Parlament ruft Ende November 2019 den Klimanotstand aus.[88] Zwei Wochen später präsentiert die neue EU-Kommissionspräsidentin Ursula Von der Leyen den „European Green Deal". Es ist ein Plan mit fünfzig Maßnahmen. Das Ziel: die europäische Wirtschaft zur grünen Wirtschaft umbauen, die fossile Ära beenden und die EU zum Vorreiter einer klimafreundlichen Industrie-, Technologie- und Finanzwelt machen. „Das ist Europas Mann-auf-dem-Mond-Moment", sagt Kommissionspräsidentin Von der Leyen, als sie den Plan der Öffentlichkeit vorstellt, „wir schulden den European Green Deal unseren Kindern, denn der Planet gehört nicht uns."[89]

Von der Leyen will die Europäische Investitionsbank (EIB) dafür zur „Klimabank" ummodeln. Die EIB soll den Umbau zur grünen Wirtschaft vorantreiben und dafür sorgen, dass zwischen 2021 und 2030 eine Billion Euro an Investitionen in den Klima- und Umweltschutz fließen kann. 1.000.000.000.000 Euro. Das ist eine Zahl mit zwölf Nullen.[90]

Nicht nur die EIB, auch die Europäische Zentralbank (EZB) will ihre Macht für den Kampf gegen die Klimakrise nützen. EZB-Chefin Christine Lagarde kündigt Ende November 2019 an, dass die EZB künftig die negativen Folgen der Klimakrise stärker berücksichtigen solle. Damit könnte sie die Umwelt zu einem wesentlichen Bestandteil der internationalen Geldpolitik machen.[91]

Der grüne Herbst treibt bunte Blüten. In Italien will die Regierung nach den Massenprotesten der Jugend „Klimawandel und Nachhaltigkeit" als verpflichtendes Unterrichtsfach einführen[92] und das Wahlalter auf 16 Jahre senken. Die politische Debatte läuft unter dem Schlagwort „Generazione Greta".[93] Die deutsche Regierung schnürt im September 2019 ein Klimapaket. Es ist heftig umstritten, aber das klimaschädliche CO_2 bekommt im Verkehr, in der Landwirtschaft und im Gebäudesektor erstmals einen Preis.[94] Kanzlerin Angela Merkel (CDU) dankt bei der Präsentation einer Person besonders: Greta Thunberg, die viel angestoßen habe.[95]

In der Schweiz, wo sich schon sehr früh tausende Menschen den Klimastreiks angeschlossen haben, feiern sowohl die Grünen als auch die Grünliberalen bei der Nationalratswahl im Oktober 2019 ihre historisch größten Erfolge.[96] In Greta Thunbergs Heimatland Schweden hat derweil die Zahl der Inlandsflüge spürbar abgenommen, jene der Zugreisenden ebenso deutlich zugenommen. Analysten erklären das mit einem neuen Phänomen, der „Flugscham". Es beschreibt das schlechte Gewissen, wenn man mit dem Flugzeug reist und dadurch das Klima schädigt.[97]

Österreich gehört zu jenen Staaten, in denen die Klimabewegung am meisten bewegt hat.[98] Ein Jahr nach der ersten Fridays-Demo auf dem Heldenplatz hat sich die politische Landschaft vollkommen verändert. Die Grünen fahren als Partei mit der höchsten Glaubwürdigkeit im Klimaschutz bei den Landtagswahlen in Vorarlberg[99] und der Steiermark[100] die besten Ergebnisse ihrer Geschichte ein und werden zur stärksten politischen Kraft der unter Dreißigjährigen. Die Klima- und Umweltpolitik liegt für Grün-Wähler als wichtigstes Thema unangefochten an erster Stelle.[101] Am stärksten wirbeln die Fridays aber die Bundespolitik auf. Statt der FPÖ regieren die Grünen mit. Es scheint, als hätte eine unsichtbare Macht die Republik an den Beinen gepackt, durchgerüttelt und auf den Kopf gestellt.

Am 7. Jänner 2020 – hundert Tage nach der Nationalratswahl – gelobt Bundespräsident Alexander Van der Bellen nach langen Sondierungsgesprächen und Koalitionsverhandlungen die erste türkis-grüne Regierung in der Geschichte der Republik an.[102] Die Klimapolitik ist binnen eines Jahres von einer Randerscheinung ins Zentrum der politischen Debatte gerückt. Das stete Wehklagen der Umwelt-NGOs schlägt plötzlich in Jubel um. Greenpeace-Chef Alexander Egit bezeichnet das türkis-grüne Regierungsprogramm als „Riesenschritt für den Klima- und Umweltschutz". Hanna Simons, Leiterin für Natur- und Umweltschutz beim WWF, sieht für Österreich „alle Chancen, vom säumigen Nachzügler zum Umweltmusterland aufzusteigen."[103]

Nie zuvor hat eine österreichische Regierung dem Klimaschutz einen derart hohen Stellenwert eingeräumt (siehe Seite 62). Und nie zuvor saßen der seit dem Jahr 1987 regierenden ÖVP in Koalitionsverhandlungen Umweltaktivisten gegenüber. Die Grünen schickten ihre Quereinsteiger Leonore Gewessler und Lukas Hammer an den Verhandlungstisch. Gewessler hatte vor ihrer Politkarriere die Umwelt-NGO Global 2000 geleitet, Lukas Hammer als Klimaexperte für Greenpeace gearbeitet. Neben den beiden nahm der parteifreie Klimaökonom Karl Steininger Platz.[104] Steininger hatte die Scientists for Future mitgegründet und sich in der Initiative #ForumFuture engagiert (siehe Seite 114). Diese unterstützte die Grünen vor der Wahl und die Regierungsverhandler nach der Wahl.

„Hört auf die Wissenschaft!" Greta Thunbergs zentrale Forderung hat in Österreich ihren Niederschlag gefunden.[105]

Das Umweltministerium ist nun so mächtig wie nie zuvor, es vereint erstmals auch die Agenden Energie, Verkehr, Infrastruktur und

Technologie unter einem Dach.[106] Am 10. Jänner 2020 hielt Leonore Gewessler ihre erste Rede als neue Umweltministerin vor dem Parlament. „Es ist Freitag, Freitagmittag. Nicht weit von hier stehen wieder junge Menschen auf der Straße, um sich für ihre Zukunft einzusetzen, aber die Verantwortung für diese Zukunft, die Verantwortung für eine lebenswerte Zukunft in Österreich tragen wir hier gemeinsam, und es sind auch wir, die diese Transformation, diesen Veränderungsprozess gestalten werden", sagte die Umweltministerin in jener Rede, in der sie dem Parlament das Klimaprogramm der Regierung vorstellte. „Ich schaue gern zu den jungen Menschen, denn wir werden ihre Kraft, ihre Beharrlichkeit, ihre Energie, ihren Mut zur Gestaltung und ihren Willen zur Veränderung brauchen, um dieses Programm gemeinsam umzusetzen."[107]

Dreieinhalb Monate vor ihrer ersten Rede im Parlament war Gewessler vor dem Parlament gestanden. Sie hatte sich als eine von zig Demonstranten im Fridays-Spalier eingereiht. Es war der 25. September 2019. Ein entscheidender Tag für die junge Klimabewegung.

Druck und Tat

Mittwoch, 25. September 2019, die letzte Sitzung des Parlaments. Noch zwei Tage bis zur größten Klimademonstration des Landes. Noch vier Tage bis zur Nationalratswahl. Laurenz Faber ist um sechs Uhr früh aufgestanden und mit seinem Rennrad auf den Josefsplatz vor die Hofburg gefahren. Er hat die heutige Demo dort mitorganisiert und übernimmt die Rolle des Animateurs. „Vielleicht machen wir ein bissl Symmetrie, damit wir ein gescheites Foto haben", sagt der 17-Jährige und nimmt sein Megafon zur Hand, um Ordnung zu schaffen. Die Fridays-Aktivisten stellen sich vor dem Parlamentseingang zum Spalier auf, davor haben sie für die Politiker einen Protestteppich ausgerollt. „Klimanotstand ausrufen", steht darauf in Großbuchstaben gepinselt, eingerahmt von zahlreichen farbigen Handabdrücken und wissenschaftlichen Fakten über CO_2-Emissionen, Klimaflüchtlinge und die Erderwärmung in Österreich.

Es ist kurz nach acht Uhr morgens. Um die Fridays aufzuwecken, beginnt Laurenz den Protest mit einer aktivistischen Turnübung.

„Runter mit der Hitze, rauf für den Klimaschutz!", wiederholt er laut-stark. Kollektiv gehen die Aktivisten dazu immer wieder in die Hocke und strecken sich gleich darauf in die Luft. Wenige Schritte hinter dem Spalier liegt ein Koffer auf dem Boden, gefüllt mit selbstgebas-telten Schildern. In ihm kramt eine junge Aktivistin herum, die zu spät gekommen ist. Sie legt das oberste Schild „Save the planet it's the only with beer!" zur Seite und sucht sich eines, das ihr besser passt. Mit dem Spruch „Ohne Zukunft lohnt sich auch keine Bildung" reiht sie sich schließlich ins Spalier ein.

Als Fridays-Mitbegründer Johannes Stangl sich das Mikrofon schnappt, die „lächerliche" Klimapolitik in Österreich schilt und das laute „Buhhhhh" der Aktivisten über den Josefsplatz schallt, fährt wie auf Kommando ein SUV vor und parkt ein paar Meter neben ihnen. Die Szene ist drehbuchreif. Denn aus dem klimaschädlichen Sprit-fresser steigt ausgerechnet Herbert Kickl, Klubchef der FPÖ, der kli-mafeindlichsten Partei im Land.[108]

In den kommenden Stunden werden die Freiheitlichen ihrem zweifelhaften Ruf alle Ehre machen. Denn das Parlament wird an diesem Tag darüber abstimmen, ob die Republik den Klimanotstand ausrufen soll. Genau deshalb sind die Fridays heute so früh aufge-standen: Um den Politikern am Tag der Abstimmung noch einmal einzuheizen.

Die Ausrufung des Klimanotstands soll auf die Dringlichkeit der Klimakrise aufmerksam machen und die Politiker zum Handeln bringen. Die Idee dazu hatten nicht die Parlamentarier, sondern die Fridays. Sie folgen damit einem internationalen Trend. Am 20. Feb-ruar 2019 hat der Kanton Basel-Stadt die „Resolution zur Ausrufung des Climate Emergency (‚Klimanotstand')" beschlossen, nachdem tausende Menschen aus der Region sich dem Klimastreik der Schüler angeschlossen hatten.[109] Nach einer Welle an Protesten der Klimabe-wegung Extinction Rebellion bekannte sich das britische Parlament am 1. Mai 2019 als erstes Land zum „Umwelt- und Klimanotstand".[110] Einen Tag später folgte Konstanz als erste deutsche Stadt,[111] die damit eine Forderung der lokalen FFF-Gruppe erfüllte.[112]

Rings um Österreich entschließen sich immer mehr Politiker zu diesem Schritt. Hierzulande kommt der Trend zuerst im obersteiri-schen Michaelerberg-Pruggern an. Am 13. Juni 2019 erklärt der hiesige Gemeinderat den Klimanotstand. Und weil der Zufall die besten Geschichten schreibt, ist es ausgerechnet der Heimatort von Maria Patek, die keine zwei Wochen zuvor zur neuen Umweltministerin der Übergangsregierung angelobt worden war.[113]

Die Initiative stammt aber nicht von ihr, sondern von Ernst Walter Schrempf, einem Hotelier, der sich hinter die FFF-Bewegung stellt, sich selbst als „Enkelschutz-Lobbyist" bezeichnet und dazu die Webseite www.klimanotstand.com ins Leben gerufen hat.[114] Noch vor dem ersten globalen Streik im März 2019 hat er für sein Hotel den „betrieblichen Klimanotstand" erklärt,[115] drei Monate später überzeugt er auch die Kommunalpolitiker seiner 1181-Seelen-Gemeinde. „Es wird sicher einige geben, die sagen: Schau, die ‚Gaungerl-Gemeinde' hat sich getraut, das machen wir auch", sagt Bürgermeister Hannes Huber (ÖVP), „vielleicht bringen wir durch die Maßnahme ja wirklich noch mehr Gemeinden dazu, es ebenfalls zu tun, und können dann in der Politik etwas bewegen."[116]

So ist es. Am 24. Juni 2019 folgt Traiskirchen als erste Stadt Österreichs. Für das Pressefoto mit Bürgermeister Andreas Babler (SPÖ) reisen auch einige Wiener Fridays an und hissen im Ort ihre grüne Fahne. Mit dabei ist auch FFF-Aktivist Nikolai Ritter,[117] der Jahre zuvor in Traiskirchen ein Sozialprojekt mit Flüchtlingen gestartet hat und in diesen Tagen seinen guten Draht zum Bürgermeister intensiv fürs Klimanotstandslobbying nutzte.

Kaum zwei Wochen nach Traiskirchen schließt sich am 4. Juli 2019 mit Vorarlberg das erste Bundesland an. Die Grünen haben die Forderung der Vorarlberger Fridays aufgegriffen und in den Landtag gebracht. Alle Parteien stimmen für die Ausrufung des Klimanotstands, nur die FPÖ ruft nicht mit. Der Landtagsbeschluss zeige, dass Fridays for Future „maßgeblichen Einfluss auf die politischen Gremien haben kann", jubelt der Vorarlberger FFF-Aktivist Aaron Wölfling,[118] der bei der Nationalratswahl 2019 auf einem unwählbaren Landeslistenplatz für die Grünen kandidiert.[119]

Schon vor dem globalen Klimastreik Mitte März 2019 haben die Wiener Fridays „die Ausrufung des Klimanotstands auf nationaler Ebene" gefordert.[120] Drei Monate später ist die Zeit reif für einen politischen Vorstoß, denn die Umstände sind ideal. Die türkis-blaue Koalition ist gesprengt, es herrscht das freie Spiel der Kräfte. Der Juni ist extrem heiß. Und es ist absehbar, dass die Klimakrise im bevorstehenden Wahlkampf zum politischen Schlachtfeld wird. In Wien formiert sich in diesen Tagen der „Strategiekreis Klimanotstand", mitarbeiten kann jeder, der will. Die 24-jährige Architekturstudentin Anna Lindorfer ist erst vor wenigen Wochen zu den Fridays gestoßen, übernimmt aber gleich zentrale Aufgaben in diesem Projekt von bundespolitischer Tragweite. Mit ihren Mitstreitern erarbeitet sie im Frühsommer 2019 ein Papier, das die Trendwende in der heimischen Klima- und Umweltpolitik einleiten soll: die „Resolution zur Ausrufung des Klimanotstands in Österreich".[121]

Die Aktivisten erfinden dabei das Rad nicht neu. „Da war schon viel, was im Raum herumgeschwebt ist", sagt Lindorfer. Textbausteine stammen aus den alten Forderungen für den Klimastreik im März. Andere Teile kupfern sie großzügig aus dem Ausland ab. Über weite Strecken liest sich die Resolution der Fridays wortgleich wie jene, die der Kanton Basel-Stadt im Februar 2019 beschlossen hat.[122]

Der nächste Schritt: Lobbying. Die Fridays kontaktieren Politiker und drängen sie dazu, ihre Forderungen so schnell wie möglich zu beschließen, noch vor der Wahl. Die Resolution landet schließlich über Umwege[123] bei Timon Scheuer, er ist parlamentarischer Mitarbeiter der Liste Jetzt. Seine erste Tat: Die Fridays bremsen, damit „wir das richtig verhandeln". Er will, dass alle Abgeordneten die Ausrufung des Klimanotstandes mittragen. „Ich habe mit den Umweltreferenten gesprochen, dass wir das parteiübergreifend machen würden", sagt Scheuer.

Am 17. Juni 2019 treffen sich die Mitarbeiter der Umweltsprecher aller Parteien im Büro der Liste Jetzt. Die Fridays schicken eine dreiköpfige Delegation an den Verhandlungstisch. Punkt für Punkt gehen die Erstverhandler die Fridays-Resolution durch und kommentieren sie. Jetzt-Referent Scheuer gießt daraus einen Entwurf für einen Entschließungsantrag, „den alle unterschreiben könnten und bei dem niemand sein Gesicht verliert".

Das Gespräch sei „sehr offen, sehr positiv" gewesen, sagt Lindorfer. Doch die Fridays blicken mit Skepsis auf den geänderten Text. Es ist schließlich ein Deal zwischen zwei ungleich starken Verhandlungspartnern. Auf der einen Seite politische Profis, für die Verhandlungen zum Alltag gehören. Auf der anderen Seite eine bunte Truppe aus

Schülern und Studierenden, die zwar wissen, was sie wollen, aber keine Ahnung davon haben, wie man das in ein Gesetz schreibt. „Uns war bewusst, dass jede gewählte Formulierung juristisch durchaus anders ausgelegt werden könnte als von uns beabsichtigt", sagt FFF-Aktivistin Angelika Lauber.

Deshalb tun die Fridays das, was sie gut können: improvisieren. Sie holen sich Rat von Vertretern der Scientists for Future, fragen im Bekanntenkreis bei Jus-Studenten nach und bekommen schließlich den Kontakt zu einer Juristin, die das Papier für sie begutachtet. Noch eine andere Frage poppt plötzlich auf, bevor die Fridays zur nächsten Verhandlungsrunde mit den Politikern aufbrechen. Wo sind eigentlich ihre eigenen roten Linien? Die Suche danach „war für uns ein schwieriger Prozess", sagt Lindorfer. „Die Dimension, dass Falltüren aufgemacht werden können, wurde uns erst in der Vorbereitung auf die Verhandlungen bewusst." Die jungen Aktivisten möchten nirgendwo zustimmen, was sie später bereuen könnten.

Vor der nächsten Verhandlung sitzen deshalb fünf Fridays bis spät in die Nacht vor ihren Laptops in der Wohnung von Aktivistin Veronika Winter und erarbeiten, wie weit sie gehen können. Eine rote Linie der Fridays: Die Politiker müssen sich darauf einigen, das 1,5-Grad-Ziel aus dem Pariser Vertrag zu erfüllen. Keine rote Linie: Die Politiker müssen nicht öffentlich eingestehen, dass ihre bisherigen Pläne und Maßnahmen dazu bei weitem nicht ausreichen. Wer nicht Buße tun muss, soll leichter zustimmen können.

Am 28. Juni 2019 sitzt die Fridays-Delegation im Meetingraum des Neos-Parlamentsclub bei Kaffee und Wasser erstmals Politikern gegenüber. „Das war eine sehr lockere Atmosphäre", sagt Michael Bernhard, Klimasprecher der Neos. Er nimmt an diesem heißen Sommertag mit kurzer Hose am Verhandlungstisch Platz, „wenn man junge Halbrevolutionäre da hat, kann man das schon machen". Auch der Klubchef der Liste Jetzt, Bruno Rossmann, ist gekommen. „Ich finde das ja immer sehr erfrischend, wenn man jungen Leuten gegenübersitzt", sagt Rossmann, „sie waren teilweise halt ein bisserl überoptimistisch in Hinblick darauf, was geht und was gar nicht geht. Aber das ist durchaus gut."

Was zum Beispiel nicht geht: das enorm ehrgeizige Ziel der Fridays, Österreich „bis 2030" klimaneutral zu machen. Die Formulierung wird aufgeweicht und vager. Vieles bleibt aber bestehen. „Ich kann schon sagen, dass ich für meine Fraktion, für die ich als Umweltsprecher drinnen gesessen bin, Dingen zugestimmt hab, wo ich gewusst hab: Hhmmmm, da werde ich in der dafür vorgesehenen Abgeordnetenrunde ganz massiv dafür werben müssen", sagt Bernhard, „weil ich mich selbst von diesem jugendlichen Elan habe anstecken lassen. Neben mir war der Referent schon ein bisschen blass."

Die Fridays gehen mit einem neuen Kompromisstext aus dem Treffen. Jeder große Verhandlungsschritt wird im Wiener Strategiekreis Klimanotstand besprochen und in Videokonferenzen mit Aktivisten der anderen FFF-Regionalgruppen abgestimmt (siehe Seite 197 ff.). Die Verhandlungsdelegation bilden Wiener Fridays und die Salzburger FFF-Gründerin Anika Dafert.

Am 1. Juli 2019 kommt es im Parlament zur letzten Verhandlungsrunde mit den Umweltsprechern von ÖVP, SPÖ und FPÖ. „Dass die Fridays for Future auch mit am Tisch gesessen sind, war eigentlich für den parlamentarischen Prozess außergewöhnlich", sagt Uwe Feichtinger von der SPÖ, „weil die Gesetzestexte werden grundsätzlich ja ohne Dritte fertigverhandelt." Die jungen Aktivisten beschreibt der Sozialdemokrat als „konstruktiv, durchaus fordernd und mit einer wirklichen innerlichen Überzeugung von der Wichtigkeit dessen, was sie tun und wofür sie stehen."

Doch auch in dieser Runde müssen Kompromisse gemacht werden. ÖVP-Umweltsprecher Johannes Schmuckenschlager verhandelt etwa den Begriff „Klimanotstand" aus dem Entwurfstext und ersetzt ihn stattdessen durch „Climate Emergency". „Wir wollten als ÖVP keinen Notstand ausrufen", erklärt Schmuckenschlager, „mit dem Begriff ‚Notstand' muss man höchst sensibel umgehen, das sieht auch unsere Bundesverfassung vor." Schließlich bringen die Umweltsprecher von ÖVP, SPÖ, Neos und Liste Jetzt am 2. Juli 2019 den ausverhandelten Text als Entschließungsantrag ein.

Darin heißt es schließlich, die Regierung solle den „Climate Emergency" erklären und damit den Kampf gegen die Klima- und Umweltkrise als „Aufgabe höchster Priorität" anerkennen. Sie wird aufgefordert, das Land „vor Mitte des Jahrhunderts" klimaneutral zu machen und bei jeder zukünftigen Entscheidung zu berücksichtigen, ob diese das Klima schädige. Die Klimapolitik solle sich am Stand der besten Wissenschaft ausrichten. Außerdem sollen die Österreicher „umfassend und beständig über die Klima- und Umweltkrise" informiert werden und erfahren, was die Regierung dagegen tue. Der nationale Energie- und Klimaplan solle so verbessert werden, dass Österreich seinen „angemessenen Beitrag zur Begrenzung der Erderwärmung auf 1,5 °C" leistet.[124]

Rund 13 Stunden nachdem die Fridays vor dem Parlament „Ruft den Klimanotstand aus!" skandiert haben, kommt ihre Forderung im Parlament schließlich zur Abstimmung. Am 25. September 2019 um 21.22 Uhr beschließen die Abgeordneten von ÖVP, SPÖ, Neos und der Liste Pilz als eine ihrer letzten politischen Taten vor der Wahl die erste Forderung der Fridays.[125] „Der Antrag ist der erste große Erfolg für die österreichische Fridays-for-Future-Bewegung", frohlocken die Wiener Fridays auf Twitter. „Der Antrag zur Ausrufung des Climate Emergency wurde auf Basis der Resolution von Fridays for Future Austria erstellt und mit ALLEN Parlamentsparteien verhandelt."[126]

Dagegen gestimmt hat nur eine Partei: die FPÖ.[127]

Die Gegenbewegung entsteht

Am Tag nachdem der Nationalrat den Climate-Emergency ausgerufen hat, treffen im ORF alle Spitzenkandidaten in der letzten großen TV-Diskussion vor der Wahl aufeinander. FPÖ-Chef Norbert Hofer bezieht dabei zum Climate Emergency Stellung: „Wir haben diesen Beschluss nicht mitgetragen, weil was kommt als Nächstes? Das Klimakriegsrecht oder haben wir dann eine Zöpferldiktatur mit der Frau Thunberg, die dann das Parlament auflöst?"[128]

Klimakriegsrecht? Zöpferldiktatur? Die Drohkulisse, die der neue FPÖ-Chef hier aufbaut, ist bemerkenswert. Denn die Verhandlungen zum Klimanotstand bezeichneten alle Umweltsprecher als konstruktiv. Die FPÖ saß nicht nur mit am Tisch, die entscheidende Runde ging in ihrem Besprechungsraum über die Bühne. Dass die FPÖ als einzige Partei ausschert, war alles andere als klar. Was in diesen Tagen in den Reihen der Freiheitlichen geschah, darüber kann hier nur spekuliert werden – FPÖ-Umweltsprecher Walter Rauch ignorierte mehrere Interviewanfragen für dieses Buch und bezog als einziger Umweltsprecher aller Parteien nicht Stellung. Offenkundig ist jedenfalls, dass die FPÖ in den Monaten zuvor um ihre eigene Position in der Klimapolitik rang. Noch im Juni 2019 hatte FPÖ-Chef Hofer selbst im Wahlkampf per Aussendung den Klimaschutz und den menschengemachten Klimawandel als „die größten Herausforderungen unserer Zeit" bezeichnet und angekündigt, dass sich die FPÖ unter seiner Obmannschaft „intensiv mit diesen Themen auseinandersetzen"[129] würde (siehe Seite 112).

Dabei war Hofer als Person durchaus authentisch. 2007 hatte er als damaliger FPÖ-Umweltsprecher gefordert, die aufrüttelnde Klimaschutz-Doku „Eine unbequeme Wahrheit" des ehemaligen US-Vizepräsidenten Al Gore in allen österreichischen Schulen zu zeigen.[130] Vor seiner Zeit als Verkehrsminister galt Hofer sogar in Umwelt-NGOs als versierter Umweltpolitiker und diesbezüglich als Hoffnungsträger innerhalb der Partei. Jetzt spricht er im Fernsehen – kurz vor der Wahl – plötzlich von „Klimahysterie".[131]

Dieser Schwenk des FPÖ-Chefs zurück auf die alte Linie seines Vorgängers hat wohl auch damit zu tun, dass Fridays for Future nicht nur viele Unterstützer gesammelt, sondern auch eine Gegenbewegung in Schwung gebracht hat. Als Ventil zum Dampfablassen nützen die FFF-Frustrierten die Facebook-Gruppe „Fridays for Hubraum", die wenige Tage vor der Wahl am 22. September 2019 gegründet wird.[132] „Ich hab an dem Tag ein bisschen Facebook durchgescrollt und überall ging es nur noch um Fridays for Future, alles war völlig hysterisch", sagt der deutsche Auto-Tuner Chris Grau, der die Gruppe administriert. „Eigentlich war das ein Spaß, wir haben gesagt, wir machen jetzt 'ne Gruppe, in der kann jeder seine Karre posten."[133] Das Ziel: die 73.046 Facebook-Mitglieder von Fridays for Future Deutschland zu übertrumpfen.[134] Drei Tage später steht Fridays for Hubraum bei rund 400.000 Mitgliedern.[135]

„Da habe ich wohl einen Nerv mit getroffen", sagt Grau.[136] In der Selbstbeschreibung der Facebook-Gruppe heißt es nicht nur, dass es den Klimawandel schon seit Bestehen der Erdgeschichte gibt. Dort wird auch folgende Losung ausgegeben: Man wolle „dem überhandnehmenden Klimawahn mit Spaß entgegentreten". Und: „Seid bitte nett in dieser Gruppe!" Das geht so schief, wie es nur schiefgehen kann. Aufgestauter Hass entlädt sich, statt Spaß setzt es Morddrohungen. Sie richten sich vor allem gegen Greta Thunberg. „Was kostet eigentlich so ein Auftragsmord?", fragt Milon H. unter einem Thunberg-Beitrag. Torben G. antwortet: „ne Granate ins Auto kriegst hier schon für 5000. Sie an ihren Zöpfen aufhängen evtl. für 10.000." Stef I. schreibt: „die CO_2 Schlampe", Claudia W.: „Das passiert, wenn die Eltern Geschwister sind [Tränenlach-Smilies]", Michael K.: „Fuck You Greta", Kai L.: „Kann jemand dieses Stück scheiße bitte endlich erschießen oder den IS dafür bezahlen." Dazu setzt es eine noch derbere Ladung an sexueller Gewalt.[137]

Das Ausmaß des Hasses wird publik. Das hatte der Fridays-for-Hubraum-Chef nicht im Sinn. Grau lässt seine Gruppe sperren, drei Tage lang löschen zwanzig Leute Kommentare. Als geschlossene Facebook-Gruppe wird sie wieder freigeschaltet, ein eigenes Team kümmert sich seither darum, anstößige Beiträge zu entfernen, wer beitreten will, wird überprüft.[138] Trotzdem kommt es regelmäßig zu Verstößen von Gruppenmitgliedern, die Moderatoren haben noch immer alle Hände voll zu tun.[139]

Anfang 2020 zählt Fridays for Hubraum mehr als 560.000 Mitglieder.[140] Zum Vergleich: Österreichs FFF-Gruppen likten zu dem Zeitpunkt rund 15.000 Menschen in Wien,[141] 3000 in Graz,[142] und je 2000 in Linz[143], Innsbruck[144] und Salzburg.[145]

Auch wenn sich Like-Zahlen nicht zwingend vergleichen lassen, zeigt Fridays for Hubraum jedenfalls, wie stark die Klimabewegung polarisiert. Der Hass auf ihre Ikone bricht sich auch anderweitig Bahn. In Rom hängen Unbekannte eine Greta-Puppe an einer Brücke auf,[146] in einem rechtsextremen Webshop kann man die Autoaufkleber „Fuck you Greta" und „Schnüffel an meinem Auspuff Greta" bestellen,[147] die FPÖ-nahe Zeitschrift *Zur Zeit* schimpft auf Facebook über die „psychisch kranke Greta Thunberg", die „schwedische Göre mit dem sauertöpfischen Gesicht" und bezeichnet Fridays for Future als „Klima-Deppen", die gegen „den ominösen Klimawandel" demonstrieren.[148] Woher kommt dieser Hass?

Darauf gibt es zwei große Antworten. Die erste findet sich im hierarchischen Wertegerüst der Rechten. George Lakoff, der als Professor für kognitive Wissenschaft die Rolle der Moral in der Politik erforschte, beschreibt die Moralvorstellung der Konservativen wie folgt: Der Mensch steht über der Natur, der Mann über der Frau, die

Eltern über den Kindern und der Starke über dem Schwachen.[149] Die minderjährige Thunberg, die die Natur schützt und gegen die mächtigen Erwachsenen aufbegehrt, ist für Rechte demzufolge eine Art fleischgewordener Gottseibeiuns. Das Mädchen verstört sie alleine schon dadurch, dass es den Mund aufmacht.

„Die politischen Eliten sind in Wahrheit dank dieser Greta Thunberg zu den größten Masochisten des 21. Jahrhunderts verkommen. Sie lassen sich von einer 16-Jährigen sagen, dass sie die größten Lügner, Betrüger, Heuchler und die erfolglosesten Eliten in der demokratischen Menschheitsgeschichte sind, sitzen in der ersten Reihe und applaudieren ihr", sagt Gerald Grosz. Der ehemalige Freiheitliche und BZÖ-Obmann kommentiert heute als Publizist für das Boulevardblatt *Österreich*, die rechte *Weltwoche* und das noch rechtere Blatt *Alles Roger?* die Tagespolitik. In seinen Videoblogs, die sich massenhaft in rechten Netzwerken verbreiten, bezeichnet er Thunberg unter anderem als „Klima-Gollum", „Göre", „frühdepressive Kinderdarstellerin" und „apokalyptische Reiterin des Weltuntergangs".[150] „Was die Frau Greta Thunberg sagt oder nicht sagt – in ihrer offenbar einstudierten Theatralik – ist für mich nicht maßgeblich. Wenn ich ein kaputtes Auto habe, gehe ich zu einem Automechaniker und lass es nicht von einer 16-Jährigen reparieren", sagt Grosz.

Neben der Wut der Rechten darüber, dass jemand wie Thunberg gehört und ernst genommen wird, gibt es eine zweite große Antwort darauf, warum die Klimabewegung von manchen Gruppen so stark abgelehnt wird: die Forderung der Fridays, die Klimaerwärmung auf 1,5 Grad zu begrenzen. Zwar mahnen sie damit nur ein, worauf sich die Staaten im Pariser Klimavertrag ohnehin schon geeinigt haben, um die schlimmsten Auswirkungen der Klimakrise zu verhindern (siehe Seite 47). Gleichzeitig ist ihre Forderung radikal. Denn die Umsetzung des Pariser Vertrags bedeutet eine fundamentale Wende, die so ziemlich alles betrifft. Langfristig heißt das: anders essen, anders wohnen, anders reisen, anders produzieren, anders kaufen, sich anders bewegen. Anders leben. Um das in plakative Bilder zu fassen: Spinat statt Schnitzel, Öl- und Gasheizung rausreißen, Netflix abdrehen, Auto stehen lassen, kein Thailand-Urlaub mehr.

Umweltschützer überblenden diese riesigen Änderungen gerne mit der Vision einer besseren Welt, in der die Menschen die Ressourcen der Erde schonen, gesünder leben, sauberere Luft atmen, eine grünere Umgebung vorfinden und einem Green Job nachgehen, der gut bezahlt ist. Das Problem ist: Schon heute leben die Österreicher in einer so guten Welt, von der die meisten Menschen vor hundert Jahren nur träumen konnten. Wer am Status quo hängt, muss sich zwangsläufig bedroht fühlen, denn er könnte einiges verlieren. So wie der deutsche Auto-Tuner Grau, der beruflich Verbrennungsmotoren aufmotzt und sich mit seiner Facebook-Gruppe Fridays for Hubraum gegen die Forderungen der Klimaschützer wehrt.

Damit handelt er sehr menschlich. Denn psychologische Studien zeigen: Die Angst, etwas zu verlieren, wiegt schwerer als die Hoffnung, etwas zu gewinnen. Mit anderen Worten: Wer hundert Euro gewinnt, freut sich sehr. Aber wer hundert Euro verliert, ärgert sich extrem. Die Psychologie nennt dieses Phänomen „Verlustaversion", sie gilt als einer der Gründe, warum sich Menschen wirtschaftlich unvernünftig verhalten. Der Psychologe und Wirtschaftsnobelpreisträger Daniel Kahneman beschreibt sie als „starke konservative Kraft", die „evolutionsgeschichtlich bedingt" sei. „Lebewesen, die Bedrohungen vordringlicher behandeln als Chancen, haben höhere Überlebens- und Fortpflanzungschancen."[151]

Die Verlustaversion führt dazu, dass viele Reformen scheitern. „Reformpläne, so, wie sie ursprünglich ausgearbeitet wurden, produzieren fast immer viele Gewinner und einige Verlierer, während sie insgesamt eine Verbesserung erzielen", erklärt Kahneman. „Wenn die von den Maßnahmen Betroffenen politischen Einfluss besitzen, werden die potenziellen Verlierer allerdings aktiver und entschlossener sein als die potenziellen Gewinner; das Ergebnis wird daher zu ihren Gunsten verzerrt und zwangsläufig kostspieliger und weniger effektiv als ursprünglich geplant sein."[152]

Kahnemans Analyse lässt sich direkt auf die Klimapolitik übertragen. Zwar rast die Welt laut wissenschaftlichen Vorhersagen gerade auf eine enorm teure Katastrophe zu (siehe Seite 52 und Seite 218). Wird allerdings der Pariser Klimavertrag eingehalten, der genau das verhindern soll, wäre es wiederum für einige Mächtige ein finanzielles Desaster. Deshalb machen sie ihren Einfluss geltend, etwa der Autozulieferer Magna. Als die türkis-grüne Regierung angelobt wurde, drohte der Magna-Europachef Günter Apfalter noch am selben

Tag damit, seinen Standort in der Steiermark nach Slowenien zu verlagern, sollte die Regierung CO_2-Steuern einführen.[153] Noch mehr als die Autoindustrie fürchten sich die einflussreichen Kohle-, Öl- und Gaskonzerne vor der Umsetzung des Pariser Klimavertrags. Im Sommer 2019 bezeichnete der Generalsekretär der Erdöl-Organisation OPEC die Klimademonstrationen als „vielleicht größte Bedrohung" für die Zukunft der Ölindustrie.[154]

Dass sich nicht allzu viel am aktuellen Zustand ändert, lassen sich die Öl- und Gasunternehmen überwältigende Summen kosten. Die großen fünf fossilen Konzerne BP, Chevron, ExxonMobil, Shell und Total haben zwischen 2010 und 2018 mindestens 250 Millionen Euro für Lobbying in Brüssel ausgegeben. Seit 2014 haben sie und ihre Lobbyisten dafür 327 Treffen mit hochrangigen Vertretern der Europäischen Kommission abgehalten, also mehr als eines jede Woche. Das zeigt eine Recherche mehrerer Umweltorganisationen, die im Oktober 2019 erschienen ist: Die Öl- und Gaskonzerne hätten es geschafft, wirksame Klimaschutzpolitik erfolgreich zu verwässern, zu schwächen, zu verzögern und zu sabotieren.[155]

Der Einfluss der fossilen Industrie auf die EU-Politik mag bedeutend sein, aber im Verhältnis zu anderen Mächten ist er noch moderat. In den USA investiert sie Millionen Dollar, damit Donald Trump US-Präsident bleibt.[156] Er hat sein Wahlkampfversprechen bereits eingelöst, und den Pariser Vertrag zum erstmöglichen Termin aufgekündigt.[157] „So lächerlich. Greta muss an ihrem Wut-Problem arbeiten.", schrieb US-Präsident Trump, nachdem das *Time Magazin* nicht ihn, sondern Thunberg zur Person des Jahres gekürt hatte.[158] Auf dem Weltwirtschaftsforum in Davos im Jänner 2020 erklärte er, man müsse die „ewigen Untergangspropheten zurückweisen", diese „Panikmacher" würden immer das Gleiche fordern: „Absolute Macht, um jeden Aspekt unseres Lebens zu beherrschen, zu verändern und zu kontrollieren. Wir werden niemals zulassen, dass radikale Sozialisten unsere Wirtschaft zerstören, unser Land vernichten oder unsere Freiheit auslöschen."[159]

Im EU-Parlament sind vor allem die rechtspopulistischen Parteien auf Trumps Linie: Die FPÖ, die italienische Lega Nord und die deutsche AfD stimmten stets im Sinne der fossilen Industrie und gegen wirksame Klimaschutzpolitik. Das Recherchenetzwerk Europe's Far

Right dokumentiert, wie sich diese Parteien mit der Klimaleugner-lobby vernetzen, die von Ölmagnaten finanziert werden. Ein Beispiel: Michael Limburg ist Mitarbeiter eines AfD-Bundestagsabgeordneten und vertritt zugleich den deutschen Klimawandelleugner-Verein Eike als Vizepräsident. Dieser Verein wird vom amerikanischen Heartland Institute unterstützt, dem wahrscheinlich wichtigsten Klimaleugner-Institut, das unter anderem von der fossilen Industrie finanziert wird.[160]

Michael Limburg gehört auch zu den schärfsten Kritikerin Thunbergs. „Ich denke, das ist ein Missbrauch eines kranken Kindes, wie er schlimmer nicht sein kann. Ich finde die Eltern unverantwortlich, die gehören meines Erachtens nach ins Gefängnis, dass sie mit ihrem Kind so umgehen", sagt der Eike-Vizepräsident über die junge Schwedin. „Das ist eine Schande für diese Gesellschaft."[161] Ins selbe Horn stößt der russische Präsident Wladimir Putin, der den milliardenschweren russischen Gas- und Ölkonzern Gazprom dazu nützt, um seine Macht zu zementieren.[162] Auf einem russischen Energieforum erklärte Putin, er „teile den Jubel über Greta Thunberg nicht" und meinte, es sei „bedauerlich, wenn jemand Kinder und Jugendliche in seinem Interesse nutzt".[163]

Damit befeuern Putin und Limburg eine Erzählung, die aufseiten der Fridays-Gegner immer wiederkehrt: Thunberg sei eine fremdgesteuerte Marionette und nicht fähig, selbst zu denken. „Die dahinterstehende Strategie liegt auf der Hand: Anstatt sich mit den Inhalten von Greta Thunbergs Rede wie auch mit dem Anliegen der Jugendproteste auseinanderzusetzen, wird deren Glaubwürdigkeit radikal infrage gestellt", analysiert der Politikwissenschaftler Albrecht von Lucke.[164]

Die vermutlich am weitesten verbreitete Geschichte, die Thunbergs Glaubwürdigkeit untergraben soll, ist jene, dass sie eine Erfindung eines PR-Agenten ist. Diese Erzählung geht zurück auf einen Facebook-Beitrag[165] des Wirtschaftsjournalisten Andreas Henriksson. Er hat viele Jahre über die schwedische PR-Branche berichtet und postete, Thunbergs Schulstreik sei eine „PR-Kampagne" für das neue Buch von Gretas berühmter Mutter. Dahinter stehe ein PR-Manager, der im Umweltschutz aktiv ist: Ingmar Rentzhog.[166] Der Journalist führte zwar keine Belege für seine Behauptung an, erklärte aber in seinem Facebook-Posting: „Ich erkenne eine PR-Kampagne, wenn ich eine sehe."[167] In Henrikssons Geschichte sind folgende Punkte völlig unbestritten. Erstens: Nachdem sich Greta vor das Parlament gesetzt hatte, rief PR-Manager Rentzhog als einer der Ersten dazu auf, ihren Protest zu unterstützen.[168] Zweitens, der gut vernetzte Rentzhog war zumindest flüchtig mit Thunbergs Mutter bekannt, der berühmten schwedischen Opernsängerin Malena Ernman.[169] Drittens, die Familienbiografie der Thunbergs, „Szenen aus dem Herzen", erschien im August 2018. Also genau in jenem Monat, als Gretas Schulstreik begann und Rentzhog sie öffentlich unterstützt hat.[170] In diesem Buch geht es ausgerechnet auch darum, wie Gretas Kampf gegen die Klimakrise die Familie verändert hat.

„Das waren schon merkwürdige Zufälle", sagt Journalist Henriksson.[171] Das Schweizer Magazin *Weltwoche*, das der rechte SVP-Politiker Roger Köppel als Chefredakteur leitet, griff Henrikssons Vermutungen auf, und machte daraus den Artikel: „Wir basteln uns eine Klima-Ikone".[172] Seither geistert die Geschichte im deutschsprachigen Raum herum. Sie hat nur einen Haken: Sie lässt sich nicht beweisen. Und es gibt erdrückende Gegenargumente, dass Henriksson sich geirrt hat.

Erstens, das Buch hätte laut Thunberg schon im Mai 2018 erscheinen sollen. Weil es aber einen Streit mit dem Verlag gab, wechselte die Familie zu einem anderen Verlag – der Termin musste verschoben werden.[173] Den Schulstreik plante sie nicht wegen des Buchs, sondern wegen der bevorstehenden schwedischen Parlamentswahl (siehe Seite 20). Dass der Erscheinungstermin des Buchs mit ihrem Protest zusammenfiel, war demnach Zufall.

Zweitens, der Gewinn aus dem Buch, für das die ganze PR-Aktion angeblich gut gewesen sein soll, geht nicht an die Familie Thunberg, sondern an mehrere karitative Einrichtungen und Umweltschutzorganisationen.[174] So steht es auf Seite acht im Vorwort, offensichtlich hat Henriksson das Buch nicht gelesen.[175]

Drittens, nicht Rentzhog machte den Protest öffentlich, sondern Thunberg selbst. Sie postete darüber sofort in den sozialen Netzwerken (siehe Seite 21). Sie hatte aus dem Streik auch im Vorfeld kein Geheimnis gemacht,[176] es ging ihr ja genau darum, die größtmögliche Aufmerksamkeit zu erzeugen. Rentzhog hat von Thunbergs Protest nach eigenen Angaben aus einem Mailing eines Umweltaktivisten erfahren, der darüber informierte, dass es eine Aktion vor dem Parlament geben werde.[177] Der PR-Manager sei selbst überrascht gewesen, dass sich die Kundgebung auf ein einzelnes 15-jähriges Mädchen beschränkt habe.

Sowohl der deutsche *Spiegel* als auch die investigative Rechercheplattform Correctiv gingen dem Gerücht auf den Grund, das der schwedische Journalist Henriksson mit seinem Facebookposting in die Welt gesetzt hatte. Beide Medien fanden keine Belege für seine Vermutungen.[178] Das Einzige, was laut einer Recherche der schwedischen Zeitung Svenska Dagbladet in puncto Geschäftemacherei zu stimmen scheint: PR-Manager Rentzhog hat die schnell wachsende Bekanntheit der jungen Klimaaktivistin geschickt dazu genutzt, um damit sein eigenes Umwelt-Start-up in einem Anlegerprospekt zu bewerben.[179] Dies geschah allerdings ohne das Wissen Thunbergs und ihrer Familie.[180]

Dass Thunbergs Klimastreik eine Erfindung des PR-Managers sei, dementieren nicht nur Thunberg[181] und Rentzhog[182], sondern mittlerweile auch Henriksson selbst, der die ganze Sache ins Rollen gebracht hat. „Sie ist kein PR-Produkt", sagt der schwedische Wirtschaftsjournalist. „Rechte Aktivisten haben meine Recherche für ihre Zwecke missbraucht. Für ihre Hetz-Kampagne gegen Greta, ihre Mutter und gegen ihrer Meinung nach manipulierte linke Aktivisten."[183] Der Vorwurf der fremdgesteuerten Thunberg hält sich trotzdem hartnäckig. Sie reiht sich ein in eine Serie von Falschmeldungen, die die Bewegung diskreditieren soll. Eine davon erlebt die Innsbrucker FFF-Gruppe hautnah mit. Nach ihrer Demo veröffentlicht ein Mann, den die Fridays dem rechten Rand zuordnen, ein Posting auf Facebook, das sich viral verbreitet. Es ist ein Foto einer vermüllten Straße samt übervollem Mistkübel, dazu der Satz: „Die Klimaretter gestern in Innsbruck 😒 😒 😤 😫 ".[184]

Die Fridays sehen das Posting und stutzen. Da passt einiges nicht zusammen. Erstens achten sie penibel darauf, dass kein Müll liegenbleibt. Zweitens schaut der Mistkübel auf dem Foto anders aus als jene in Innsbruck. Drittens kennen sie das Lokal nicht, das auf dem Bild zu sehen ist. Deshalb googeln sie dessen Namen. Es befindet sich in Neapel. Die Falschnachricht sei auf Facebook tausendfach geteilt worden, erzählt Karin Seidner von den Innsbucker Fridays, „und unser Post mit der Richtigstellung hat – wenn überhaupt – 20 Shares gehabt."

Kaum jemand kennt sich in Österreich besser mit Falschmeldungen aus als der Verein Mimikama, der Verein zur Aufklärung über Internetmissbrauch. Die Mimikama-Fake-News-Jäger überprüfen dubiose Nachrichten, die ihnen gemeldet werden. „Wenn gerade ein Thema im Mittelpunkt der Medien steht, können wir beobachten, dass oftmals irgendwelche verschwörungsartigen Theorien aufgestellt werden", erklärt Mimikama-Sprecher Andre Wolf, „es wird eine Gegenöffentlichkeit aufgebaut, es werden Falschmeldungen hineingestreut. Und generell Desinformation betrieben, um von einem Thema abzulenken."

Folgende Meldungen entlarvten er und sein Team als falsch: Nein, der Nobelpreisträger Svante Arrhenius ist nicht Thunbergs Urgroßvater (siehe Seite 38), nein, er hat nicht den Klimawandel erfunden und nein, Gretas Familie will nun nicht aus dem Profit schlagen, was der vermeintliche Uropa vermeintlich schuf. Nein, Thunberg hat nicht gesagt, Bauern sollen Bußgelder zahlen, wenn sie demonstrieren. Nein, Innsbruck war nach der FFF-Demo nicht vermüllt. Und nein, Thunberg wirbt nicht für die rechtspopulistische AfD.[185] Es gab Zeiten, da wurden Mimikama vor allem bösartige Gerüchte über Flüchtlinge gemeldet. Das änderte sich 2019. „Fridays for Future war tatsächlich Hauptthema im Sommer und frühen Herbst", erzählt Wolf, „der absolute Höhepunkt der ganzen Geschichte war, als Greta Thunberg mit dem Schiff über den Atlantik gesegelt ist."

Kaum etwas bringt der Klimaaktivistin mehr Häme in den sozialen Netzwerken ein als ihr Segeltörn (siehe Seite 30). Die deutsche Zeitung *Taz* hatte berichtet, ihre Reise mit dem Boot sei klimaschädlicher, als wenn Thunberg das Flugzeug genommen hätte. Denn einige Crewmitglieder müssten nun extra in die USA fliegen, um das Boot nach Europa zurückzubringen – „mindestens sechs Flüge" würden anfallen. Zwar erklärte die Crew, Thunberg habe mit ihrer Entscheidung nichts zu tun, außerdem seien es nur vier Flüge.[186] Aber die Klimaaktivistin stand plötzlich als Klimasünderin da.

Thunberg kann es kaum richtig machen. Selbst als sie Anfang 2019 zweieinhalb Tage mit dem Zug zum Weltwirtschaftsforum nach Davos fuhr, statt wie die meisten anderen Besucher mit dem Flieger anzureisen, wurde sie mit Spott übergossen. Sie hatte ein Foto aus dem Zug gepostet, das sie beim Essen zeigte; es gab Toast, Salat und Bananen.[187] Grund für die Kritik: Das Toastbrot und der Salat waren in Plastik verpackt.[188]

Nicht nur Thunberg scheitert an den Erwartungen der Gegner, auch die Innsbrucker FFF-Aktivistin Seidner muss sich viel anhören. „Wir haben auf der Demo vier Plastikmüllsäcke dabeigehabt, und ein Plastikabsperrband", erzählt Seidner. „Da kommen Leute her und sagen: Ihr seid ja selbst nicht besser! Schaut, ihr nehmt auch Plastik." Man habe mit dieser Kritik zwar schon im Vorfeld gerechnet, „aber dass wir die Säcke danach ausleeren und wiederverwenden und auch das Plastikband wieder zusammenrollen und fürs nächste Mal hernehmen, das interessiert natürlich niemanden."

Selbst diese Reaktion der Gegner ist nur allzu menschlich. Denn der Homo sapiens glaubt, was er glauben will. Blicken wir dazu wieder kurz in die Welt der Psychologie. Dort gibt es neben dem Begriff der „Verlustaversion" auch den Begriff des „motivierten Denkens" (engl.: *motivated reasoning*). Wozu das führt, haben Versuchsteilnehmer in einem Experiment vorgezeigt. Sie bekamen eine Studie vorgelegt, die erfunden war und andeutete, dass starker Kaffeekonsum mit Brustkrebs zusammenhänge. Männer glaubten der Studie, Frauen, die kaum Kaffee tranken ebenso. Aber die starken Kaffeetrinkerinnen unter den Teilnehmern durchsuchten die Studie nach Fehlern, bis sie Ungereimtheiten fanden. „Wenn wir etwas glauben wollen, fragen wir uns: ‚Kann ich es glauben?'", schreibt der Moralpsychologe Jonathan Haidt. „Dann suchen wir nach unterstützenden Beweisen, und wenn wir auch nur einen einzigen Pseudobeweis finden, können wir aufhören zu denken. Wir haben jetzt die Erlaubnis zu glauben. Wir haben eine Rechtfertigung, falls jemand fragt."[189]

Ein Absperrband auf der Demo, ein in Plastik gepacktes Toastbrot reichen also, um die Klimabewegung als Heuchler zu enttarnen. Wem das gelungen ist, der kann ihre Argumente beiseiteschieben und weitermachen wie bisher. So macht es etwa auch eine 28-Jährige, die angesichts der Klimaproteste um ihr Auto bangt, in das sie viel Zeit und Liebe gesteckt hat. In der ORF-Dokumentation „Die Feinde der Greta Thunberg" erklärt sie, warum sie Thunberg nicht glaubt. „Auch ihre Familie selber ist nicht einmal fähig, dass sie umweltfreundlich lebt. Die Schwester posiert auf Facebook mit Nike-Markenklamotten", erzählt die Autoliebhaberin. „Wenn ich umweltbewusst lebe, dann schau ich, dass ich regional – irgendwo vom Bauern, der vielleicht wirklich noch selber die Schafwolle herstellt – ein Gewand nehme. Und nicht irgendwo von Asien, weil Nike draufsteht. Und das Zeug ist ja nicht einmal billig."[190]

Die Glaubwürdigkeit der Klimabewegung untergraben, genau darauf setzt seit Anfang 2020 auch FPÖ-Chef Norbert Hofer. Beim Neujahrstreffen seiner Partei in der Messehalle Oberwart widmete er den Fridays das Finale seiner einstündigen Rede. „Liebe Schülerinnen und Schüler, verzichtets auf das Handy aus China, machts keine Flugreisen mit den Eltern, fahrts nicht auf Kunstschnee Ski", richtet Hofer den jungen Klimaaktivisten aus, „und verwendets nicht das Internet!"[191]

Hatte Hofer im September 2019 in der Debatte vor der Wahl nur Thunberg angegriffen, aber gleichzeitig erklärt, er finde es „bemerkenswert und auch wichtig", dass junge Menschen auf die Straße gingen,[192] so dreht der neue FPÖ-Chef drei Monate später auf vollen Konfrontationskurs. „Wir werden der Gegenpol zu dieser Zöpferlkoalition sein", poltert er über die neue türkis-grüne Regierung, „und auch hier ein offenes Wort zu den Freitagsdemonstrationen: Liebe Lehrer, liebe Direktoren: Am Freitag ist Unterricht! Und demonstrieren zu gehen heißt Schule zu schwänzen." Frenetischer Applaus brandet auf, Bravorufe erschallen, begeisterte Pfiffe gellen durch die Messehalle von Oberwart.[193]

Die Fridays-Bewegung hat nun einen politischen Gegner.

WER SIND
DIE FRIDAYS?

Everywhere we go –
people want to know –
who we are –
and what we do –
so we tell them –
we are the people –
who save the climate –
save, save the climate

Jugend in Zeiten der Klimakrise

Wer sind die jungen Menschen von heute? Weil eine Antwort in Österreich schwer zu bekommen ist,[1] schauen wir nach Deutschland, wo alljährlich die Shell-Studie erscheint. Sie ist die wohl wichtigste Jugendstudie im deutschsprachigen Raum und gibt auch im Protestjahr 2019 einen Einblick in die Seele der Zwölf- bis 25-Jährigen. Die Studie trägt den Titel „Eine Generation meldet sich zu Wort", sie macht deutlich, dass Jugendliche eine „überaus positive" Beziehung zu ihren Eltern haben und dass Whatsapp für sie zum zentralen Kommunikationsnetzwerk geworden ist. 96 von hundert nützen soziale Medien mindestens einmal täglich.

Was die Studie, die von einem der größten Öl- und Gaskonzerne der Welt finanziert wird, noch zeigt: die Angst der Jugend. Vor nichts fürchten sich junge Menschen mehr als vor Umweltverschmutzung, Terroranschlägen und dem Klimawandel. „Die gegenwärtige junge Generation formuliert wieder nachdrücklicher eigene Ansprüche hinsichtlich der Gestaltung der Zukunft unserer Gesellschaft und fordert, dass bereits heute die dafür erforderlichen Weichenstellungen vorgenommen werden", schreiben die Studienautoren, „als zukunftsrelevante Themen haben vor allem Umweltschutz und Klimawandel erheblich an Bedeutung gewonnen. Sie stehen im Mittelpunkt der Forderung nach mehr Mitsprache und der Handlungsaufforderung an Politik und Gesellschaft."

Weil die Shell-Studie seit 1953 erscheint, lassen sich auch Langzeittrends erkennen. Zwei Werte haben seit dem Beginn der 2000er-Jahre stärker an Bedeutung gewonnen als alle anderen: Umweltbewusstsein und politisches Engagement. Vor allem junge Frauen haben diese Trends verstärkt. Sie ordnen die Bedeutung des eigenen politischen Engagements mittlerweile gleich hoch ein, wie es junge Männer tun, und sind deutlich umweltbewusster als diese. Ebenfalls auffällig:

Umweltbewusstes Verhalten ist unter Jugendlichen aus oberen und mittleren sozialen Schichten zentral, jenen aus den unteren hingegen deutlich weniger wichtig. Insgesamt ist den Jugendlichen der Schutz der Umwelt inzwischen sogar wichtiger als der eigene hohe Lebensstandard.[2]

Die großen Linien, die in der Shell-Studie sichtbar werden, lassen sich auch auf Österreich übertragen. So belegt die Wahlbefragung zur EU-Wahl, dass Umwelt- und Klimaschutz Österreichs jüngste Wählerschicht mittlerweile am meisten berührt (siehe Seite 103). Und auch zum politischen Engagement gibt es eine Parallele. Eine Umfrage des Sozialforschungsinstituts Sora namens „Demokratiemonitor" verdeutlicht, wie stark die Jungen hierzulande bereits Mitbestimmung gewohnt sind. Ihr zufolge hat es einen Demokratisierungsschub in der Zweiten Republik gegeben, der im Schulsystem begründet liegt. Im Gegensatz zu den Schülern der Nachkriegsgeneration können die Schüler heute sehr viel in der Schule selbst mitbestimmen. „Es ist eine Generation, die mehr als andere gewohnt ist, mitzureden und mitzuentscheiden", sagt Sora-Chef Hofinger über die heutige Generation, „die Geister der Partizipation, die die Eltern und das Schulsystem gerufen haben, wird die Elterngeneration jetzt wohl nicht mehr los."

Der Prototyp der Protestierenden

Nach Gesprächen mit mehr als zwanzig österreichischen Fridays-for-Future-Aktivisten für dieses Buch lässt sich ein grobes Porträt eines typischen Vertreters der Bewegung zeichnen: unter 25 Jahre alt, gescheit, engagiert, isst kein Fleisch, reist mit dem Zug, hat ein kaputtes Handydisplay und heißt Lena.

Ein genaueres Bild liefert eine große europäische Studie von Sozialwissenschaftlern, die den Schulstreik auf der ersten weltweiten

Demo in neun Ländern[3] vermaßen. Die erste Erkenntnis ist zunächst nicht weiter überraschend: Die Protestbewegung ist – so wie auch viele andere – vor allem eine der gut Gebildeten. Sieben von zehn Schülern auf den untersuchten Demos waren Akademikerkinder. Die meisten Erwachsenen auf dem ersten globalen Klimastreik hatten bereits einen Uni-Abschluss oder studierten. Die Bildungsschicht war in den Protesten damit stark überrepräsentiert.[4] Was die Forscher aber viel überraschender fanden, waren zwei weitere Merkmale, die diese Bewegung auszeichnen und im Vergleich zu anderen Demos außergewöhnlich sind.

Erstens, die internationalen Fridays-for-Future-Proteste wurden vor allem von Frauen getragen.

Die Studienautoren mutmaßen, das habe auch damit zu tun hat, dass junge Frauen an der Spitze der Bewegung stehen.[5] Neben der alles überstrahlenden Greta Thunberg waren gerade auch in der Anfangsphase die bekanntesten Gesichter der Bewegung Luisa Neubauer in Deutschland und Katharina Rogenhofer in Österreich. Außerdem sei mit dem Protest das Thema Fürsorglichkeit eng verknüpft, dieses spreche eher Mädchen als Burschen an, erklärt Protestforscherin Antje Daniel vom Institut für internationale Entwicklung an der Universität Wien. Die Botschaft der Bewegung motiviere darüber hinaus auch junge Mütter. „Es geht um die gespürte Angst, seinen eigenen Kindern ein Leben nicht mehr ermöglichen zu können", sagt Protestforscherin Daniel.

Das zweite Merkmal der Fridays-for-Future-Proteste: Die Demonstrierenden waren im Verhältnis zu anderen Protestbewegungen extrem jung:[6] Von allen Altersgruppen waren die unter Zwanzigjährigen auf den Demos am stärksten vertreten. Der Altersdurchschnitt aller Demonstrierenden auf allen international untersuchten Demos lag bei 21 Jahren.[7] „Wir haben es eindeutig mit einer globalen Jugendbewegung zu tun, die es in der Form noch nicht gegeben hat", sagt Protestforscherin Antje Daniel.

Fridays for Future eröffnet den Wissenschaftlern damit ein fruchtbares Forschungsfeld. Denn allein die Tatsache, dass sehr junge Menschen die Bewegung antreiben, führt zu weiteren Besonderheiten. Im Gegensatz zu anderen Protesten waren die Teilnehmer des ersten globalen Klimastreiks kaum politisch aktiv gewesen und

Demo-unerfahren. Das macht folgender Vergleich deutlich: Für fast vier von zehn Klimastreikenden war die Demo am 15. März 2019 die erste ihres Lebens. Das ist ein enorm hoher Wert. Zum Vergleich: Im Durchschnitt beträgt das Verhältnis zwischen Demo-Erfahrenen und Demo-Jungfrauen neun zu eins.

Schließlich prägte die junge Protestschar auch die Art, wie die Menschen auf die Straße gebracht wurden. Es gab keine Organisation, die die Leute generalstabsmäßig zu den Demos karrte. Im Gegenteil: Der Protest breitete sich wie ein Lauffeuer von unten aus. Schüler wurden häufig von Freunden oder Schulkollegen persönlich dazu motiviert, auf die Demo zu gehen. Und viele jener Schüler, die gefragt wurden, fragten wiederum selbst im Freundeskreis weiter. „Wenn Freunde ankündigen, auf die Demo zu gehen, und dich einladen mitzukommen, schafft das ein strukturelles Umfeld, in dem sozialer Druck erfolgreich eingesetzt wird", erklären die Autoren der internationalen Studie.[8] Damit wurden Schüler selbst zum wichtigsten Werbemedium: Mehr als die Hälfte aller Schüler erfuhr über persönliche Kontakte vom globalen Streik. Ein Drittel über soziale Medien. Die Rolle der klassischen Medien wie Fernsehen und Zeitungen? Sie war für die Schüler nahezu unbedeutend.[9]

Soweit das internationale Bild der Bewegung. Und wie sieht es in Österreich aus? Auch darauf hat die internationale Studie eine Antwort, denn ein Forscherteam begleitete auch die Demonstration am 15. März 2019 in Wien. Die Wiener Szene wirkt wie ein Abbild des großen Ganzen, nur in dezenteren Farben gemalt. Auch in Wien gab es am 15. März 2019 viele Demo-Jungfrauen, wenn auch weniger als im internationalen Durchschnitt. Auch in Wien waren die Proteste weiblich[10] und jung[11], aber nicht ganz so weiblich[12] und nicht ganz so jung. Mit durchschnittlich 28 Jahren waren die Wiener um sieben Jahre älter als die Demonstrierenden im internationalen Schnitt.[13] „In Wien kann man sehen, dass viel mehr Studierende demonstrierten", erklärt Protestforscherin Daniel, „das geht auch auf die Entstehung der Bewegung zurück."

Das Bild des jungen, weiblichen Protests verfestigt sich in einer zweiten Untersuchung, in der Daniel mit ihrer Kollegin Anna Deutschmann und einem Studierendenteam ein halbes Jahr später den Streik im September 2019 unter die Lupe nahm. Dabei fragten sie die Demo-Besucher auch nach ihrer sozialen Herkunft. Fast drei von fünf Befragten rechneten sich selbst der oberen Mittelschicht zu, nur jeder vierte der unteren Mittelschicht. „Diese Daten zeigen deutlich, dass wir es mit Schüler*innen und Studierenden zu tun haben, die aus einem bürgerlichen Haushalt kommen", analysieren die Protestforscherinnen. „Obwohl die FFF-Bewegung versucht, vermehrt alle gesellschaftlichen Schichten zu erreichen, spiegelt sich dieses Engagement noch nicht in den Daten der Befragung wider."

Die Untersuchung des September-Streiks widerlegt außerdem den Generationenkonflikt, der die Fridays-for-Future-Bewegung in der öffentlichen Wahrnehmung begleitet. So fühlten sich die meisten Demonstrierenden von ihren Eltern im Protest unterstützt. Ihren Gegner sahen sie ganz woanders als zuhause sitzen: Zwei von drei Demonstrierenden gingen beim Streik im September 2019 auf die Straße, um Politiker unter Druck zu setzen und dadurch etwas zu verändern. Weniger trieben sie dabei Gefühle von Machtlosigkeit, Angst und Hoffnungslosigkeit an. Vielmehr fühlten sich die meisten Demonstranten angesichts der Klimakrise besorgt, beunruhigt, frustriert und wütend.[14]

7 Grundsätze, 103 Worte

Wer die Fridays in Österreich sind, haben die Protestforscher beantwortet. Es gibt aber noch eine zweite Antwort auf die Wer-Frage, die Aktivisten haben sie sich mühsam selbst erarbeitet.

Ein kurzer Rückblick: Der erste weltweite Klimastreik Mitte März 2019 war nicht nur der erste spürbare Herzschlag der österreichischen Bewegung, er war auch der entscheidende Impuls, stärker zusammenzuarbeiten. Das hat auch mit einer Portion Frust zu tun. Nur drei Tage nach dem großen globalen Protest kommt es zu den ersten offiziellen Treffen mit der österreichischen Spitzenpolitik. Die Einladung erhalten die Wiener Aktivisten, ihre Gruppe ist nicht nur die älteste und größte, sondern vor allem auch die nächstgelegene für die Bundespolitik.

Die österreichweite Vernetzung von Fridays for Future ist noch dürftig, die Zeit knapp. Also führen die Wiener die Gespräche mit dem Bundespräsidenten, dem Bildungsminister und der Umweltministerin im Alleingang. Zwar organisiert Max Fuchslueger, der in der Wiener Gruppe für die Vernetzung zuständig ist, noch am Abend vor den Politikertreffen die erste bundesweite Videokonferenz, an der Aktivisten aus vier weiteren Regionalgruppen teilnehmen.[15] Aber die Aktivisten aus den anderen Bundesländern, die sich wochenlang für die Demonstration in ihren eigenen Städten ins Zeug gelegt haben, bleiben bei den Gesprächen mit den Spitzenpolitikern außen vor. Sie sind verstimmt.

„Die Treffen am Montag nach dem 15. März haben uns sehr überrumpelt. Der Streik war vorbei, wir haben uns am Samstag und Sonntag getroffen, um die Gespräche mit den Politikern vorzubereiten", sagt Fuchslueger, „da war kein Raum für andere Regionalgruppen." Es ist ja alles wahnsinnig schnell gegangen. In den Wochen vor dem 15. März 2019 hatten die Klimaaktivisten keine Zeit, um sich über das große Ganze Gedanken zu machen. Sie mussten zuerst einmal ihrer eigenen Regionalgruppe gründen, aufbauen und den großen Streiktag organisieren. Die Bewegung ist an ihre Grenzen gestoßen. Innerhalb von nicht einmal drei Monaten ist sie aus dem Nichts entstanden und zum politischen Player in Österreich geworden. Das bedeutet auch: Man muss schnell Entscheidungen treffen. Aber wer trifft sie? Wer darf sprechen? Wer legt die Positionen der Bewegung fest? Das sind ebenso wichtige wie ungeklärte Fragen. Schließlich gibt es keine Hierarchie, keine österreichweite Struktur. Es gibt nur eine Webseite und eine landesweite Whatsapp-Gruppe.

Der Unmut in den anderen Regionalgruppen gegenüber der Hauptstadt wächst. Denn auch die großen Medien des Landes sitzen in Wien und wenden sich an die Wiener. Vier Wochen nach dem globalen Streik wird Fridays for Future vom Fernsehsender Puls4 im April 2019 mit dem „4Gamechangers of the Year" ausgezeichnet. Arabella Kiesbauer moderiert die große Show in der Marx-Halle Wien, Bundeskanzler Sebastian Kurz ist da, Bundespräsident Alexander Van der Bellen überreicht den Preis.[16] Wieder stehen die Wiener Aktivisten im Rampenlicht. Sie geben den Preis auf offener Bühne an den Bundespräsidenten zurück.

„Das haben wir in der WG so abgestimmt", sagt Nikolai Ritter, einer der zentralen Aktivisten in Wien, mit WG meint er die Wohnung der

Aktivistin Katharina Schneider, in der sich die Wiener Kerngruppe regelmäßig zur Besprechung trifft. „Wir hatten das Gefühl, wir lassen uns sonst kaufen, weil der Preis von der OMV, der Erste Bank und A1 gesponsert wurde", sagt Ritter. Die Wiener erklären ihren Standpunkt für die Rückgabe offiziell so: „Wir als Jugend sind nicht in der Position, um die entscheidenden Veränderungen zu bewirken. Ihr in den Konzernen, ihr die gerade an den politischen Hebeln sitzt – ihr seid die, die tatsächlich etwas verändern können. Es liegt nun an euch zu handeln."[17]

Es ist gerade das passiert, was seit Jahrzehnten und Jahrhunderten immer wieder passiert ist: Die Hauptstadt hat entschieden, die Länder fühlen sich übergangen. Selbst in einer so jungen, modernen Bewegung wie Fridays for Future scheinen sich binnen weniger Monate die alten Muster politischer Macht zu verfestigen.

In den Bundesländern brodelt es. „Es ist vielen Gruppen so vorgekommen, als ob Wien alles entscheiden würde", sagt Ida Berschl, die Gründerin von Fridays for Future Linz, „aber in Wien waren auch die meisten Leute, sie haben sich am besten ausgekannt und allen geholfen. Das Problem war ihnen auch selbst bewusst."

Das Problem soll gelöst werden, darin sind sich alle Fridays einig. Schon bei der ersten Videokonferenz steht der Punkt auf der Agenda: „Österreich Treffen nach Schweizer Vorbild".[18] Die Aktivisten, die sich meist nur über das Smartphone kennen, wollen sich persönlich treffen und miteinander klären, wer sie eigentlich sind und wie sie künftig zusammenarbeiten wollen. Die Salzburger übernehmen die Organisation des ersten Treffens.

„Mit rd. 50.000 Teilnehmer*innen an Demonstrationen & Kundgebungen in fast allen Bundesländern haben wir gezeigt, dass diese Bewegung nun auch in Österreich angekommen ist. Doch uns ist bewusst, dass dies erst der Anfang sein kann", steht in der Einladung von Fridays for Future Salzburg auf Facebook. „Damit dieser Erfolg und unser Einsatz auch weiterhin wirksam ist, müssen wir zu einer breiten & großen Bewegung werden. Dies kann uns nur gelingen, wenn wir uns österreichweit organisieren."

Am 12. April 2019 findet im Gemeindesaal der evangelischen Christuskirche in der Salzburger Innenstadt das erste Vernetzungstreffen der österreichweiten Fridays-for-Future-Bewegung statt. Aus ganz Österreich reisen Aktivisten mit Zügen an. Erster großer Programmpunkt: Fortbildung. Die beiden Scientists for Future, Christian Zeller und Stefan Kienberger von der Universität Salzburg, halten Vorträge über den Klimawandel. Den dritten Vortrag hält eine Aktivistin von System Change, not Climate Change. Die kapitalismuskritische Klimabewegung wurde durch Demonstrationen gegen den Bau der dritten Piste am Wiener Flughafen bekannt. Via Videoschaltung gibt die Aktivistin ihre Erfahrungen im Klimaprotest weiter. Danach: Diskussion und gemeinsames Abendessen, vegan.

Am 13. April geht es am gegenüberliegenden Ufer der Salzach ans Eingemachte. Der Grundstein für Fridays for Future Österreich wird im Salzburger Jugendzentrum YoCo gelegt. Auf der Agenda steht: „Organisatorische Strukturen: wie können wir zu einer österreichweit starken & großen Bewegung werden, die selbstorganisiert & demokratisch agiert?"[19]

Schon in den Tagen vor dem Treffen haben Salzburger Aktivisten einen Erstentwurf der Grundsätze für die Bewegung ausgearbeitet. Wie entsteht so etwas? „Wir haben einfach überlegt, was ist uns wichtig an Fridays for Future", sagt Gloria Berghäuser, eine der Salzburger Aktivistinnen. Zwischen fünf und zehn Leute – darunter auch erwachsene Aktivisten – brainstormen, formulieren aus und stimmen die Vorlage im kleinen Kreis ab.

Im Jugendzentrum YoCo legen sie das Papier schließlich den anderen Aktivisten vor. Es hat nur wenige Worte, aber die werden stundenlang verhandelt. „Wir sind den ganzen Tag an diesen Grundsätzen gehangen. Teilweise haben sich die Leute an einem Wort aufgehängt. Wir wollten alles im Konsens bestimmen", sagt Berghäuser. „Es waren wirklich Minisachen. Das war zach." Ein Beispiel: Der Begriff „friedliche Bewegung" ist manchen zu christlich. Ein neues Wort wird gesucht, das jedem passt. Schließlich einigt man sich irgendwann auf „gewaltfreie Bewegung".

Es ist eine schwere Geburt. Schlussendlich haben sich rund siebzig Aktivisten aller vertretenen Regionalgruppen die Frage nach dem „Wer sind wir?" selbst beantwortet. Mit den folgenden Grundsätzen haben sie ein österreichweites Fundament geformt, auf das alle Ortsgruppen aufbauen:[20]

1. Wir sind eine von der Jugend ausgehende Bewegung, die alle Menschen anspricht und zusammenbringt.

2. Unser Ziel ist die Einhaltung des 1,5°C-Ziels des Pariser Klimaabkommens und globale Klimagerechtigkeit.

3. Wir verstehen uns als selbstorganisiert und parteiunabhängig. Alle Menschen, die mit unseren Zielen und Forderungen übereinstimmen, haben in unserer Bewegung Platz.

4. Lokal geben wir uns die Form, die jeweils den örtlichen Gegebenheiten entspricht.

5. Wichtig ist uns, dass wir auf allen Ebenen (lokal – national) in demokratischen, grundsätzlich transparenten und offenen Strukturen arbeiten.

6. Wir lassen uns nicht von Organisationen und Parteien vereinnahmen.

7. Wir sind eine gewaltfreie Bewegung, kooperieren mit der Polizei und leisten keinen Widerstand gegen diese.[21]

Sieben Grundsätze, 103 Worte. Gloria Berghäuser sagt: „Es gab einen Riesenapplaus, als es fertig war."

Die europäische Familie

Haben sich Österreichs Fridays im April 2019 gefunden, so sucht sich die europäische Bewegung zu diesem Zeitpunkt noch. Die Vernetzung der verschiedenen Länder läuft hingegen längst. Bereits am 28. Dezember 2018 wurde die Whatsapp-Gruppe Fridays for Future International gegründet, die Aktivisten aus der ganzen Welt zusammenbringt (siehe Seite 76). Einige Wochen vor dem ersten weltweiten Klimastreik im März 2019 laufen die ersten internationalen Videokonferenzen mit österreichischer Beteiligung (siehe Seite 196).

Das erste internationale Treffen der Bewegung findet allerdings erst auf Einladung von drei Fraktionen des Europäischen Parlaments wenige Tage vor dem ersten globalen Streik Mitte März 2019 statt. Sozialdemokraten, Grüne und Linke (GUE/NGL)[22] haben sechzig Jugendliche aus zwanzig Nationen ins EU-Parlament nach Straßburg eingeladen. Die Aktivisten sprechen dort nicht nur vor den Abgeordneten dieser Fraktionen, sie begegnen einander erstmals persönlich, tauschen sich aus und halten am Ende auch eine gemeinsame Pressekonferenz ab.[23]

Knapp fünf Monate später kommen schließlich Aktivisten aus 38 Ländern im schweizerischen Lausanne zusammen,[24] darunter auch Greta Thunberg, die mit ihrem Streik fast genau ein Jahr zuvor die Bewegung begründet hat. Das Treffen findet zwischen 5. und 9. August 2019 statt und läuft unter dem Titel „Smile" (Summer Meeting in Lausanne Europe) und zielt nach zwei weltweiten Großdemonstrationen darauf ab, „das europäische Netzwerk der jungen Klimastreik-Bewegung auch durch persönliche Kontakte unter den Teilnehmenden über Landesgrenzen hinweg zu stärken".[25]

„Lausanne war absurd, weil 400 Menschen dort waren", sagt Max Fuchslueger aus Wien. „Wir haben in einer Kaserne auf dünnen Matratzen geschlafen", erzählt Thomas Eitzenberger aus Graz. „In Lausanne habe ich viele supercoole Leute getroffen, unter anderen die Greta Thunberg", sagt Anika Dafert aus Salzburg, „ich habe wirklich mit ihr gemeinsam Sachen ausgearbeitet."

Es ist eine bunte Truppe, die in dieser Woche die Universität von Lausanne bevölkert. Barfüßige Teenager mit Rasta-Frisuren treffen auf Anzug tragende Mittzwanziger. Die Arbeitssprache ist Englisch. Ist das ein Problem für die jungen Klimaaktivisten? „Ich hab ein relativ gutes Englisch, weil ich Netflix schaue", sagt die 17-jährige Dafert, „wenn ich fernschaue, dann nur auf Englisch, weil mich die Synchronstimmen nerven."

Für den Fall, dass jemand die Sprache nicht ausreichend beherrscht, haben die Smile-Organisatoren vorgesorgt. Sie verwenden dazu nonverbale Handsignale. Wer etwas nicht versteht, formt mit Daumen und Zeigefingern ein L – das steht für „language problem". Dann wird das Gesagte erklärt. Wer mit der Hand ein C formt, fordert „clarification", also eine Klarstellung zu einem spezifischen Begriff. Dieses Handzeichen wird in großen Gruppen eingesetzt. In dem Fall kommt jemand vorbei, der gut mit diesem Begriff vertraut ist, und erklärt ihn.

Alle Aktivisten sind gleichberechtigt, aber alle Kameras sind wieder auf Greta gerichtet, auch wenn die Smile-Organisatoren betonen, dass die Schwedin nicht im Mittelpunkt stehen soll.[26] Denn für die Aktivisten geht es in Lausanne nicht um Greta, sondern ums große Ganze: Sie sollen sich nicht nur austauschen und beraten, sondern auch über die Zukunft der Bewegung nachdenken. Da steht unter anderem die Planung der „Week for Future and Climate" während des UN-Klimagipfels Ende September 2019 an. Aber vor allem sind da die grundsätzlichen Fragen: Was sind die Werte, Ziele und Forderung von Fridays for Future?[27] All das will die europäische Fridays-for-Future-Familie gemeinsam in Konferenzen, Workshops und Diskussionen erarbeiten. Dafür gibt es veganes Essen, eine große Demo und danach Party. Für manchen klingt das nach Ferienspaß, aber es wird hart zur Sache gehen. Bei Smile werden Tränen fließen.

An den Workshops liegt das nicht. Das Themenprogramm ist bunt und bietet für jeden etwas: CO_2-Steuern, flache Hierarchien, die Rettung der Bienen, ziviler Ungehorsam, ein Kochworkshop, Social Media und Kommunikation, Extinction Rebellion, Klimagerechtigkeitsspiele, der neue Bericht des Weltklimarats, Anarchie als alternatives System, Schwimmen im Genfer See.[28]

Die Emotionen kochen hoch, als es um die großen Fragen geht. Im Vorfeld haben einige Aktivisten in mühevoller Arbeit politische Forderungen ausgearbeitet, aber die zuständige Arbeitsgruppe spaltet sich auf und kommt zu keiner Entscheidung.

Die einen wollen sehr viele konkrete Forderungen an die Politik richten, die anderen nur ganz wenige allgemeine. Als die eine Fraktion ihre detaillierten Forderungen vorstellen will, will die andere sie daran hindern. Es kommt zum Eklat. Dreißig Aktivisten verlassen den Saal, darunter auch Thunberg.[29] Das Schweizer Boulevardblatt *Blick*, das vor Ort über die Veranstaltung berichtet, schreibt vom „Riesen-Zoff unter den Greta-Jüngern"[30], von „Heulkrämpfen und teils heftigen Streitereien".

Die Stimmung bleibt angespannt. Als sie zwei Tage später wieder zu kippen droht, meldet sich Thunberg aus einer der hinteren Reihen zu Wort. Sie schlägt vor, die Medien des Saals zu verweisen, „weil sie es sonst darstellen, als hätten wir Streit". Die Mehrheit folgt ihrem Vorschlag, die Journalisten müssen raus. Diese dürfen zwar nach wenigen Minuten wieder in den Saal hinein, aber die nächste *Blick*-Schlagzeile folgt: „Greta lässt Journalisten aus dem Saal werfen".[31] Sie wird auch vom österreichischen Boulevard aufgegriffen. „Chaos bei Klima-Kids: Greta Thunberg lässt Journalisten aus Saal schmeißen", titelt *Österreich*.[32] Die *Kronen Zeitung* berichtet: „Der mehrtägige Gipfel wurde von Negativ-Schlagzeilen und Streitereien überschattet, für die laut Thunberg die Journalisten verantwortlich seien."[33]

Am Ende der hitzigen Augustwoche haben die Aktivisten trotz dicker Luft ein neunseitiges Papier erarbeitet: die Deklaration von Lausanne. „Die Heilungsarbeit wurde in Lausanne selbst geleistet", erzählt Eitzenberger. Die Smile-Verantwortlichen räumen viel Zeit dafür ein, damit sich jeder wieder wohlfühlt. Wem es emotional schlecht geht, der formt mit seinen Händen ein Dach über dem Kopf. „Sobald jemand das Dach gezeigt hat, waren 400 Leute still. Dann haben Leute vom Care-Team mit ihm geredet, das hat zehn bis 15 Minuten gedauert. Sie haben dann Bonding gemacht, mit Vertrauens- und Berührungsübungen."

„In fünf Tagen internationalen Austauschs in Lausanne haben wir festgestellt, dass wir Unterschiede haben", heißt es einleitend in der Deklaration von Lausanne. „Es gibt Menschen auf dieser Welt, die versuchen werden, dies zu nutzen, um uns auseinanderzutreiben. Deshalb haben wir beschlossen, ihnen zu zeigen, dass unsere gemeinsame Vision stärker ist." Die 400 Klimaaktivisten haben sich schließlich auf einen Wertekatalog und folgende drei Forderungen geeinigt:

1. Begrenzt die globale Erwärmung gemessen am vorindustriellen Niveau auf unter 1,5 Grad!

2. Stellt Klimagerechtigkeit sicher!

3. Hört auf die beste, gesicherte Wissenschaft, die es derzeit gibt!

Doch anders als die österreichischen Grundsätze, ist keine FFF-Gruppe an die Deklaration von Lausanne gebunden. Die Aktivisten empfehlen lediglich den „autonomen und selbstverwalteten" Gruppen, die darin erarbeiteten Werte und Prinzipien anzupassen und zu besprechen.[34]

„Lausanne war emotional: Wut, Trauer, Weinen, Freude", fasst Eitzenberger das Treffen zusammen. „Und vor allem viel gemeinsames Singen und Chanten."

Von der Arbeit, sich selbst zu finden

Dienstagabend, 10. September 2019, einen Monat nach dem Lausanne-Treffen. Die Wiener Fridays haben im SocialWorkHub nahe dem Wiener Franz-Josefs-Bahnhof Unterschlupf gefunden, sie können dort ihre regelmäßigen Treffen abhalten. Neun junge Männer, sieben junge Frauen sitzen nun in einem fensterlosen Meetingraum, grauer Teppichboden, rote Bürostühle, weiße Tafel, an der blauen Wand hinten hängen schräge Fotos mit Zitaten: „Erfahrung ist fast immer eine Parodie auf die Idee."

Die Aktivisten im Raum vertreten verschiedene Arbeits- und Strategiekreise, beim heutigen Koordinatorentreff stimmen sie sich miteinander ab. Auf den Laptops kleben „Fridays for Future"-Pickerl. Was sie besprechen wollen, haben sie in ein Google-Doc geschrieben, es ist ein bunter Strauß an Themen: die Farbe des Social-Media-Logos; die Aktualisierung der Webseite; die Vorverlegung des kommenden Treffens vor dem großen Streik, weil der ORF um 16 Uhr die Besprechung filmen will; das Aussehen der Ansteckbuttons; eine Einladung der Grünen Jugend zu einer Podiumsdiskussion; eine Umfrage, die den Aktivisten einen Überblick darüber verschaffen soll, wer sich für Fridays for Future engagiert, um noch gezielter Menschen ansprechen zu können.

Das Meeting beginnt, erste Frage: Wer führt das Protokoll? Am besten jemand mit Laptop. Ein junger Mann meldet sich freiwillig. Derjenige, der das Protokoll führt, schreibt mit und leitet sanft die Diskussion, aber eigentlich gibt es keinen Moderator. Damit die Aktivisten in der Gruppe möglichst effizient diskutieren, greifen sie wie in Lausanne auf eine spezielle Körpersprache zurück.

Wer reden möchte, zeigt mit einem Finger auf, wer sich danach meldet, mit zwei Fingern, der dritte Redner hebt drei. So entsteht für jeden sichtbar die Reihenfolge der Sprecher, mit der jeder den Überblick behalten kann: Ist der erste Redner dran, nimmt er die Hand herunter und die Redner hinter ihm strecken jeweils einen Finger weniger in die Höhe. Will man schnell auf eine Aussage reagieren, gibt es den „direct response" und wird vorgereiht. Dazu deutet man mit seinen Zeigefingern schnell und abwechselnd auf den Redner und sich selbst. Wer einem Redner zustimmt, klatscht nicht, sondern applaudiert still, indem er die Unterarme hebt und die geöffneten Hände hin und her dreht. So wird der Redner nicht unterbrochen und kann während des stillen Applauses weiterreden.

Neben den vielen kleinen Punkten auf der Tagesordnung gibt es an diesem Abend zwei ganz große Themen.

Erstens, der Punkt „Whatsapp-freie Koordination": Der Messengerdienst Whatsapp, der einst ein Segen für Fridays for Future war und die Bewegung massiv vorangetrieben hat, entpuppt sich immer mehr als Fluch. Jene Aktivisten, bei denen die Fäden zusammenlaufen, haben zig Fridays-for-Future-Gruppen parallel laufen. Diese fluten das Smartphone derart, dass private Chats regelmäßig untergehen. Ständig piepst, leuchtet und vibriert es in der Hosentasche, ständig schreibt irgendjemand irgendetwas. Das heißt: ständig in Alarmbereitschaft sein, nie abschalten können.

Das Privatleben leidet nicht nur darunter, es macht die Aktivisten halb wahnsinnig. Manche von ihnen haben die Alternative namens Slack schon im Probebetrieb. Zum eigenen Seelenheil versuchen sie, auch die anderen in der Bewegung zum Umsteigen auf diesen Messengerdienst zu bringen, weil sich damit alles übersichtlicher organisieren und Privatleben und Aktivismus wieder besser voneinander trennen lasse. Ihr Plädoyer klingt für die anderen wie eine Verheißung: weniger Gepiepse, mehr Ruhe, ein besseres Leben.

Der zweite große Punkt auf der Agenda ist noch grundlegender: Das Selbstverständnis der Wiener Gruppe. Es gibt bisher nur einen Entwurf, Fridays-Mitbegründer Philipp Wilfinger hat ihn irgendwann einmal im Frühjahr verfasst. „Im Prinzip sind es einfach ein paar Sätze, die ich so schnell, schnell hingeschrieben hab, weil es voll stressig war und niemand anderer es gemacht hat", erklärt Wilfinger der Gruppe. Die Sätze sitzen noch nicht richtig, ein paar Dinge sind mittlerweile überholt, Wilfinger selbst ist unzufrieden. Es wurde noch nie über den Entwurf abgestimmt, alle Versuche, das Papier zu überarbeiten, wurden aufgeschoben oder scheiterten.

Nun drängt die Zeit. Denn in wenigen Tagen findet die „Week for Future" statt, der große Klimastreik, die Nationalratswahl. Sollte es auf den Demos – Gott behüte! – zu irgendwelchen Ausschreitungen kommen, dann will man auf das Selbstverständnis verweisen und sich so glaubhaft von Zwischenfällen distanzieren können. Das Selbstverständnis ist für die Aktivisten also nicht nur ein Dokument zur Selbstfindung. Es ist auch eine Art Absicherung. Die anwesenden Vertreter der Arbeits- und Strategiekreise wollen das Selbstverständnis heute beim Koordinatorentreff überarbeiten und so vorbereiten, dass alle Wiener Aktivisten beim nächsten großen Treffen darüber abstimmen können.

Die Fridays arbeiten nicht auf Papier, stattdessen zücken sie ihre Smartphones und klappen ihre Laptops hoch. „Ich hab alles in die Whatsapp-Koordinatorengruppe geschickt. Einmal das Selbstverständnis als Powerpoint", sagt Wilfinger den anderen Aktivisten, „und dann nochmal die Deklaration von Lausanne, weil da auch einige ziemlich coole Punkte drinnen sind, wo wir was übernehmen könnten."

Die Arbeit an der Wiener Selbstfindung beginnt. Man kann sich das ein bisschen so vorstellen wie die Zubereitung eines Wiener Schnitzels: Behutsam werden Sätze weichgeklopft, einzelne Worte immer wieder hin und her gewendet. Es dauert eine halbe Ewigkeit, bis alles durch ist.

Da ist beispielsweise der zweite Punkt im Entwurfspapier. Er klingt verdammt sperrig und ist vollgepfropft mit Fremdwörtern:[35] „Wir verstehen uns als eine politische Druckbewegung, nicht als Kompromissbewegung und platzieren uns so klar außerhalb der institutionellen Realpolitik. Wir akzeptieren, dass Akteure der institutionellen Politik unsere Forderungen und unsere Richtung teilen." Es entspinnt sich folgende Diskussion.[36]

***

1. Aktivist: Da haben wir dazugeschrieben: „Redundant, dieser zweite Satz." Also: „dass Akteure der institutionellen Politik unsere Forderungen und unsere Richtung teilen". Irgendwie war da die Meinung, dass man das nicht extra erwähnen muss, weil eh kloar.

2. Aktivistin: Ich weiß nicht, wie relevant das ist, aber das war der Punkt, den viele Schüler und Schülerinnen nicht verstanden haben. Ich würde es auch nicht verstehen. Ich glaube, dass für viele „institutionelle Realpolitik" nicht ganz logisch ist und für Verwirrung sorgen könnte.

1. Aktivist: Die Frage ist, ob das überhaupt nötig ist. Dieser ganze zweite Punkt.

3. Aktivistin: Ich finde ihn schon cool.

1. Aktivist: Ich mag ihn auch gern. Aber Leute verstehen ihn nicht. Wenn du „institutionelle Realpolitik" sagst, musst du erklären, was das ist.

4. Aktivist: Was ist die „institutionelle Realpolitik"?

2. Aktivistin: Vielleicht nur den ersten Satz stehen lassen. Also ohne „institutionelle Realpolitik", also nur: „Wir verstehen uns als politische Druckbewegung, nicht als Kompromissbewegung."

5. Aktivistin: Ich wollte nur sagen, dass im Plenum aufgekommen ist, dass wir diese komplizierteren Formulierungen nehmen sollen, aber dass drunter erklären sollen. Ich weiß nicht, wie sinnvoll das ist.

4. Aktivist: Ich finde das nicht gut. Ich finde: Das Wording so einfach wie möglich. Weil wir wollen nicht so großkopfert sein, es sollte einfach jeder verstehen, was wir sind und was wir wollen.

2. Aktivistin: Ich glaube, es reichen auch konkrete, kurze Formulierungen. Nicht so viel.

3. Aktivistin: Ich würde das, was du gesagt hast, sogar schon vor dem „und" weggeben.

1. Aktivist: Also nur: „Wir verstehen uns als eine politische Druckbewegung, nicht als Kompromissbewegung."

6. Aktivist: Ich war noch nicht dabei, aber ich wollte sagen: Bei dem Punkt ist im letzten Plenum in der Alten WU die Diskussion darüber abgebrochen worden. Weil es viel zu sehr eskaliert ist. Wir sollten für jeden einzelnen Punkt vielleicht in ein oder zwei Sätzen zusammenfassen, was wir damit meinen, was das Ziel dieses Punktes ist, und dann vielleicht einen oder zwei Vorschläge machen, über den man abstimmen kann. Aber wichtig ist, dass wir pro Punkt wirklich eine Erklärung haben, was wir damit bezwecken wollen. Weil beim letzten Mal wurde über jeden Punkt und jedes Komma diskutiert, und die Schülerinnen und Schüler kamen vorne und hinten nicht mehr mit. Und das ist echt blöd.

1. Aktivist: Was wir jetzt grade besprochen haben, ist, dass wir eher nicht so lange Erklärungstexte machen, sondern die Formulierung generell so machen, dass sie alle Leute verstehen. Dass wir nicht den Erklärungstext zum Erklärungstext zum Erklärungstext haben.

7. Aktivist: Ich glaub der Vorschlag ist eher so in die Richtung gegangen, was wir jetzt auch bei den Forderungen auf nationaler Ebene haben. Ich glaub, ein kurzer Erklärungstext zu den Forderungen kann ziemlich cool sein. Dass wir die einzelnen Punkte als Selbstverständnis haben, und dann aber noch extra vielleicht kurz überlegen, was wir damit bezwecken wollen mit dem Punkt und das auch schriftlich festhalten.

4. Aktivist: Aber wenn nicht klar ist, was wir mit dem Punkt sagen wollen, dann würde ich ihn komplett umbauen, weil dann hat's wenig Sinn.

1. Aktivist: Ich seh's auch so. Schauts euch die österreichweiten Grundsätze an, das sind halt sieben Sätze: Die sagen: „Wir lassen uns nicht von Organisationen und Parteien vereinnahmen." Zack! Das ist nicht mehr als das und da checkt jeder, worum's geht. Die Frage ist, ob das mit der Kompromissbewegung überhaupt notwendig ist.

***

Soweit ein kurzer Auszug aus der Diskussion. Sie wird noch lange dauern. Und sie wird zu einem Ergebnis führen. Wenige Tage später beschließen die Wiener Fridays ihr Selbstverständnis, Punkt 3 lautet am Ende wie folgt: „Wir sind eine politische, überparteiliche Druckbewegung. Unsere Forderungen richten sich vorrangig an Politik und Wirtschaft, nicht an Einzelpersonen."[37]

Was die Fridays wollen

16. September 2019, vier Tage vor der „Week for Future", noch zwei Wochen bis zur Nationalratswahl. Gerade haben siebzig Fridays beim österreichischen Treffen in Graz die nationalen Forderungen beschlossen. Eine österreichische Delegation steht nun vor der Erzherzog-Karl-Reiterstatue am Wiener Heldenplatz, dort, wo vor neun Monaten alles begonnen hat.

Dafür, dass die Bewegung die Klimakrise gerade zum politisch wichtigsten Wahlkampfthema gemacht hat, sind überraschend wenige Medien vor Ort. Bevor die Aktivisten vor die Journalisten treten, umarmen sie sich in der Gruppe wie ein Fußballteam vor Matchbeginn. „What do we want?", ertönt es aus ihrer Mitte. „Climate Justice!"

Dann stellen sie sich kameragerecht auf, drei junge Frauen, drei junge Männer, die Hälfte Schüler, die andere Hälfte Studenten, sie kommen aus Ried, Salzburg, Graz und Wien. Jeder von ihnen hält ein großes Schild aus recyceltem Karton in den Händen, darauf je eine Forderung.

„Biodiversität schützen und fördern" steht auf jenem von Ronja Dummann, 16 Jahre alt. Sie engagiert sich seit April 2019 für Fridays for Future. Gemeinsam mit ihrer Freundin Dora Zeiko hat Ronja die Regionalgruppe Ried zunächst als Zwei-Mädchen-Protestbewegung aufgebaut.[38]„Ich verbringe seitdem sehr viel Zeit für unsere Aktionen. Doch das mache ich gerne, denn es ist mir wichtig, mich für meine Ziele und für unsere Zukunft einzusetzen", sagt Ronja. „Die Klimakrise wird zukünftig eine der Hauptursachen für das Verschwinden von Arten sein. Dieser Verlust an Biodiversität hat katastrophale Auswirkungen auf unser Ökosystem und gefährdet dadurch auch die menschliche Lebensgrundlage."

Ganz links steht Gloria Berghäuser, 17 Jahre alt, eine der wichtigsten Stützen der Salzburger Bewegung. Jeden Freitag streikt die Schülerin fürs Klima, seit über dreißig Wochen. „Ich möchte, dass die Klimakrise endlich als solche anerkannt wird", sagt Gloria, in ihren Händen den Karton „Klimanotstand: Maßnahmen umsetzen". „Wir müssen der Wahrheit ins Auge blicken und den Ernst der Lage anerkennen."

Neben der Salzburgerin hält der Grazer Lorenz Pfalzer sein Schild hoch: „Klimaschutz in die Verfassung". Er ist 16 Jahre alt und arbeitet im Kernteam der Grazer Bewegung. Lorenz fordert den Ausstieg aus Kohle, Öl und Gas bis 2030. „Unsere Zukunft muss bei allen Gesetzen und Verordnungen bedacht werden", sagt Pfalzer.

Die sechs Punkte der Fridays reichen von klassisch bis radikal. Ihre Forderung nach einer „ökosozialen Steuerreform" ist älter als die Klimaaktivisten selbst. Ein „Stopp fossiler Großprojekte" – gemeint sind Bauvorhaben wie die dritte Piste des Wiener Flughafens, die Waldviertel-Autobahn und die S18 Schnellstraße am Bodensee – klingt radikal, ist aber mit politischem Mut und Willen wohl machbar. Den Ausstoß der Treibhausgase binnen fünf Jahren zu halbieren und binnen zehn Jahren zu beenden gehört hingegen mehr in die Kategorie Wunschtraum als in die Kategorie Forderung. Zum Vergleich: Wenn Österreich den ehrgeizigen Klimaplan der Scientists for Future verwirklicht, wäre das Land ab 2045 klimaneutral. Damit würde es zu den Musterschülern innerhalb der EU zählen.[39]

Klimaforscherin Helga Kromp-Kolb, eine der Hauptautorinnen des Plans der Scientists, springt den jungen Aktivisten dennoch zur Seite. „Es ist völlig legitim und nicht gegen wissenschaftliche Erkenntnisse, wenn man eine raschere Reduktion fordert als ‚die Wissenschaft'", sagt Kromp-Kolb. Schließlich stießen auch jene Modellrechnungen an Grenzen, auf denen der Klimaplan der Scientists beruht. „Diese Modelle lassen keine Disruptionen zu", sagt Kromp-Kolb, „also sie berücksichtigen keine ungewöhnlichen Ereignisse – wie etwa Flugscham."

DAS NETZWERK DER FRIDAYS

Leute lasst das Gaffen sein –
reiht euch in die Demo ein!

Natürliche Verbündete

Die Fridays haben drei große Stärken: Sie haben eine emotionale Botschaft. Sie sind viele. Und sie sind glaubwürdig.

Das macht die Bewegung attraktiv. Die Versuche, sie zu vereinnahmen, sind mannigfaltig. Es gibt die Linken, die ihre roten Fahnen schwingen und die Klimademos zum antikapitalistischen Protest umdeuten wollen. Es gibt die ÖVP-Umweltministerin, die der Bewegung nach dem ersten großen Streik im März 2019 öffentlich für das Engagement dankt und beteuert, sie kämpfe mit ihnen Seite an Seite.[1] Es gibt die Grünen, die vor der Nationalratswahl im September 2019 den Weg zur Demo auf dem Heldenplatz mit selbstbemalten Plakaten in Fridays-Optik zupflastern, um Wähler zu gewinnen.

Die Glaubwürdigkeit, die sich die Aktivisten durch zahllose unbezahlte Stunden im Dienste des Klimaschutzes erarbeitet haben, ist ihr Trumpf. Sie sichert ihnen Sympathien und politisches Gewicht. Gleichzeitig sind die Aktivisten in einer heiklen Lage. Denn sie haben kaum Mittel und sind auf Unterstützung angewiesen. Das beginnt damit, dass sie einen Raum brauchen, in dem sie Pläne schmieden können. Und es endet damit, dass sie mit Menschen und Organisationen zusammenarbeiten, die Technik zur Verfügung stellen oder viele Leute auf die Straße bringen können. Gleichzeitig soll niemand an ihrem Image der Unabhängigkeit kratzen und ihre Glaubwürdigkeit beschädigen.

Die Fridays achten deshalb penibel darauf, nicht als Werbemittel oder als ideologische Plattform missbraucht zu werden. Denn wer als Bewegung zu links, zu liberal, zu konservativ ist, schreckt andere potenzielle Unterstützer ab. Im ersten Grundsatz beschreibt sich Fridays for Future als Bewegung, „die alle Menschen anspricht und zusammenbringt", im zweiten formuliert sie das unideologische, übergeordnete Ziel, die Klimakrise zu stoppen. Beide Grundsätze sichern der Bewegung größtmögliche Breite.

Wie die Fridays-for-Future-Bewegung mit ihren Unterstützern umgeht, haben die Aktivisten in zwei weiteren Grundsätzen geregelt. Nummer drei besagt: „Wir verstehen uns als selbstorganisiert und parteiunabhängig. Alle Menschen, die mit unseren Zielen und Forderungen übereinstimmen, haben in unserer Bewegung Platz." Der sechste Grundsatz wiederum stellt klar: „Wir lassen uns nicht von Organisationen und Parteien vereinnahmen."[2]

Verschiedene Regionalgruppen legen den letzten Grundsatz unterschiedlich aus, die Innsbrucker Fridays gelten etwa als strenger, die Salzburger als lockerer. Die schärfste Auslegung heißt „Onesided-support-Prinzip", das bedeutet, dass jeder die Fridays unterstützen kann, sie selbst aber gar niemanden unterstützen dürfen. Die unterschiedliche Auslegung der Regionalgruppen hat zu Reibereien geführt.

Bestes Beispiel: die Klimaklage von Greenpeace. Auf Initiative der Umwelt-NGO zogen im Jahr 2019 mehrere Personen vor den Verfassungsgerichtshof, weil sie in Österreichs Klimapolitik einen Mitverursacher der Klimakrise sehen und sich durch diese in ihren Grundrechten auf Leben, Gesundheit und Eigentum bedroht fühlen. Das Ziel der Klage: klimaschädliche Gesetze abschaffen. Neben dem österreichischen Greenpeace-Geschäftsführer Alexander Egit, TV-Promi Chris Lohner und dem Biobauern Gerhard Zoubek klagte auch die Wiener Fridays-Aktivistin Veronika Winter als Privatperson. Weil Greenpeace die Klimaklage mit ihrem Logo bewarb und auch Winter als „Aktivistin bei Fridays for Future"[3] vorstellte, wurde Winter intern von manchem Mitstreiter gerügt: Die Fridays-Aktivistin mache mit der Aktion ja Werbung für Greenpeace.

Winter betont, die Aktion sei österreichweit abgestimmt gewesen. „Man ist halt immer sehr kritisch, weil wir grundsätzlich nach dem

One-sided-support-Prinzip agieren und keine anderen Organisationen unterstützen", sagt Winter. „Deswegen fragt man da immer ganz genau nach, wie die Rolle von Fridays for Future ist."

***

7. November 2019, die Nacht hat sich über die Nordkette gelegt, an der Universität Innsbruck unten im Tal brennt noch Licht. Im Sozialraum des Instituts für Atmosphären- und Kryosphärenwissenschaften sitzen elf Fridays um einen Tisch herum. Es ist 21.30 Uhr, sie sind beim letzten Tagesordnungspunkt angekommen. Thema: Was muss man tun, um als unabhängig zu gelten?

Die Diskussion ist erhellend, es werden alle Grauschattierungen dieser Frage sichtbar. Wie verhält man sich etwa gegenüber Umwelt-NGOs, die spendenfinanziert sind? Was macht man mit Organisationen, die auf den Demos ihre eigenen Sprüche rufen? Sollen die Pfadfinder in ihren Uniformen kommen dürfen? Kann man das schon als Vereinnahmung werten oder könnte das nicht auch andere Pfadfindergruppen dazu motivieren, beim nächsten Mal ebenfalls mitzustreiken?

Eine besonders delikate Frage: Wie geht man in Zukunft mit dem FC Wacker um? Der Fußballverein hat sich beim großen Earthstrike mit Fridays for Future solidarisiert, zahlreiche Funktionäre und Spieler kamen zur Demo.[4] Das ist ja ganz toll, aber gleichzeitig prangen auf den Trikots der Spieler die Logos der Sponsoren. Soll man die Spieler also bitten, ohne Dressen zu kommen? Und wenn man ihnen verbietet, die Sponsoren zu zeigen, was macht man mit dem Otto-Normalverbraucher-Demonstranten, der sich am Tag des Klimastreiks zufällig den Pullover mit einem Adidas-Logo übergestreift hat? Seien wir uns ehrlich: Sieht man heutzutage nicht fast auf jedem Pullover ein Logo?

Die Diskussion ist ebenso lebhaft wie lang, irgendwann wird ein Wecker gestellt, noch fünf Minuten Diskussion. Am Ende kommt man überein: Auf der Demo selbst könnte man den Leuten ja ohnehin nicht mehr vorschreiben, wie sie sich anzuziehen haben. Es gehe eher darum, eine Sprachregelung zu finden für jene Gruppen, die im Vorfeld nachfragen. Man einigt sich sinngemäß auf folgende Antwort: „Zieh an, was du willst, solange du keine Werbung machst!" Das ist im

Wesentlichen genau jene Antwort, die die Innsbrucker Fridays auch vor der langen Diskussion schon verwendet haben. Eine Aktivistin freut sich: „Das ist gut, weil dann haben wir's richtig gemacht."

***

Die Zahl der Fridays-Unterstützer ist kaum zu beziffern, sie reicht von Einzelpersonen, die mit Rat und Tat aushelfen, über Gemeinden, die den Fridays Herberge und Räume zur Verfügung stellen, bis hin zu Spendern, dank derer die Fridays die Bühnentechnik auf Demos bezahlen können.

Wie auch in Deutschland[5] haben auch in Österreich etablierte Umweltschutzorganisationen den Fridays unter die Arme gegriffen, sie geben etwa ihre Expertise weiter und nützen ihre Kanäle, um die Klimademos zu bewerben. „Sie sind unsere natürlichen Verbündeten", erklärt Johannes Wahlmüller, Klimasprecher der Umwelt-NGO Global2000. „Wir stimmen uns regelmäßig ab und bieten weitere Unterstützung", erzählt Adam Pawloff, Klimasprecher von Greenpeace, „das sind unterschiedliche Sachen: Wir stellen ihnen zum Beispiel unser Lager und unsere Werkstatt zur Verfügung, damit sie Banner für Demonstrationen vorbereiten können, und haben für ihre Sprecher und Sprecherinnen Medientrainings veranstaltet."

Die Umwelt-NGOs halten sich auf den Klimastreiks strikt an die Regel, auf eigene Logos und Symbole zu verzichten. „Wir sind sehr erpicht darauf, dass es eine ganz klare Trennlinie gibt. Eine Vereinnahmung würde bedeuten, dass wir unsere Vorschläge, Ziele und Maßnahmen als die der Jugendlichen ausgeben", sagt Global2000-Klimasprecher Wahlmüller. „Würde das passieren, würde langfristig die Glaubwürdigkeit von Fridays for Future darunter leiden und es würden vielleicht weniger Leute demonstrieren, weil sie das Gefühl hätten: ‚Da geh ich nicht für etwas demonstrieren, wofür ich stehe, sondern wofür ein anderer steht.' Das sollte nicht passieren."

Zur Vorbereitung des Earth Strike am 27. September 2019 schlossen sich die Fridays mit anderen Umweltaktivisten und -organisationen zur Plattform Klimaprotest[6] zusammen, um die größte Klimademonstration in der österreichischen Geschichte auf die Beine zu stellen. Mehr als achtzig Organisationen unterstützten den Klimaprotest – von der Katholischen Jungschar bis zur Kommunistischen

Jugend.[7] Da es sich um eine gemeinsame Aktion handelte, galten die Regeln der Fridays an diesem Tag nicht, alle Logos der Organisationen waren auf der Demo zu sehen. Obwohl auch andere Gruppen viel Energie, Zeit und Ressourcen in die Vorbereitung steckten, gehörte der Erfolg in der öffentlichen Wahrnehmung Fridays for Future. Entsteht da unter den anderen Umweltgruppen nicht so etwas wie Neid?

Nein, heißt es einhellig aus Österreichs drei großen Umwelt-NGOs Greenpeace, Global2000 und WWF. Denn vom starken Zeichen für den Klimaschutz profitieren sie auch selbst. „Es geht nicht um Entweder-oder, sondern beide sind aufeinander angewiesen. Der Klimaprotest war am Freitag, am Tag danach rufen Medien und andere Interessierte bei uns an und fragen, was sie jetzt konkret machen können und welche fünf Punkte man sofort politisch umsetzen könnte", sagt Volker Hollenstein, der Politische Leiter des WWF Österreich, „wir empfinden das als wunderbare Unterstützung unserer eigenen Arbeit."

Schließlich schaffen die jungen Fridays, was den alten Umwelt-NGOs bislang noch nie gelungen ist: regelmäßig zigtausende Menschen fürs Klima auf die Straße zu bringen. „Der moralische Appell von Kindern, denen gerade ihre Zukunft geraubt wird, ist stärker als jedes andere Bild", begründet Greenpeace-Klimasprecher Pawloff. „Politiker tun sich in einer Auseinandersetzung leicht zu sagen: ‚Jaja, Greenpeace!' Aber Kindern ins Gesicht zu sagen, dass man ihre Appelle ignoriert, schafft kaum einer."

Im For-Future-Universum

Betrachtet man den Protest auf der Straße, so kann man längst nicht mehr alleine von jungen Demonstrierenden sprechen. „Wesentlich für den Erfolg der Fridays for Future sind die unterstützenden Untergruppen", sagt die Protestforscherin Antje Daniel vom Institut für Internationale Entwicklung, „sie geben dem Ganzen einen legitimeren Rahmen."

Diese Untergruppen formieren sich unter dem Begriff „for future". Aber wer zählt tatsächlich zu den Partnern der Fridays?

Schließlich dehnt sich das For-Future-Universum immer weiter aus, es ist kaum noch zu überblicken. Zum Beispiel Bergfexe: Sie formieren sich unter dem Titel „Climbers for Future", sind auf Initiative des Extrembergsteigers Stefan Gatt entstanden und setzen sich in Zeiten schmelzender Gletscher für die Alpen und deren bedrohte Ökosysteme ein. Die Initiative wird von Politikern, prominenten Bergsteigern und Organisationen wie dem Alpenverein und den Naturfreunden unterstützt.[8] Dennoch ist Climbers for Future (noch) kein offizieller Allianzpartner von Fridays for Future.

Ein anderes Beispiel: „Snack for Future". So heißt die Produktlinie einer Firma, die sich mit der Fridays-for-Future-Bewegung solidarisiert hat. Als Alternative zum klimaschädlichen Fleisch verkauft sie gewürzte Insekten wie Barbecue-Heuschrecken und Mehlwürmer Curcuma Zitrone.[9]

Oder die „Periods for Future" – eine Kampagne, die 2019 vom Nachhaltigkeitsministerium getragen wurde. Sie kam zustande, weil laut einer Umfrage „vier von fünf Mädchen ihre Menstruationsprodukte in der Toilette anstatt im Mistkübel" entsorgen und damit die Umwelt belasten.[10] „Snack for Future" und „Periods for Future" verdeutlichen, wie der For-Future-Begriff zum Modewort für Klima- und Umweltthemen verkommt. Er erinnert an das ausgelutschte Schlagwort „Web 2.0", das dazu führte, dass jahrelang alles „2.0" genannt wurde, was auch nur einen Hauch von Innovation umwehte.

Geht es eigentlich noch kurioser als „Periods for Future"? Ja. Fast schon grotesk wirkt die Kampagne der Wirtschaftskammer. Klimaforscher und Umweltschützer zählen die Unternehmerlobby zu den größten Blockierern in der heimischen Klimapolitik. Weil die Wiener Wirtschaftskammer die Debatte um die Klimakrise trotzdem für die eigenen Zwecke nützen will, startete sie die Initiative „Wiener Wirtschaft for Future". Damit will die Lobby den Staat dazu bewegen, Milliarden in die Wirtschaft zu pumpen, damit diese klimafreundliche Lösungen finden könne.[11] Ein ähnliches Beispiel, wo der populäre, rechtlich nicht geschützte „For Future"-Begriff zum bloßen Werbeslogan verkam, fand sich in Deutschland nach der EU-Wahl. Dort warb die konservative Partei CDU nach ihrer Wahlschlappe auf der Parteizentrale mit dem Banner „Monday to Friday for Future".[12]

Kurzum, es herrscht ein For-Future-Wirrwarr. Um klarzumachen, wer aus Sicht der Fridays auf ihrer Seite steht, braucht es dreierlei: einen Text, in der sich der For-Future-Partner erklärt, ein Logo und die Zustimmung der Fridays-Aktivisten auf einem Bundesplenum. „Nach diesem Prozess nehmen wir sie auf die Homepage", erklärt Nikolai Ritter von den Wiener Fridays. Allerdings werde das nicht mehr sehr streng gehandhabt. Es gibt also auch Allianzpartner von FFF, die noch nicht offiziell gelistet sind.

Man kann sich das For-Future-Universum tatsächlich ähnlich dem Sonnensystem vorstellen: Im Zentrum strahlt die Fridays-Sonne, um sie herum schwirren mehrere Planeten, manche von ihnen werden selbst von Trabanten begleitet. Anfang 2020 listete die österreichische Fridays-for-Future-Webseite zehn Partner auf, darunter die Teachers for Future, Entrepreneurs for Future, Artists for Future und die Scientists for Future[13]. Zu den Trabanten der Scientists zählt etwa „Lectures for Future" – eine Vorlesungsreihe an fünf Wiener Universitäten mit mehr als achtzig Vorträgen.[14]

Die Allianzpartner sind auf unterschiedliche Weise entstanden. Die Scientists haben sich von alleine gegründet, andere For-Future-Gruppen wurden durch die Fridays angestoßen. „Ich habe meine Bekannten angerufen, die sich seit Jahren für nachhaltige Landwirtschaft engagieren, und habe sie persönlich motiviert: Gründet doch die Farmers for Future!", erzählt der FFF-Aktivist Ritter, der schon vor Jahren die landwirtschaftlichen Nachhaltigkeitsprojekte „Die LoBauerinnen" und die „Kleine Stadtfarm" mitbegründet hat.

Wie im Sonnensystem auch, sind manche Planeten größer, manche kleiner, manche stehen der Sonne sehr nahe, manche wiederum sind weiter von ihr entfernt. Vor allem aber sind die Himmelskörper sehr unterschiedlich geformt.

Blicken wir zunächst einmal ins Zentrum, auf die Fridays selbst. Was ist das eigentlich für ein Gebilde? „Fridays for Future ist immer noch eine Bewegung, aber wir haben einen Verein gegründet, um ein Spendenkonto zu eröffnen", sagt Johannes Stangl, Mitbegründer der Fridays in Österreich, „der Verein hat aber keine Relevanz für Struktur und Organisation."

Fridays for Future ist also ein loser Bund von Leuten, die als rechtliches Werkzeug den Verein „Fridays For Future Vienna/Wien" im Gepäck haben. Der Verein entstand Ende April 2019, etwa zwei Wochen nach dem ersten Vernetzungstreffen in Salzburg. Ihm stehen mit Veronika Winter, Katharina Schneider und Agnes Pürstinger drei zentrale Aktivistinnen der Wiener Gruppe als Präsidentinnen vor.[15] Aber weder für die Wiener noch für die österreichische Fridays-for-Future-Bewegung spielen ihre Ämter als Vereinspräsidentinnen eine Rolle. Der Verein wird von den Aktivisten als Mittel zum Zweck gesehen. Ein praktisches Beispiel findet sich im Impressum der österreichweiten Webseite fridaysforfuture.at. Dort heißt es: „Diese Webseite wird für Fridays For Future Austria von dem Verein Fridays For Future Vienna/Wien bereitgestellt."[16]

Lassen wir nun den Blick auf die Planeten schweifen, die die Fridays umkreisen. Da sind zum Beispiel die Coaches for Future, ein „Projekt zur Unterstützung von #fridaysforfuture". Es handelt sich um eine Plattform, die der Berater Claus Faber gegründet hat und betreibt. Sie soll Berater zusammenbringen, die den Klimaaktivisten ehrenamtlich dabei helfen, die Bewegung weiterzuentwickeln. Nach außen vertritt Faber die Coaches for Future, er betreibt auch die dazugehörige Webseite.[17]

Anders aufgebaut sind da die Religions for Future. Sie bestehen aus einer Grundsatzerklärung und einer Unterschriftenliste. Sie wurde unter anderem von evangelischen und katholischen Bischöfen, dem Präsidenten der Österreichischen Buddhistischen Religionsgemeinschaft und dem Halal-Beauftragten der Islamischen Glaubensgemeinschaft unterschrieben. „Jede/r Unterzeichner/in kann als ein Mensch der Religions for Future sprechen, aber nicht ‚im Namen', da wir keine gewählten Organe haben", erklären die Religions-Initiatoren.[18]

Die Scientists for Future wiederum verstehen sich als „Graswurzel-Initiative", „Bottom-up-Bewegung" und „Plattform". Die Fäden der Scientists laufen im Climate Change Centre Austria zusammen, einem Verein, der Österreichs Klimaforscher vernetzt.[19] Sie ähneln damit den Doctors4Future, hinter denen die Umweltmediziner Hans-Peter Hutter, Hanns Moshammer und Peter Wallner stehen.[20] Dieses

Trio hat 2017 das Buch „Klimawandel und Gesundheit" herausgege-
ben[21] und bezeichnet Doctors4Future als einen „Aufruf an unsere
KollegInnen", sich stärker als bisher für das Klimathema einzusetzen
und damit die Fridays zu unterstützen. Dieser Aufruf wird vom etablierten Verein „Ärztinnen und Ärzte für eine gesunde Umwelt" getragen, dem wiederum die drei Umweltmediziner vorstehen.[22]

Den Fridays am nächsten kommen die Parents for Future. Diese
sind laut Eigendefinition „ein freier Zusammenschluss von erwachsenen Menschen", die als „#ParentsForFuture in Solidarität zur #Fri-
daysForFuture Bewegung" stehen.[23] Wie die Fridays haben auch
sie einen Verein gegründet, er heißt „Parents for Future Österreich/
Austria".[24]

Projekt, Initiative, Plattform, Aufruf, Unterschriftenliste, Anhäng-
sel eines Vereins, Bewegung samt Verein – vom Aufbau unterscheiden sich die Planeten im For-Future-Universum zum Teil sehr stark.
Gemein ist ihnen allen aber, dass ihre Sonne sie anzieht, in Bewegung
hält und ihnen Energie gibt.

Dafür geben die For-Future-Allianzpartner viel zurück. Das For-
Future-Universum funktioniert wie ein großes Ökosystem, in dem
jeder eine bestimmte Aufgabe hat. Die Scientists verleihen dem Protest der Fridays durch ihren wissenschaftlichen Rückhalt politisches
Gewicht. Die Teachers for Future rechtfertigen die umstrittene Form
des Schulstreiks[25] und bringen ganze Klassen auf die Demos. Gruppen
wie die Farmers, Doctors und Religions for Future stellen eine breite
Betroffenheit her, indem sie die Klimakrise in verschiedene Erzählungen übersetzen – von „Dürren, extremen Niederschlägen, Schädlings-
befall" (Farmers)[26] über „massive Auswirkungen auf die menschliche
Gesundheit" (Doctors)[27] bis hin zur „Sorge um das gemeinsame Haus
der Erde" (Religions)[28]. Darüber hinaus dienen sie ebenfalls als Hebel
zur Mobilisierung: Sie sind Bindeglieder zu starken Organisationen
wie der Landwirtschafts- und Ärztekammer sowie den Religions-
gemeinschaften. Hier könnten künftig auch den bereits gegründeten
Workers for Future[29] eine wichtige Rolle als Brücke zu Gewerkschaften zukommen. Sie sind auf der Webseite der Fridays allerdings noch
nicht als offizieller Allianzpartner ausgewiesen.

Dass sich die verschiedenen Gruppen mit dem Begriff „For Future"
symbolisch an den Fridays orientieren, sei „eine bewusste Strategie"

und schaffe „einen unheimlichen Zusammenhalt", meint Protestforscherin Antje Daniel. Sie hält das For-Future-Prinzip für außergewöhnlich. „In Bewegungen gehen wir von Allianzen aus, die immer
aus Verbindungslinien zwischen getrennten Akteuren bestehen",
sagt Daniel, „aber hier finden wir eine Form der Solidarisierung unter
einem einzelnen Banner, nämlich jenem der Fridays for Future."

Eine der ersten und wichtigsten Unterstützergruppen, die den For-
Future-Begriff schon früh übernommen und verbreitet haben, sind
die „Parents for Future". Innerhalb des For-Future-Ökosystems übernehmen sie gleich mehrere Aufgaben. Nach außen verteidigen sie den
Schulstreik als eine legitime Protestform.[30] Nach innen helfen sie in
der Organisation mit.[31] Die Erwachsenen karren nicht nur das Equipment zur Demo, weil sie im Gegensatz zu den jüngeren Aktivisten
ein Auto haben. Sie halten den Jugendlichen auch in puncto Finanzen
den Rücken frei. Denn Demos kosten Geld, Flyer müssen gedruckt
und Bühnen gemietet werden. Der Protest der Fridays finanziert sich
über Selbstausbeutung und Spenden. Die Parents kümmern sich um
die Buchhaltung, übernehmen, wenn es eng wird, die Kosten oder
strecken das Geld zumindest vor. Bei der Gemeinwohlbank haben
sie einen Streikfonds eingerichtet, „damit für das Klima streikende
SchülerInnen sich künftig nicht mehr vor allfälligen Verwaltungs-
strafen fürchten müssen".[32]

Die Parents stützen nicht nur die Jungen, sie beweisen auch, dass
die Fridays-Bewegung nicht gegen die Elterngeneration arbeitet, sondern mit ihr. Und zwar so eng, dass im Protestalltag verschwimmt,
wer sich als so genannter „Parent" engagiert oder wer einfach nur als
älteres Mitglied bei den Fridays for Futures aktiv ist. Schließlich haben
einige Parents wichtige Fridays-for-Future-Regionalgruppen wie in
Wien oder Linz mitaufgebaut, noch bevor es die Parents for Future
überhaupt gab. Die Salzburger Bewegung entstand erst, indem Eltern
ihre Töchter dazu motivierten (siehe Seite 86), Innsbruck wurde gar
durch den „Parent" Georg Pleger selbst aus der Taufe gehoben (siehe
Seite 78). Der Tiroler war nicht nur einer der ersten Fridays, sondern
zählt auch zu den vier Gründervätern des Vereins Parents For Future
Österreich/Austria[33].

Alleine anhand dieses Vereins wird sichtbar, wie die Trennlinien
zwischen den verschiedenen For-Future-Gruppen verwischt werden.

Der Obmann des Parents-Vereins ist der Oberösterreicher Josef Winter, seine Tochter Veronika Winter ist die Präsidentin des Vereins Fridays For Future Vienna/Wien.[34] Veronika hatte ihren Vater noch vor dem ersten globalen Streik gebeten, beim Aufbau der Linzer Fridays-for-Future-Regionalgruppe mitzuhelfen. Seither ist Josef Winter bei den Fridays for Future aktiv, dort nennt man ihn halt einen „Parent".

Christian Zauner aus Wien wiederum ist nicht nur Mitbegründer des österreichischen Parents-Vereins, sondern hat auch die „Teachers for Future" mitbegründet.[35] Neben ihm, Pleger und Winter ist der vierte Gründer Thomas Eitzenberger, einer der treibenden Kräfte der Fridays for Future in Graz. „Ich habe für mich immer wieder evaluiert: Bin ich ein Friday? Bin ich ein Parent?", sagt Eitzenberger. Schließlich habe er sich das selbst mit dem Motto „Go with the flow" beantwortet. Er sei zwar nach wie vor in beiden Gruppen aktiv, fühle sich aber mehr als Friday denn als Parent. „Weil bei Fridays for Future ist mehr Feuer", sagt Eitzenberger, „die Parents sind keine Revolutionsmaschine."

Klimavolksbegehren in Fridays-Hand

27. August 2019, kurz vor zehn Uhr. Die Sonne knallt auf den Maria-Theresien-Platz herunter. Katharina Rogenhofer hält einen übergroßen Bleistift in Händen, die Bleistiftspitze zeigt auf ein selbstgemaltes Schild „Jetzt unterschreiben!". „Danke dafür, dass Sie so zahlreich erschienen sind. Jetzt müssen wir in der Hitze braten", sagt sie zu den Journalisten auf der Open-Air-Pressekonferenz.

Rogenhofer spricht über die Auswirkungen der Klimakrise, über die schmelzenden Gletscher und die Hitzetoten, über den brennenden Regenwald und die Schäden durch Borkenkäfer. „Meine Eltern und Großeltern haben in einer Welt gelebt, in der die Zukunft besser geworden ist", sagt Rogenhofer, „ich kann das nicht mehr sagen." Die Szenerie birgt Symbolik. Vor ihr liegt das Parlament, das die Klimapolitik jahrzehntelang versemmelt hat. Hinter ihr thront die Statue von Kaiserin Maria Theresia, unter deren Regentschaft 1767 die

Wetteraufzeichnungen in Österreich begannen. Nur wenige Stunden nach ihrer Pressekonferenz wird die Zentralanstalt für Meteorologie und Geodynamik veröffentlichen, dass der Sommer 2019 der zweitheißeste seit Beginn der 252-jährigen Messgeschichte war.[36]

Rogenhofer tritt an diesem Tag nicht als Mitbegründerin von Fridays for Future auf, sondern als Sprecherin des Klimavolksbegehrens. Sie hat die Rolle Ende März 2019 übernommen, nur zwei Wochen nach dem ersten weltweiten Klimastreik. Wenig später wurde sie auch Obfrau des Klimavolksbegehren-Vereins.

Der Start des Volksbegehrens war ziemlich holprig gewesen. Die niederösterreichische Landeschefin der Grünen, Helga Krismer, hatte es Ende September 2018 im Alleingang initiiert. Bei einer Pressekonferenz im Wiener Palmenhaus hoffte die Grüne auf eine „breite Unterstützung" von Bürgern und NGOs.[37] Doch wer in diesen Tagen mit NGO-Vertretern über das Klimavolksbegehren sprach, hörte nicht Euphorie, sondern Wehklagen. Krismer habe niemanden in die Pläne eingebunden, außerdem sei es kaum möglich, ein Volksbegehren einer Parteipolitikerin zu unterstützen. Kurzum, es war eine Hauruckaktion, die zum Scheitern verurteilt schien. Das ließ sich auch in den Wochen darauf an der Unterstützergruppe ablesen. Sie beschränkte sich im Wesentlichen auf die Landesorganisation der Niederösterreichischen Grünen, die ihrer Chefin Helga Krismer gefolgt war.[38]

Wie trist die Lage war, zeigte sich Anfang November 2018, als Krismer die ersten Schirmherren für das Volksbegehren gefunden hatte und der Öffentlichkeit vorstellen wollte. Es handelte sich um drei No-Names, und weil diese laut Krismer „sehr viel unterwegs sind", waren sie auf der Pressekonferenz gar nicht anwesend, sondern meldeten sich bloß per Videobotschaft zu Wort.[39] Anfang 2019 wurden weitere Schirmherren vorgestellt, darunter ein niederösterreichischer Bio-Unternehmer, eine HAK-Lehrerin aus Krismers Heimatort Baden und ein SPÖ-Bürgermeister einer kleinen niederösterreichischen Marktgemeinde.

Ende März 2019 dankte Krismer schließlich als Frontfrau des Klimavolksbegehrens ab, sie sagte, ihr sei „bewusst, dass für ein breit getragenes Volksbegehren keine Person an der Spitze stehen kann, die parteipolitisch im Fokus steht." Rogenhofer übernahm. Sie war zu dem Zeitpunkt als Mitgründerin und Sprecherin von Fridays for Future das bekannteste Gesicht der österreichischen Klimastreik-Bewegung gewesen und stellte den Verein personell neu auf. „Für mich war es der einzig logische Schritt, das Volksbegehren an die Zivilgesellschaft zu übergeben", sagt Rogenhofer, „weil das hätte nicht an einer Partei hängenbleiben dürfen."

Zurück zur Pressekonferenz auf dem Maria-Theresien-Platz. Das Volksbegehren hat inzwischen an Fahrt aufgenommen, nun beginnt die Unterschriftenphase. An Rogenhofers Seite stehen der Chef von Greenpeace Österreich, die Vorsitzende der Bundesjugendvertretung, der Präsident der Katholischen Aktion der Erzdiözese Wien und die Umwelt-Abteilungsleiterin der Wiener Arbeiterkammer. Sie geben dem Volksbegehren Rückenwind. Die rund 8400 Unterschriften, die es braucht, um das Volksbegehren im Innenministerium einzurei-chen, liegen schon am nächsten Tag auf dem Tisch.[40]

Der Zuspruch ist in wenigen Monaten rasch gewachsen. Die Volks-begehren-Webseite zeigt mittlerweile prominente Unterstützer, die Liste reicht von Sänger Hansi Hinterseer über den Ex-Profischwim-mer Markus Rogan bis hin zur Autorin Friederike Mayröcker. Vom Präsidenten der Israelitischen Kultusgemeinde Oskar Deutsch über den evangelisch-methodistischen Superindentenen Stefan Schrö-ckenfuchs bis hin zum österreichischen Jugendbischof Stephan Tur-novszky. Und vom Präsidenten des Österreichischen Alpenvereins, Andreas Ermacora, über den Präsidenten der österreichischen Uni-versitätenkonferenz, Oliver Vitouch, bis hin zum Präsidenten der Österreichischen Ärztekammer, Thomas Szekeres. Mit Global2000, Greenpeace, Umweltdachverband, VCÖ, Vier Pfoten, WWF reihen sich sämtliche großen Umwelt-NGOs als Allianzpartner hinter das Volksbegehren ein.

Nur ein prominentes Logo fehlt in der Liste: jenes von Fridays for Future Österreich.

Dabei sind die Forderungen des Klimavolksbegehrens jenen der Fridays sehr ähnlich. Wie sie fordert auch das Volksbegehren eine ökosoziale Steuerreform, den Klimaschutz in der Verfassung zu ver-ankern und Österreich rasch klimaneutral zu machen.[41] Warum also gibt es keine Unterstützungserklärung?

Das liegt am Fridays-Grundsatz Nummer sechs: „Wir lassen uns nicht von Organisationen und Parteien vereinnahmen."[42] Die Wiener FFF-Aktivistin Katharina Schneider, die mit Klimavolksbegehren-Chefin Rogenhofer seit Kindheitstagen befreundet ist, sagt: „Wir haben sehr lange und heftig darüber diskutiert, ob wir das Klimavolksbegehren offiziell unterstützen. Aber es gibt noch immer keine finale Entscheidung."

Der Kompromiss sieht derzeit so aus: Die einzelnen Regionalgruppen können das Klimavolksbegehren unterstützen, wenn sie wollen. So veranstalteten die Linzer Fridays im August 2019 mit den Vertretern des Klimavolksbegehrens ein Klima-Picknick,[43] die Wiener Fridays arbeiteten mit ihnen in der „Week for Future" und auf der großen Earth-Strike-Demo im September eng zusammen, die Fridays in Innsbruck wiederum überließen der Initiative auf dem vierten globalen Klimastreik Ende November 2019 die Bühne.[44]

Rogenhofer will das Volksbegehren im Frühjahr 2020 einbringen, die Eintragungswoche soll dann im Sommer starten. Auch wenn es offiziell noch keine Unterstützung der gesamten Fridays-Bewegung gibt, wird sie den Rückenwind der Fridays nützen können. Schon 2019 war der Volksbegehren-Verein geschickt auf der Klimastreik-welle geritten. Er ruft die Österreicher etwa auf seiner Webseite dazu auf, das Volksbegehren in der Mittagspause zu unterschreiben. Wie das geht, erklärt ein als Greta Thunberg verkleideter Schauspieler in einem skurrilen Video. Die Aktion heißt: #mittagspauseforfuture.[45]

Radikale Freunde: Extinction Rebellion und Co

Montag, 7. Oktober 2019, Beginn der „Rebellionswoche", zu der die Klimabewegung Extinction Rebellion (XR) aufgerufen hat.[46] Von vier Seiten betreten rund 150 Menschen wie auf ein stilles Kommando hin gleichzeitig die Kreuzung Getreidemarkt/Mariahilfer Straße, schieben eine metallene Erdkugel in die Mitte und blockieren damit die Zweierlinie, eine wichtige Verkehrsverbindung in Wien. Autos hupen, Aktivisten klatschen.[47] Im Wind wehen bunte Fahnen mit dem XR-

Symbol[48] – eine X-förmige Sanduhr im Erdkreis, die das Massenaussterben symbolisiert.[49] Ein Protestchor singt: „Power to the people – 'cause the people get the power – tell me can you feel it – getting stronger by the hours".[50] Diese Zeilen finden sich auch in der Liedersammlung der Fridays for Future.[51]

Die Demonstration ist nicht angemeldet, laut Polizei kommt es zu „starken Verkehrsbehinderungen". Nach mehrfacher Aufforderung lösen die Polizisten die Versammlung auf. Sie tragen 75 Aktivisten weg, die sich bis zum Schluss geweigert haben zu gehen, und zeigen diese nach dem Versammlungsgesetz an. „Bei der Durchsetzung des verwaltungsbehördlichen Befehls zur Auflösung der Versammlung wurden keine Manifestanten oder Polizisten verletzt", schreibt die Polizei in einer Presseaussendung. „Die Versammlung ist als friedlich einzustufen, es gab keine Zwischenfälle."[52]

Die XR-Aktivisten haben zuvor den Protest in einem Aktionstraining geprobt. Sie haben in Rollenspielen geübt, wie man sich gegenüber Polizisten verhält, wie man deeskaliert und sich wegtragen lässt. Beim Protest gibt es eine klare Rollenverteilung. Es gibt den Chor, der regelmäßig probt und auf der Straße für Stimmung sorgt. Es gibt das „Care Team", das darauf schaut, dass es den Aktivisten auf der Demo gutgeht. Es gibt die „Legal Observers", die die gesamte Aktion mitfilmen und dokumentieren. Und es gibt die „Arrestables", die bereit sind, sich im gewaltfreien Widerstand festnehmen zu lassen und Strafe zu zahlen. Über die rechtlichen Folgen wurden die Aktivisten beim Aktionstraining aufgeklärt.

Das Prinzip des Protests geht so: Die Aktivisten bleiben friedlich, aber sie machen es der Polizei so schwer wie möglich, die Blockade aufzulösen. Deshalb klebt die 21-jährige Aktivistin Toni ihre Hand mit Superkleber an die metallene Erdkugel. Auf ihrem Schoß liegt ein gelbes Schild mit der Warnung „Vorsicht, ich bin angeklebt"[53]. Etwa zur gleichen Zeit wie in Wien haben in Berlin zu Beginn der Aktionswoche rund tausend XR-Aktivisten den Potsdamer Platz besetzt, ebenfalls ein wichtiger Verkehrsknotenpunkt.[54] Dort sitzt der vierzigjährige Jan-Gerrit Seyler wortwörtlich fest. Die Polizei braucht zwanzig Stunden, um den Platz zu räumen, sie muss Seyler mit einem Presslufthammer befreien und nimmt ihn wegen schweren Widerstands gegen die Staatsgewalt fest. Er hatte seinen linken Arm in einem Stahlrohr mit einem Karabiner befestigt, das Rohr wiederum war in einer Badewanne einbetoniert. Zwanzig Stunden, das heißt für Seyler nicht nur Ausharren in der Kälte der Nacht, sondern auch quälende Schmerzen im Handgelenk und eine volle Windel.[55]

XR geht an die Grenzen und setzt auf spektakuläre Aktionen, die verwertbare Bilder für soziale und klassische Medien liefern. Etwa die so genannten „Die-ins", einer Protestform, bei der Aktivisten im öffentlichen Raum das Aussterben der Menschen simulieren. Im Wiener Naturhistorischen Museum legen sich XR-Aktivisten neben die ausgestopften Tiere auf den Boden und stellen sich tot. So gesellt sich zu all den anderen ausgestorbenen Arten im Museum symbolisch auch der Homo sapiens hinzu.[56] Für die Aktion „Das Blut unserer Kinder" stehen wiederum ganz in Weiß gewandte Jugendliche still und starr auf der Rahlstiege neben der Mariahilfer Straße, während so viel Kunstblut über die Stufen strömt, bis sie bloßfüßig in der roten Lache stehen. Im Hintergrund spannen XR-Aktivisten kameragerecht zwei Plakate auf: „Diese Politik tötet" und „Rebellion für das Leben".[57]

In der Öffentlichkeit gelten XR gemeinhin als „radikale" Version von Fridays for Future.[58] „Bei Extinction Rebellion stehen der Inszenierungscharakter und die Emotionalisierung des Themas recht stark im Vordergrund", sagt die Protestforscherin Julia Zilles vom Institut für Demokratieforschung in Göttingen, die sich wissenschaftlich mit Klimaprotesten beschäftigt. „Die Bewegung erzeugt Irritation auf allen Seiten. Ich glaube aber nicht, dass Extinction Rebellion eine Weiterentwicklung von Fridays for Future ist, wie manche jetzt behaupten."[59]

Die beiden Bewegungen sehen sich selbst als Verbündete im selben Kampf gegen die Klimakrise. „XR und Fridays for Future sind Alliierte. Jeden Freitag steht die Generation unserer Kinder auf der Straße mit der elementaren Bitte darum, dass man ihnen nicht ihre Lebensgrundlage entzieht", sagt der britische XR-Sprecher Rupert Read. „Ich sehe Extinction Rebellion als Bewegung, die auf diesen Hilferuf reagiert."[60]

Tatsächlich gibt es von Beginn an ein starkes Band zwischen Extinction Rebellion (XR) und Fridays for Future, beide Bewegungen sind nahezu gleichzeitig entstanden und haben sich schon früh miteinander solidarisiert. Am 31. Oktober 2018 erklärten XR in London die

„Deklaration der Rebellion", bevor sie die Straßen vor dem britischen Parlament blockierte[61]. Die Deklaration gilt als Geburtsstunde der Bewegung, sie richtete sich gegen die „Regierung und die korrupten, unfähigen Institutionen, die unsere Zukunft bedrohen"[62].

Zu diesem Gründungsakt in London luden die Rebellen fünf Redner ein, eine davon war Greta Thunberg. Zu diesem Zeitpunkt bestanden die Schülerstreiks noch aus überschaubaren Grüppchen in wenigen Ländern, die 15-jährige Schwedin hielt auf dem Parliament Square eine ihrer ersten Reden. Sie sprach vor mehr als tausend Menschen. „Wir können die Welt nicht ändern, indem wir uns an die Regeln halten. Denn die Regeln müssen geändert werden. Alles muss sich ändern. Und das muss heute anfangen", sagte Thunberg und beendete ihre Rede mit folgenden Worten: „Also alle da draußen: Jetzt ist es an der Zeit für zivilen Ungehorsam, es ist Zeit zu rebellieren."[63]

Auch in Österreich gibt es eine enge Verbindung zwischen XR und den Fridays. Schon auf der ersten Fridays-for-Future-Demonstration auf dem Wiener Heldenplatz war Extinction Rebellion präsent. „XR ist in Österreich in der gleichen Woche gegründet worden wie Fridays for Future, ich war auf der Demo mit dabei und hab ein kleines XR-Schild mitgenommen", sagt der Klimaaktivist Max Fuchslueger, „ich war monatelang in beiden Bewegungen aktiv, aber bin jetzt aufgrund der knappen Zeit mehr bei Fridays for Future."

Georg Pleger wiederum ging genau den anderen Weg. Auch er demonstrierte als XR-Mitglied beim ersten Fridays-Klimastreik in Wien. Die erste Fridays-for-Future-Demonstration in Innsbruck meldete er mit folgendem Ziel an: „Aufruf zur Beteiligung an den weltweiten Klimastreik-Aktionen von FridaysForFuture und den gewaltfreien Protesten von Extinction Rebellion"[64]. Heute engagiert sich Pleger stärker für XR als für die Fridays. „Die Fridays sagen, wenn ihre Forderungen innerhalb des Systems nicht erfüllt werden können, braucht es einen Systemwandel", sagt Pleger, „das brauche ich nicht mehr durchdenken. Wir brauchen den Systemwandel definitiv."

Zwar leisten auch die Fridays mit ihrem Schulstreik zivilen Ungehorsam, aber XR-Aktivisten gehen deutlich weiter als das. Das wird zum einen daran sichtbar, wie die beiden Gruppen protestieren. Zum Beispiel Mitte Jänner 2020, bei der „Vienna Autoshow" – der größten Automesse Österreichs. Während Fridays for Future am Freitag draußen vor der Messe Wien demonstriert[65] und öffentlich mitteilt, das Ziel sei „keinesfalls, die Besucherinnen und Besucher der Automesse zu kritisieren oder schikanieren, sondern Alternativen zum motorisierten Individualverkehr aufzuzeigen"[66], stehen zwei Tage später Aktivisten von Extinction Rebellion als Sensenmänner verkleidet in der Messehalle zwischen den ausgestellten Autos und singen den Besuchern ein Ständchen: „Highway to Hell".[67]

Während Fridays for Future zehntausende Menschen auf die Straße bringt, droht das radikalere Image von XR mögliche Mitstreiter abzuschrecken. Das liegt auch an einem der Mitbegründer der Bewegung, Roger Hallam, der im Kampf gegen die Klimakrise immer wieder Grenzen überschreitet. Im September 2019 sollen er und andere Aktivisten aus Protest gegen den Ausbau des Flughafens Heathrow versucht haben, den Luftverkehr mit Drohnen lahmzulegen. Er muss sich dafür vor Gericht verantworten. Zwar hat XR die Aktion nicht offiziell unterstützt, aber sie distanziert sich auch nicht davon.[68]

Hallam war es auch, der in Interviews angesichts der Klimakrise die Demokratie infrage stellte, der erklärte, auch Sexisten und Rassisten seien bei XR willkommen, der Genozide als „normales Ereignis" abtat und den Holocaust als „just another fuckery in human history" (zu Deutsch: „nur ein weiterer Scheiß in der Menschheitsgeschichte") verharmloste.[69] Auch wenn sich Österreichs XR-Aktivisten davon ausdrücklich distanzieren und dabei auf die dezentrale Struktur und Autonomie der verschiedenen Gruppen hinweisen[70], trübt sich das Bild in der Öffentlichkeit ein.

Dass XR im Gegensatz zu Fridays for Future als radikal gilt, liegt am größten Unterschied zwischen den beiden Bewegungen: dem Verhalten gegenüber der Polizei. Zwar bleiben auch XR-Aktivisten im Umgang mit der Exekutive gewaltfrei und respektvoll, aber sie betrachten den Widerstand angesichts der sich anbahnenden Klimakatastrophe als notwendiges Mittel. In ihrem siebten Grundsatz halten die Fridays hingegen ausdrücklich fest: „Wir sind eine gewaltfreie Bewegung, kooperieren mit der Polizei und leisten keinen Widerstand gegen diese."

Wie weit man gehen muss, war auch unter den Fridays umstritten. Über keinen Grundsatz debattierten sie heftiger als über Nummer sieben.[71] Auch deshalb, weil XR-Aktivisten bei den Fridays mitmischen.

„Es hat eine lange Diskussion darüber gegeben, die damit geendet hat, dass eine Vertreterin von Extinction Rebellion wutentbrannt den Raum verlassen hat", erzählt der steirische Fridays-Aktivist Thomas Eitzenberger. „Die Mehrheit hat festgehalten: Wir sind Fridays for Future und nicht Extinction Rebellion."

Die Fridays mögen zahmer sein, aber vielleicht werden sie ausgerechnet dadurch schlagkräftiger. „Bei Fridays for Future soll ein Sechsjähriger mit seiner Oma demonstrieren können", sagt Eitzenberger, „und wenn die Polizei uns wegschickt, dann machen wir das. Aber wir kommen wieder." Grundsatz sieben macht die Bewegung nicht nur für breite Bevölkerungsgruppen anschlussfähig, sie wirbt damit auch um das Wohlwollen der Polizei, die auf Demonstrationen Dinge ermöglichen oder verunmöglichen kann.

Die Fridays achten deshalb darauf, ihr Image so gut wie möglich zu verteidigen. Das ist manchmal hart. Denn wie verhält man sich, wenn radikalere Verbündete mit der Polizei in Konflikt geraten? In der Vergangenheit entschieden sich die Aktivisten für Solidarität mit den Mitstreitern. So wie beim „Greta-Streik" Ende Mai 2019, bei dem Greta Thunberg am Wiener Schwarzenbergplatz vor tausenden Demonstrierenden eine Rede hielt. An diesem Tag kam es eineinhalb Kilometer nordöstlich von der Fridays-for-Future-Demonstration zu einem Zwischenfall. Klimaaktivisten der Gruppe Ende Geländewagen blockierten vor der Wiener Urania den Ring, eine der zentralen Verkehrsadern in der Stadt. Ende Geländewagen ist eine Art Ableger der deutschen Klimabewegung Ende Gelände, die im deutschen Rheinland gegen den Braunkohletagbau demonstrieren und auf zivilen Ungehorsam setzen.

Die Polizei löste die Straßensperre in Wien auf und nahm rund hundert Klimaaktivisten von Ende Geländewagen fest, über soziale Medien verbreiteten sich daraufhin Bilder der Festnahmen. Man sah, wie ein Aktivist von Polizisten unter einem Polizeiauto fixiert und gerade noch weggezogen wurde, bevor das Auto losfuhr. Ein anderes Video zeigt, wie ein Polizist auf einen Aktivisten einschlug, der von anderen Polizisten am Boden fixiert wurde. Die Bilder lösten im Land eine öffentliche Debatte über Polizeigewalt aus.[72] Die Wiener Fridays-Aktivisten verurteilten am Tag darauf das Verhalten der Polizisten als „absolut inakzeptabel" und forderten eine „lückenlose Aufklärung", stellten aber zugleich klar: „Ende Geländewagen ist eine autonome Aktivist*innen Gruppe, deren Aktion in keinem Zusammenhang mit der gestrigen Demonstration von Fridays For Future stand."[73]

Noch heikler war die Situation im Juni 2019, nur wenige Wochen nach dem „Greta-Streik". Da kam es zur ersten internationalen Großdemo von Fridays for Future in der deutschen Kurstadt Aachen, die an der Grenze zu den Niederlanden und Belgien liegt. Aktivisten aus 16 Ländern waren angereist, darunter auch einige aus Österreich. Die Organisatoren zählten 40.000 Demonstrierende auf der Freitagsdemo am 21. Juni 2019. Am Samstag darauf zogen Fridays-for-Future-Aktivisten gemeinsam mit den Klimaschützern von „Ende Gelände" durch ein Braunkohlerevier. Die Polizei hatte die Fridays im Vorfeld dazu aufgerufen, sich von „gewaltbereiten Gruppierungen" fernzuhalten – und meinte damit Ende Gelände. Hunderte Klimaaktivisten durchbrachen an diesem Tag Polizeiabsperrungen und stürmten den Tagbau. Die Fridays hatten sich mit den Ende-Gelände-Aktivisten solidarisiert. Die Argumentation: Die Protestformen mögen sich zwar unterscheiden, aber beide Gruppen würden weitgehend dieselben Ziele verfolgen und „eine Einheit" bilden.[74]

In der Vergangenheit arbeiteten auch XR und die Fridays offiziell zusammen. Im Mai 2019 veranstalteten sie etwa in Salzburg ein gemeinsames Die-in, das behördlich genehmigt war. Rund fünfzig Klimaaktivisten stellten sich auf der Staatsbrücke tot, um den Verkehr zu blockieren.[75] Die meisten Fridays-for-Future-Aktivisten wollen heute allerdings nicht mehr, dass auf ihren Demos Schilder und Fahnen von anderen Organisationen geschwungen werden. Das gilt auch für die Banner mit der eingekreisten Sanduhr. Das führt auch intern zu Spannungen. „Dass sie sich so oft abgegrenzt haben, hat gekränkt", sagt Pleger, der sich in beiden Bewegungen engagiert, über die Fridays, „was ist das für eine Logik, wie Kooperation funktioniert?" Laut Pleger hätten sich die Fridays zeitweise eher abgeschottet, weil ihnen der zivile Ungehorsam von XR zu weit gehe. „Die Unterstützung wurde von den Fridays for Future gerne genommen, aber wenn es radikale Positionen gab, erfolgte in der öffentlichen Darstellung eher der Rückzug." Mittlerweile haben sich die Wogen wieder geglättet. XR und FFF arbeiten über die Plattform klimaprotest.at zusammen, auf der sich Klimaschützer miteinander vernetzen und mit deren Hilfe bereits Großdemonstrationen wie der Earth Strike organisiert wurden. Außerdem gibt es nach wie vor Fridays, die sich auch für Extinction Rebellion engagieren.

Ist das ein Problem für Fridays for Future? „Um vorwärtszukommen, brauchen wir verschiedene Werkzeuge. Nicht nur einen Hammer, sondern auch eine Schaufel oder eine Säge", sagt FFF-Aktivistin Angelika Lauber, die in Wien mit anderen an der Strategie der Bewegung arbeitet. „Natürlich können die Leute nicht nur die Säge, sondern auch den Hammer verwenden. Wichtig ist uns aber, das nicht komplett zu verschränken. In der Vielseitigkeit liegt die Kraft. Das Ziel ist also nicht, sich zu vereinen und nur noch mit einer singulären Botschaft rüberzukommen. Die Bewegungen sollen getrennt wahrgenommen werden, weil sie unterschiedliche Leute ansprechen."

DIE ARBEIT DER AKTIVISTEN

Hey ho, take me by the hand.
Strong in solidarity we stand.
Fight for climate justice,
fight for climate justice!

Die Bewegung in Bewegung

Ein Jahr nach der Gründung hat Fridays for Future nicht nur Österreich verändert, sondern auch sich selbst. Viele der bekanntesten Gesichter der Bewegung sind heute nicht mehr dabei. Das hat unterschiedliche Gründe. Ida Berschl, die FFF in Linz gegründet hat, zog sich von den Fridays zurück und zum Studieren nach Wien. „Das größte Problem war, dass viele Leute sich überanstrengt haben", sagt Berschl, „das hab ich bei mir auch gemerkt, das ist der Grund, warum ich organisatorisch nicht mehr dabei bin."

Sie erzählt von einem Mitstreiter, der sich ebenfalls zwischenzeitlich aus der Bewegung ausklinken musste, weil er nahezu ausgebrannt war. Um Privatleben vom Aktionismus zu trennen, besaß er zum Schluss ein privates Handy und eines für Fridays for Future. „Es ist voll okay, dass sich die Bewegung weiterentwickelt", sagt Berschl. „Es kommt wer dazu, es geht wer. So kommen immer neue Energie und Ideen dazu. Auch wenn die Grundidee gleich bleibt."

Marlene Seidel und Jakob Prettenthaler – zwei der drei Grazer FFF-Gründer – zogen sich ebenfalls aus dem Organisationsteam ihrer Regionalgruppe zurück. Sie gingen ins Ausland, um dort zu studieren.[1] Mit Lena Stuhlpfarrer und Simon Glauninger – die nebenher gemeinsam den Schulverein Progress leiten – formten sie in den ersten Monaten ein Quartett, das die Richtung der Bewegung bestimmte.

„Es war eine implizite Hierarchie", erzählt der Grazer Fridays- und Parents-Aktivist Thomas Eitzenberger über die Anfänge 2019, „ab März hat sich gezeigt: Die Bewegung muss auf breitere Beine gestellt werden, wenn das tragfähiger sein soll. Der Schritt von ‚Wir sind vier' zu ‚Wir sind many' war ein sanfter Kampf und Druck, den wir über zwei bis drei Monate hatten."

Das Problem löst sich schließlich von selbst. Die drei Grazer Gründer müssen sich auf ihre bevorstehende Matura vorbereiten, es bleibt kaum noch Zeit für Aktivismus. „Das war das erste Mal, wo wir gesagt haben: ‚Mic-drop! Ihr müsst jetzt einmal!‘“, erzählt Stuhlpfarrer. „Das hat so gut funktioniert, dass ich gar keine Angst habe, dass niemand mehr da ist, wenn ich von heute auf morgen aufhöre. Es ist eine Riesengruppe.“

Auch in die älteste FFF-Gruppe Österreichs kommt rasch Bewegung. Sie verliert nicht nur die FFF-Mitgründerin Katharina Rogenhofer an das Klimavolksbegehren (siehe Seite 170 ff.). Auch Mati Randow, einer der wenigen Schüler im Wiener Kernteam, verlässt die Gruppe. Er geht im Streit.

Der 14-Jährige hatte für den globalen Streik am 15. März 2019 die Demo mitgeplant und die Schüler mobilisiert, am Tag des Großstreiks hielt er auf dem Heldenplatz eine flammende Rede vor tausenden Menschen.[2] In diesen Tagen war er in der Öffentlichkeit zu einem der prominentesten Gesichter geworden.

Nach dem Streik will er die Bewegung drehen. Er fordert, dass mehr Schüler ins Team kommen sollen. Mit ihnen will er schließlich die studentisch geprägte Gruppe übernehmen. Der Schüler scheitert damit und kehrt der Bewegung bald darauf den Rücken. Anfang Juni 2019 – wenige Tage nach dem großen „Greta-Streik“ in Wien – veröffentlicht er in der Tageszeitung *Der Standard* den Kommentar „Wer streikt, schafft an“, in dem er mit seinen ehemaligen Mitstreitern abrechnet. Die Bewegung gerate zu „einer Lifestylebewegung junger Erwachsener“, kritisiert Mati. „Können wir unsere Zukunft denen anvertrauen, durch die wir erst in diese Lage geraten sind, weil sie selbst nicht genug getan haben?“, fragt der 14-Jährige und antwortet sich selbst: „Nein. Wir sind mehr als das junge Gesicht des bisherigen Politikverständnisses Erwachsener.“[3]

„Von uns war immer der Wunsch da, schülermäßig noch größer zu werden“, sagt die Wiener Fridays-Aktivistin Katharina Schneider, „aber es musste einfach von allen Seiten größer werden. Denn Fridays for Future ist eine Gruppe für alle. Uns war wichtig: Es braucht jeden Einzelnen, egal wie alt er ist und woher er kommt." So hat es die Bewegung auch österreichweit in ihrem ersten Grundsatz verankert: „Wir sind eine von der Jugend ausgehende Bewegung, die alle Menschen anspricht und zusammenbringt."[4] Dieser Satz verhindert auch ein gutes Stück weit einen aufkeimenden Generationenkonflikt.

Noch als Mati Randow mit an Bord war, begann sich die Wiener Gruppe zu öffnen. Aber nicht nur für Schüler,[5] sondern für alle. Die Causa Mati habe die Gruppe dennoch „sensibler gemacht und dazu beigetragen, dass wir so schnell wie möglich weiter aufmachen, damit wir nicht solche Vorwürfe bekommen", erzählt Schneider.

Der ursprüngliche Grund, neue Mitstreiter für die Bewegung zu gewinnen, lag jedoch ganz woanders. Etwa ein Dutzend Aktivisten organisierte in vielen Tagen und Nächten den Wiener Großstreik Mitte März 2019, das ging allen Beteiligten an die Substanz. „Im Grunde haben wir uns gefragt: Was wird gebraucht?", erzählt Fridays-Aktivist Max Fuchslueger. „Und es wurde gebraucht, dass wir uns öffnen. Denn es ging von der Kapazität nicht mehr und wir wussten: Viele Menschen wollen mitmachen."

Im Vorfeld sind wichtige Fragen abzuwägen. Wie können so viele Menschen wie möglich teilhaben? Wie kann man dabei gleichzeitig den Drive bewahren? Und wenn man fremde Menschen mitbestimmen lassen will, droht dann eine Unterwanderung – zum Beispiel von linken Gruppen?

Die Wiener Fridays im Kernteam einigen sich auf die Richtung, in die die Bewegung künftig gehen soll: so wenig hierarchisch wie möglich, offen für alle, jeder soll mitarbeiten können. „Denn es ist schwer, wenn nur ein paar Leute die Verantwortung tragen. Und es ist viel Verantwortung gewesen", sagt Schneider, „außerdem ist es eine ganz andere Motivation, wenn du nicht ‚angestellt' bist, sondern ein gleichwertiges Mitglied."

Fuchslueger schlägt dazu ein System vor, das er von seinem Engagement für Extinction Rebellion kennen gelernt hat: die Holokratie, die von einem amerikanischen Unternehmer entwickelt wurde. In der Holokratie wird Macht so verteilt, dass sich jeder einbringen und mitbestimmen kann. Anstelle einer klassischen Entscheidungspyramide, in der der Chef den Untergebenen erklärt, was zu tun ist, organisiert die Holokratie die Arbeit in Kreisen. Jeder Kreis erfüllt eigenständig eine bestimmte Aufgabe, die Rollen darin sind klar verteilt. Jeder Kreis steht mit den anderen in Verbindung.[6]

Auch die Fridays-Mitbegründer Stangl und Wilfinger haben mit diesem System schon Erfahrung gemacht. Die Kerngruppe beginnt darauf ein eigenes Strukturkonzept aufzubauen und auf die Bewegung zuzuschneiden. „Das war massiv mühsam, weil wir wussten nicht, wie wir's machen sollen. Wir haben es einfach probiert", erzählt Wilfinger, „aber irgendwie ist unser Strukturkonzept trotzdem gut geworden und hat sich als fruchtbar und praktisch herausgestellt. Irgendwie ist es ein Wunder. Aber gleichzeitig haben wir auch viel Hirnschmalz reingesteckt und versucht, es nach unseren Vorstellungen gut zu machen."

Der Umbau der Bewegung erfolgt in mehreren Schritten. Zuerst suchen die Wiener Fridays nach Mitstreitern. „Du willst dich aktiv bei Fridays For Future Vienna einbringen?", schreiben sie in einer Facebook-Einladung für das erste große Organisationstreffen Ende März 2019. „Dann sei am Sonntag dabei und werde ein Teil unseres bunten und motivierten Teams! Wir alle sind Fridays For Future und setzen uns gemeinsam für Klimagerechtigkeit und eine bessere Welt ein!"

Das Organisationstreffen steht unter dem Motto „Be part of the movement" und geht an einem Sonntag im TÜWI-Hörsaal der Wiener Universität für Bodenkultur über die Bühne.[7] Viele neue Leute docken an, es ist der erste große Schritt zur Verbreiterung der Bewegung. Einen Monat später – Ende April 2019 – verpassen sich die Aktivisten beim zweiten großen Organisationstreffen an der Boku[8] die neue Struktur. Verschiedene Arbeitskreise werden gegründet, die einzelnen Teams kümmern sich fortan eigenständig um Bereiche wie Organisation und Logistik der Streiks, die Kreativwerkstatt, Social Media und Pressearbeit, Foto und Film, Mobilisierung und Verwaltung.[9] Das alte Kernteam formt den Strategiekreis.

Aber das funktioniert nicht. „Es war immer ein bisschen geheim, was der Kreis macht, der die Strategie bespricht", sagt Schneider, die selbst in diesem Strategiekreis saß, „wir haben in der Gruppe gemerkt, dass das nicht gut ist für die gesamte Bewegung." Also überarbeiten die Wiener Fridays ihre Struktur erneut und bauen die Hierarchie weiter ab.

Nach dem großen Streik mit Greta Thunberg Ende Mai 2019 rufen die Fridays über die sozialen Medien zum dritten Organisationstreffen am 11. Juni auf.[10] Im Hörsaal der Boku legen sie die neue Struktur fest und besiegeln damit den Umbau zur basisdemokratischen Bewegung. „Seitdem gibt es nur noch Arbeitskreise und mehrere Strategiekreise, die unterschiedliche Ziele verfolgen", erklärt Fridays-Mitbegründer Stangl. Die großen, langfristigen Entscheidungen treffen alle versammelten Fridays im Plenum. Die kurzfristigen fällt der so genannte „Koordinator*innen-Kreis", in dem sich die Ansprechpartner aller Kreise versammeln.

Die neue Struktur bedeutet einen Machtverlust für das ehemalige Wiener Kernteam. Wie fühlt sich das Neue für die Alten an? „Das war der schönste Schritt", sagt Fridays-Mitbegründer Stangl, „weil seitdem habe ich nicht mehr das Gefühl, dass die Verantwortung auf mir alleine lastet. Ich fühle mich sehr eingebettet in etwas großes Ganzes."

Eine Fridays-Karriere

Wie wird man ein Friday? Wie macht man da mit? „Das habe ich am Anfang auch eine Freundin gefragt, die schon früher dabei war. Ich hab gedacht, es ist wahnsinnig schwierig und man muss irgendwo beitreten", sagt Laurenz Faber, 17 Jahre alt, über seinen Einstieg in die Klimabewegung. „Aber es ist tatsächlich so: Je öfter man zu Events kommt, desto mehr Leute kennen einen. Dann gibt es gewisse Aufgaben und man wird gefragt."

Der Einstieg wird den potenziellen Mitstreitern so einfach wie möglich gemacht. Sie werden nicht nur willkommen geheißen, sie werden aktiv gesucht. Die Fridays-Gruppen werben auf Demos, Social Media und auf ihrer Webseite um Unterstützer. Wer nicht auf die Demo geht, kann von zuhause aus Kontakt mit der Bewegung aufnehmen. Auf der Webseite findet man Mail-Adressen und Social-Media-Auftritte der verschiedenen Regionalgruppen, einige davon bieten auch gleich direkt an, den zentralen Whatsapp-Gruppen beizutreten. Diese tragen Namen wie „FFF Linz 2", „FFF Klagenfurt offen", „FFF St. Pölten", „FFF Innsbruck Info" oder „FFF Wien Announcements".[11] Über diese Gruppen informieren die Fridays-Mitstreiter und solche, die es werden wollen. Wer der Whatsapp-Gruppe beitritt, macht also den ersten Schritt in die Bewegung.

Laurenz will mitmachen, seit er als Demonstrant am ersten weltweiten Klimastreik teilgenommen hat. „Das hat mich mitgenommen und fasziniert", sagt Laurenz, „da hab ich mir gedacht, da will ich dabei sein, aber ich wusste nicht, wie das funktioniert." Nachdem er die Matura geschafft hat, besucht er die Freitagsstreiks und lernt immer mehr Fridays kennen. Beim „Greta-Streik" Ende Mai 2019 übernimmt er seine erste Aufgabe: Seitenordner auf der Demo. „Das war cool, weil es ein guter Job ist, um einzusteigen", sagt Laurenz, „da hat man gleich das Gefühl, etwas beizutragen."

Die Aufgabe des Ordners lässt sich mit der eines Hirtenhundes vergleichen: Man hält die Menge zusammen und schaut darauf, dass niemand ausschert. Gleichzeitig muss man darauf achten, dass die Gruppe in Bewegung bleibt, und Gefahren vorhersehen, etwa wenn sich plötzlich die Straße verengt und damit ein Nadelöhr für die sich bewegende Menschenmasse entsteht. Für die Demonstrierenden ist man der erste Ansprechpartner. Wohin gehen wir? Wie lange bleiben wir? Wo kriege ich Wasser? Wo ist das nächste Klo?

Wer bei den Wiener Demos als Ordner helfen will, tritt der Whatsapp-Gruppe „Ordner und Ordnerinnen Wien" bei, trägt sich darin in einem Onlineformular ein, kommt zum entsprechenden Ordnertreffen und wird dort über die Grundregeln gebrieft. Am Tag des Streiks bekommt man einen weißen Kittel ausgehändigt, damit ist man für alle als Friday-Mitstreiter sichtbar. Anziehen, schon ist man mittendrin.

„Ab dem Moment habe ich versucht, einfach mehr zu machen", sagt Faber. Im Sommer 2019 besucht er regelmäßig die Freitagsdemos und wächst so immer mehr ins Team. Er hilft beim Auf- und Abbau vor und nach den Demos, malt Banner in der Future-Werkstatt, schreibt Newsletter und tourt in den Ferien mit den Fridays durch die Wiener Bezirke, um den Protest von der Wiener Innenstadt in die Außenbezirke zu tragen. Als bei einem Streik keine Stimmung aufkommen will, stimmt er die Schlachtrufe der Fridays an und sorgt für Lautstärke. „Beim ersten Streik hab ich mir noch gedacht: Das würde ich nie machen, weil ich trau mich nicht, etwas zu schreien", sagt Laurenz, „aber in einem Demozug muss es Entertainment und Stimmung geben, das finde ich wichtig. Ich hab gemerkt, das macht mir Spaß und ich kann die Leute auch mitreißen."

Im September 2019 organisiert er den Climate-Emergency-Protest mit (siehe Seite 121), beim großen Klimastreik zwei Tage später steht er auf dem Demo-Wagen am Westbahnhof und feuert gemeinsam mit der Aktivistin Lena Schilling die Streikenden an (siehe Seite 208). Weil FFF Wien seit dem ersten globalen Streik verschiedene Aktivisten zu Medienterminen schickt, um einem Personenkult vorzubeugen und als Bewegung wahrgenommen zu werden, taucht auch Laurenz als einer von vielen hier und da in den Medien auf.

Im Oktober 2019 tritt er seinen Zivildienst an und damit in den Hintergrund. Demos besucht er seither kaum noch. „Meine Arbeitszeiten erlauben das leider nicht", sagt Laurenz. Aber er bleibt der Bewegung erhalten, schreibt weiterhin Newsletter, arbeitet im Presseteam und plant schon ein Großevent für Juni 2020 mit. „Es ist manchmal eine Herausforderung mit der Arbeit, aber am Abend oder Wochenende habe ich Zeit für die Fridays."

Mal schnell vorbeischauen und mitmachen

7. November 2019, Uni Innsbruck, achter Stock. Im Sitzungsraum der Atmosphären- und Kryosphärenwissenschaften haben sich abends mehr als zwanzig Menschen eingefunden, darunter wenige Schüler und sehr viele Studierende. Einige von ihnen gehören zum Kernteam der Innsbrucker Fridays, aber es sind auch ein paar neue Gesichter da. Sie sind dem Aufruf zum „offenen Organisationstreffen für den 4. Globalen Klimastreik" gefolgt. „Egal, ob du schon länger dabei bist oder neu dazukommen willst, komm vorbei und bring dich ein! Für das, was wir vorhaben, braucht es jede und jeden", schrieben die Fridays im Vorfeld in den Social Media[12] und auf der Webseite.[13]

20.000 Menschen brachte die Bewegung eineinhalb Monate zuvor in Innsbruck auf die Straße, der September-Streik 2019 war eine der größten Demonstration, die Tirol je gesehen hat.[14] Aber nur wenige haben das Ganze organisiert. Wer mit den Leuten aus dem Kernteam spricht, hört bald heraus, dass sie nach monatelangem Engagement langsam an ihre Grenzen kommen oder diese schon überschritten haben.

Das offene Organisationstreffen soll gleich mehrere Zwecke erfüllen. Es soll den potenziellen Mitstreitern Einblicke in die Bewegung geben. Es soll sie in die Bewegung bringen. Und es soll an diesem Novemberabend gleichzeitig die nächste große Demo in Innsbruck geplant werden. Dabei sollen alle helfen, die gekommen sind, auch die Neuen.

„Ich bin über mich hinausgewachsen", erzählt eine langgediente Aktivistin, die den Neuen die Bewegung vorstellt, „ich habe so viel gelernt und so viel gemacht. Das hätte ich mir vor einem Jahr gar nicht zugetraut." Die Fridays geben sich alle Mühe, ihre potenziellen Mitstreiter zu begeistern. Die Fridays seien nach wie vor eine Graswurzelbewegung für alle, die mitmachen wollen, keine geschlossene Runde. Niemand werde hier zu irgendetwas verpflichtet, jeder könne beitragen, was er möchte. „Einfach mal gucken, was passt", erklärt ein deutscher Aktivist, der sich in Innsbruck engagiert. „Und wenn man keine Zeit hat, lässt man's für eine Weile."

Die Neuen sind unterschiedlich motiviert. Da ist zum Beispiel ein Mädchen, das den ganzen Abend über stumm bleiben wird und beobachtet anstatt mitzuarbeiten. Da ist ein Bursche, der sich vor jeder Aufgabe drücken wird, aber anbietet, er könne beim nächsten großen Streik gern eine Rede halten. Da ist eine junge Frau, die bei der Vorstellungsrunde sagt, es sei „richtig cool, was ihr macht", aber früh gehen muss. Und da ist ein junger Mann, der sich derart engagiert einbringt, dass man glaubt, er wäre schon immer dabei gewesen.

Die Demo, die heute besprochen wird, ist der vierte globale Streik am 29. November 2019. In Innsbruck soll sie diesmal am Abend stattfinden. So will man auch jene erreichen, die es zu den Schulstreiks noch nie geschafft haben – Arbeiter und Angestellte zum Beispiel. Die Demonstration ist bereits angemeldet. Das Motto: ein Lichtermeer. Der Streik soll atmosphärisch stiller und besinnlicher sein, als die drei großen zuvor. Nun geht es an die Detailplanung.

Die Leute teilen sich dazu in drei Gruppen auf: Das Team „Koordination" überlegt, was es für die Demo braucht – von den Ordnern bis zu den Bannerträgern. Die Gruppe „Social Media" erarbeitet, wie man am besten über die sozialen Netzwerke zur Demo mobilisiert. Das Team von „Programm + Kreativ" plant, was man den Demonstrierenden bieten will. Jeder kann die Gruppe nach Belieben wechseln, jeder kann jederzeit nach Hause gehen. Anna Perktold, Anna-Lena Habsburg und Sarah Nobis leiten je ein Team, das Trio gehört zum innersten Kreis in der Innsbrucker Bewegung.[15] Die Gruppe von Perktold kümmert sich um den Bereich „Programm + Kreativ". Sie legt einen großen Papierbogen auf einen Holztisch und notiert mit dickem Filzstift, was die Gruppe brainstormt.

Ein Älterer sagt, er kenne eine Chorsängerin, er könne sie mal fragen, ob ihr Chor auftreten mag. Eine Studentin erzählt, ihr Psychologieprofessor rede in jeder Vorlesung über die Fridays, sie könne ihn mal um einen Vortrag für die Demo bitten – zum Beispiel zum Thema Klimakrise und Psychologie. Ein Neuer erklärt, welche Lieder alle leicht singen könnten, um die richtige Stimmung am Abend zu transportieren – einfach und repetitiv sollten sie sein. Eine engagierte Mitstreiterin schlägt vor, man könne beim nächsten Kreativtreffen umweltfreundliche Kerzen aus Bienenwachs fürs geplante Lichtermeer basteln – denn die herkömmlichen seien ja oft aus Erdöl gemacht. Und weil der Streik auf den Einkaufstag „Black Friday" falle – wolle man nicht eine Schweigeminute einlegen, gegen den Konsumwahn? Die Ideen purzeln über den Papierbogen, bald ist er voll. Eine Großdemonstration nimmt Gestalt an.

Protestalltag, Demo Nr. 38

Freitag, 6. September 2019, 11.05 Uhr. Drei junge Frauen sitzen hinten im Eck im Café Bellaria nahe dem Wiener Heldenplatz, sie planen den Ablauf von Demo Nummer 38. Es ist der erste Protest nach Schulbeginn. In der Ferienzeit hatten die Wiener Aktivisten die Freitagsdemos in die Außenbezirke verlagert, sie sangen ihre Protestlieder am Favoritner Reumannplatz, in Kagran in der Donaustadt und am Ottakringer Yppenplatz. Der Hitzesommer 2019 hatte all diese Orte fest im Griff. Sie liegen im dichtverbauten Stadtgebiet, wo es vor Leuten nur so wuselt und Sonne, Asphalt und Beton die Gegend bis zur Unerträglichkeit aufheizen.[16]

Nun ist die Schulzeit angebrochen und die Aktivisten kehren wieder in ihr altes Revier zurück, auf den Wiener Heldenplatz. Die drei jungen Frauen haben nicht einmal eine Stunde Zeit, bevor es losgeht, aber sie wirken so entspannt wie Schüler, die gerade den Mathematikunterricht für einen gemütlichen Kaffeehausplausch getauscht haben. Doch anstatt wie im Klischee beim Schulschwänzen über Lehrer und Mitschüler zu lästern, schimpfen sie über die Politiker, die im Klimaschutz versagen. „38. Klimastreik – und die Politik steht still!", heißt das Motto der Demo.

Es gibt einiges, worüber sich die drei ärgern müssen. Etwa über die peinliche Klimabilanz, die Österreich beim UN-Klimagipfel in New York vorlegen wird, der in zwei Wochen beginnt. Oder über den niedrigen finanziellen Beitrag der Republik für den Green Climate Fund, der armen Ländern helfen soll, die Klimakrise zu bewältigen. Vor allem aber fühlen sich die Aktivistinnen von hochrangigen Politikern persönlich gepflanzt. Bei offiziellen Terminen erzählen die den Aktivisten regelmäßig, wie umweltfreundlich sie selbst leben würden, wie sie Tomaten im eigenen Garten anbauen, nachhaltig gefangenen Fisch essen und überhaupt, der österreichische Puten-Standard sei ganz toll. „Wir kriegen immer ein Tier- oder ein Gemüsegleichnis", sagt Veronika Winter, die einzige Studentin in der Dreierrunde.

Rechts neben Winter sitzt Lena Schilling, Schülerin der Kunst- und Modeschule Herbststraße. Die 18-Jährige war schon früh ins Kernteam der Wiener Gruppe gekommen. Vor Fridays for Future hat sie sich unter anderem für die Linkswende und die kapitalismuskritische Klimabewegung „System Change, Not Climate Change" engagiert.

Links neben Winter sitzt Anika Dafert aus Radstadt, die 17-jährige Gründerin der Salzburger Bewegung. Sie geht im Missionsprivatgymnasium (MPG) St. Rupert in Bischofshofen zur Schule. Als Vertreterin von Fridays for Future Österreich wird sie bald gemeinsam mit dem Bundespräsidenten zum UN-Klimagipfel nach New York fliegen. Weil in der Hofburg noch Formalitäten zu klären waren, streikt sie heute in Wien statt in Salzburg. Sie ist direkt von der Hofburg zur Demobesprechung gekommen und wird heute als Salzburger Gastrednerin auf dem Heldenplatz über die Klimapolitik sprechen. Es bleiben noch fünfzig Minuten, bevor die Demo beginnt.

***

Veronika: Sollen wir zu dritt moderieren? Lena, du und ich?
Anika: Ja, voll.
Lena: Wie wollen wir uns das aufteilen? Was für Punkte sind wichtig? Ich würde auf jeden Fall die Aktionswoche jetzt bei jedem Streik riesig ankündigen. Und ich würde erwähnen, dass wir jetzt in der 38. Woche Klimastreik sind. Das ist so ein fetter Punkt, das ist so arg: Es ist durchgehend gestreikt worden! Und ich würde auch sagen, dass Leute, die mithelfen wollen zur Mobilisierung, danach zu uns kommen sollen. Dann können wir Namen und Telefonnummern einsammeln.
Veronika: Willst du am Anfang mit einem Sommerrückblick anfangen und gleich mit dem, was kommt? Dann könnten wir überleiten, was jetzt eigentlich in der Klimapolitik los ist.
Lena: Voll. Magst du Klimapolitik oder lieber einen Streikrückblick machen? Mir ist's egal.
Anika: Ich würde die Klimapolitik machen. Soll ich das Treffen mit der Kanzlerin nochmal ansprechen?
Lena: Ich würde sagen: „Es ist immer noch nichts passiert." Keine Namen nennen.
Veronika: Wir erzählen heute alles!
Lena: Wirklich?
Veronika: Ja! Wir erzählen alles.

***

In wenigen Minuten wird klar: Während wochenlang intensiv an der Vorbereitung für die großen globalen Klimastreiks gearbeitet wird, ist jene für eine durchschnittliche Freitagsdemo mittlerweile eine Mischung aus Routine und Improvisation. In den kommenden Minuten wird nicht nur geklärt, wer was wann sagt. Die drei besprechen auch, wie sie mit der Unterrichtsministerin umgehen wollen, die den Aktivisten vor wenigen Tagen öffentlich ausgerichtet hat, dass sie nichts vom freitäglichen Schulstreik halte.[17] Fridays for Future hat daraufhin einen offenen Brief an die Ministerin geschrieben und sie zur Demo auf den Heldenplatz eingeladen.

Vierzig Minuten vor Demobeginn. Lena Schilling fasst den bisher besprochenen Ablauf so zusammen: „Hey, hallo zum Streik, blablabla, wir sind blablabla, und dann 38 Wochen Streik, Sommerrückblick, Politik, Politik tut nichts, dann womöglich die Bildungsministerin ein bisschen zur Rechenschaft ziehen."

Die drei jungen Frauen bleiben erstaunlich gelassen, auch wenn Unvorhergesehenes geschieht. „Ah, ORF 1 kommt heute zum Heldenplatz. Sie wollen jemanden um die zwanzig, der ein kurzes Statement zu unserer Haltung zur Airpower-Show[18] abgibt", sagt Veronika Winter, während sie die Nachricht auf ihrem Smartphone liest.

***

Dreißig Minuten vor Demo-Beginn. Veronika Winter bekommt die nächste Nachricht.

Veronika: Ahhhh, mein Mitbewohner singt.
Lena: Wirklich, der Bernhard?
Veronika: Nein, der Laurin. Ich habe ihn heute in der Früh noch angehaut, dass er spielen soll.
Lena: Okay, das heißt, den können wir auch einplanen. Und die Wissenschaftlerin ist bis 13.30 Uhr da?
Veronika: Ja, und wir können ihr auch offene Fragen stellen. Renate Christ. Sie war Generalsekretärin beim IPCC[19], kommt aus Oberösterreich und hat den *Oberösterreichischen Nachrichten* unlängst ein extrem geiles Interview gegeben. Sie wird uns einfach über die aktuelle Klimapolitik erzählen und was nötig wäre.
Lena: Ja, super. Plus offene Fragen. Okay, dann wird's eh so 13.30 Uhr sein.
Veronika: Dann kannst du um 13.45 Uhr Schluss machen.
Lena: Eh. Und danach lasse ich noch ein bisschen Animation machen.

***

Die Demoplanung der Wiener Fridays ist work in progress. „In Salzburg gibt's so etwas gar nicht", sagt Anika Dafert. „Da ist es so: Wir treffen uns, wir gehen drei Runden durch die Stadt und das war's."

15 Minuten vor Demobeginn packen die drei Aktivistinnen ihre Notizen ein und brechen zum Heldenplatz auf. Sie werden dort mehr als hundert Demonstranten in Proteststimmung bringen.

Lena Schilling wirft der Menge zum Aufwärmen entgegen: „Ich sag Klima, ihr sagt Streik!"

Veronika Winter heizt weiter ein: „Wir sind hier, wir sind laut, weil man uns die Zukunft klaut!"

Anika Dafert stimmt das Lied „Ölkonzerne" an, eine Mischung aus Soldatenlied und Huldigung der Energiewende (siehe Seite 37).

Schließlich nehmen sich die Demonstranten an den Händen, formen einen Halbkreis und singen im Chor die Hymne der Wiener Bewegung: „Hey ho, take me by the hand. Strong in solidarity we stand. Fight for climate justice". Um den klimapolitischen Stillstand im Land für ein Foto einzufangen, verschränken die Demonstranten danach ihre Arme zu einem X vor ihrem Brustkorb.

Eine friedliche Stimmung breitet sich vor Erzherzog Carl I. aus. Vor seiner imposanten Reiterstatue malen Demonstranten mit Kreide eine bunte Welt, während ein Musiker die Umwelt besingt. Auf dem Asphalt sprießen Blumen, ein Herz, eine Sonne und die Erdkugel, dazu die Worte „A better world", „love", „heal", „Klimanotstand". Das alles erinnert ein wenig an eine katholische Feldmesse. Die gemeinsamen Gesänge. Die Geschichte von der Apokalypse und der Erlösung. Die Predigt der Klimaexpertin. Am Ende gibt es sogar noch eine Art Kommunion. Neben der Reiterstatue haben Aktivisten einen Stand aufgebaut. Dort werden nicht mehr ganz frische Lebensmittel verteilt, die vor dem Mistkübel bewahrt wurden. Sie nennen es „gerettetes Essen".

Abpausen, anpassen

Man hat es auch auf Demo Nr. 38 am Heldenplatz gesehen: Die Kopiermaschine ist angelaufen. Nicht nur die Schlachtrufe auf der Demo klingen so wie an anderen Orten in anderen Ländern. Auch mancher Spruch auf den Schildern ist internationales Klimaprotest-Gemeingut. Zu den Klassikern der internationalen und deutschsprachigen Klimabewegung zählen unter anderem: „There is no planet B", „Die Dinosaurier dachten, auch sie hätten Zeit", „Make love, not CO_2", „Ich bin so sauer, ich hab sogar ein Schild gebastelt", „I want a hot boy-friend, not a hot planet", „Opa, was ist ein Schneemann?" und „Fuck each other, not the planet".

Politikexperte Christoph Hofinger, der sich professionell mit Kli-makommunikation auseinandersetzt, bezeichnet solche Plakate als „auf Karton gemalte Memes". Memes sind jene Bild-Spruch-Kombi-nationen, die so witzig oder geistreich sind, dass sie sich in den Social Media rasch vervielfältigen. „Das ist eine Generation, der man vor-geworfen hat, sie vertrottelt wegen des Handys. Aber in Wirklichkeit haben sie das, was sie auf ihren Handys gelernt haben, verwendet und in die Offline-Welt gebracht", sagt Hofinger, „nämlich schnell, witzig, erfolgsorientiert und auf Feedback gesteuert zu kommunizieren. Sie sind auch deswegen so erfolgreich." Wie in der virtuellen Welt werden also die Sprüche, die ankommen, auch für den Protest auf der Straße geteilt, abgemalt und weiterverbreitet. Oder wie es Nikolai Ritter von FFF Wien nennt: „Da hat irgendjemand eine geile Idee, die es auf den Punkt bringt, und die wird dann kopiert und kopiert und kopiert – wie Vogelschwarmintelligenz."

Die Fridays nehmen und geben, sie ahmen nach und schaffen neue Kopiervorlagen. Ritter war es, der die Idee zu einem neuen Format entwickelt hat, mit dem die Fridays nach dem großen Streik im März 2019 auf die Schulschwänzer-Debatte kontern: „Das streikende Klas-senzimmer" – ein Vortrag eines Klimaexperten auf der Demo samt Schultafel. „Wir zeigen: es ist nicht unsere Bildung, die wir bestreiken, sondern ein untätiges politisches System, das tatenlos dabei zusieht, wie unsere Zukunft aufs Spiel gesetzt wird", schreiben die Wiener Fridays und rufen gleichzeitig Lehrer dazu auf, mit ihren Klassen auf Exkursion zum Vortrag zu kommen.[20] Die ersten „streikenden Klas-senzimmer" werden am 22. März 2019 zeitgleich in Wien und Linz[21] organisiert, im April übernehmen die Salzburger[22] und Vorarlberger die Aktion[23], im Mai wird sie von den Grazern[24] und Innsbruckern[25] aufgegriffen.

Die Kopiervorlage für wesentliche Entwicklungen in der Bewe-gung finden die Österreicher nicht nur zuhause, sondern oft jenseits der Grenzen. Dazu nutzen sie die internationalen Treffen. Max Fuchs-lueger, der früh innerhalb der Wiener Fridays die Vernetzung über-nommen hat, lernt beim ersten internationalen Aktivistentreffen in

Straßburg Mitte März 2019 die nonverbale Kommunikation kennen (siehe Seite 152 f.). „Das ging von der Schweiz aus. Die war schon weitaus weiter. Die haben in Straßburg die Zeichensprache vorgestellt, um Prozesse zu beschleunigen und partizipativer zu sein", erzählt Fuchslueger. „Nach dem ersten weltweiten Klimastreik sind auch die Treffen in Wien größer geworden, da habe ich gesagt: Machen wir's auch so!"

Die Wiener führen die Zeichensprache wiederum bei den bundesweiten Treffen ein, in denen die Entscheidungen für die österreichische Bewegung fallen. Ein Handzeichen erweist sich als besonders effizient – der Schweigefuchs. Er dient dazu, Ruhe in die Gruppe zu bringen. Und das funktioniert so: Man hebt dazu seine Hand, presst Mittel- und Ringfinger auf den Daumen und streckt zugleich den Zeigefinger und den kleinen Finger in die Höhe. Jeder, der das Zeichen sieht, wird stumm und macht selbst den Schweigefuchs. Dank dieser Methode wird es selbst in einem großen Saal innerhalb von Sekunden still. Das Problem daran ist: Das Handzeichen ähnelt nicht nur einem Fuchs. Es sieht auch aus wie ein Wolf. Die rechtsextremen türkischen Grauen Wölfe verwenden daher dasselbe Symbol als Wolfsgruß. „Wenn's verfänglich ist, ändert man's halt", sagt der Grazer Fridays-Aktivist Thomas Eitzenberger. „In Österreich wird der Schweigefuchs deshalb zur Pute, ohne aufgestellte Ohren." Das heißt: Alle Finger auf den Daumen pressen.

Eitzenberger hat mit anderen Mitstreitern in einer Moderationsarbeitsgruppe die Zeichensprache der Fridays für das Bundesplenum in Graz Anfang September 2019 überarbeitet. „Wir haben die Zeichen aus der Schweiz hergenommen und uns gefragt, was macht Sinn und wie können wir es visualisieren", erzählt er. Sie recherchieren im Internet verfügbare Grafiken und übernehmen weitere aus deutschen Moderationsseiten. Das Motto lautet: Abpausen, anpassen.

Noch etwas Wichtiges machen die österreichischen Fridays der schweizerischen Klimastreikbewegung nach. „Es gab schon im Jänner oder Februar internationale Videocalls über Zoom, um sich auszutauschen", erinnert sich Max Fuchslueger an die Anfänge 2019. „Da waren schon Aktivisten aus der Schweiz und aus den Niederlanden dabei." Am 17. März 2019 – zwei Tage nach dem ersten globalen Streik – führt Fuchslueger die erste österreichweite Fridays-Videokonferenz ein. An ihr nehmen sechs weitere Aktivisten aus Innsbruck, Linz, Graz und Klagenfurt teil.[26] Für viele Aktivisten werden diese Videocalls bald zur sonntäglichen Routine.

Vereint im virtuellen Raum

24. November 2019, Sonntagabend. Ein gelbes Haus am Stadtrand Amstettens. Hier lebt Lena Köstler, 14 Jahre, Schülerin in der letzten Schulstufe der Mostviertel Montessori-Schule und Aktivistin bei Fridays for Future Amstetten. Ihr Einsatz fürs Klima hat den Alltag der Familie verändert. Die Eltern lassen das Auto öfter stehen, Lena und ihre Mutter ernähren sich nun „weitgehend vegan". Fast jeden Sonntagabend taucht die Tochter ab.

Heute ist der letzte Sonntag vor dem vierten globalen Streik Ende November 2019. Kurz vor 18 Uhr steigt Lena die Holztreppe hinauf und verschwindet in ihrem Zimmer. An der Eingangstür hängt ein Poster der Sängerin Lena Meyer-Landrut, am Kleiderschrank eines von Ed Sheeran. Im Bücherregal stehen Mickey-Mouse-Figuren, die Ausgaben der Fantasy-Reihe „Warrior Cats", die Familienbiografie der Thunbergs und ein Buch mit Gretas gesammelten Reden. Das Kinderzimmer wird sich gleich in ein virtuelles Parlament verwandeln.

Die 14-Jährige öffnet auf ihrem Smartphone das Videochat-Programm Zoom und lehnt es auf dem Schreibtisch gegen ein Packerl „Fridays For Future Amstetten"-Pickerl. Um 18 Uhr beginnt die Bundestelefonkonferenz, kurz BTK. Per Videoschaltung stimmen sich die FFF-Regionalgruppen wochenends miteinander ab. Für die 14-Jährige gehört das Treffen mittlerweile zum Sonntagabend wie für andere der TV-Krimi „Tatort".

Die ersten Teilnehmer erscheinen auf dem Bildschirm, Lena wischt über ihr Smartphone und sieht immer mehr Jugendliche in deren Zimmern. Sie sitzen in Ried im Innkreis, Salzburg, Villach, Vorarlberg, Wien. Rund zwanzig Aktivisten sind es heute. Sie haben einen verantwortungsvollen Job. Sie vertreten ihre Regionalgruppen als gewählte Delegierte. Sie sind die Schnittstelle zwischen der großen Fridays-for-Future-Bewegung in Österreich und den vielen kleinen Ablegern. Sie bringen Einwände und Wünsche ihrer Ortsgruppenmitglieder nach oben und tragen das, was bundesweit besprochen wird, wieder in die Regionalgruppe hinein.

Wie eine BTK abläuft, regelt das Strukturkonzept, das die Fridays beim zweiten Bundestreffen Mitte Juni 2019 in Linz beschlossen haben.[27] Dieses Dokument ist die Verfassung der österreichischen Fridays-Republik, es legt fest, welche Mehrheiten für welche Entscheidungen in der Bewegung nötig sind, erklärt die so genannten Bundesplena zur „obersten Instanz" und die BTK zum „Entscheidungsorgan zwischen den Bundesplena". Das heißt: Langfristige Entscheidungen fällen alle Fridays gemeinsam an einem bestimmten Ort, Kurzfristiges regelt ein kleiner Delegiertenkreis online.

Lenas Mutter stellt eine Schüssel Schokoladelebkuchen neben dem Smartphone ab und sagt: „Das kann manchmal länger dauern." Mehrere Punkte stehen heute zur Abstimmung. Etwa die Frage, wer Fridays for Future Österreich auf der UN-Klimakonferenz im Dezember 2019 in Madrid vertreten soll? Auch die Amstettner wollen etwas einbringen. Im Google-Dokument „Fridays for Future Austria Protokoll Bundestelekonferenz" ist als dritter Tagesordnungspunkt vermerkt: „Climate Justice Techno Album (Amstetten)".

Heute läuft alles wie gewohnt, also nicht reibungslos. Jede Woche übernimmt eine andere Regionalgruppe die Moderation, aber der Moderator hat eine derart schlechte Internetverbindung, dass er kaum zu verstehen ist. Eine Aktivistin, die nicht vorbereitet ist, springt spontan ein. Und wie jeden Sonntag bricht nach vierzig Minuten die Videokonferenz ab, weil die meisten Jugendlichen nur die kostenlose Version des Programms heruntergeladen haben. Dann muss alles neu gestartet werden, jeder muss sich wieder einloggen.

Die Delegierten behandeln zunächst eine organisatorische Frage: Soll sich FFF Österreich an der europäischen FFF-Webseite beteiligen, die gerade entsteht? Die Teilnehmer aus den einzelnen Regionalgruppen stimmen sich schnell untereinander ab. Lena öffnet die Whatsapp-Gruppe „FFF Amstetten Delegierte". „Das passt oder?", schreibt darin eine andere Delegierte aus Amstetten, die ebenfalls an der Videokonferenz teilnimmt. Lena antwortet bloß: „+". Amstetten nimmt den Vorschlag damit einstimmig an. Die Entscheidung der Ortsgruppe wird dem Bundesparlament schriftlich mitgeteilt, nämlich in einem Chat, der parallel zur Videokonferenz läuft. Dort poppen nacheinander Ortsnamen mit einem + auf, nur eine Regionalgruppe enthält sich der Stimme: ~. Das Fridays-Parlament beschließt: Österreich macht bei der europäischen FFF-Webseite mit.

Bei der BTK hat jede Regionalgruppe eine Stimme. FFF Amstetten, das aus rund zehn Schülern besteht, ist damit ebenso stark wie die Fridays in der Metropole Wien. Das soll sicherstellen, dass niemand übergangen wird, auch wenn die Gruppe noch so winzig ist. Gleichzeitig gibt es den Kleinen übermäßig viel Gewicht. „Das ist wie im EU-Parlament", sagt die 14-Jährige, „da hat Österreich im Vergleich zu Deutschland auch mehr Sitze."

Amstettens Fridays-for-Future-Gruppe ist relativ neu, sie formierte sich im Sommer 2019 und ging das erste Mal im Rahmen der Aktion „Austria for Future" am 20. September 2019 auf die Straße, als im ganzen Land fürs Klima demonstriert wurde (siehe Seite 200 ff.). Um als offizielle Regionalgruppe zu gelten, mussten sich die Aktivisten in der BTK vorstellen und wurden von den anderen Regionalgruppen akzeptiert. Seither sind die Amstettner stimmberechtigt und mischen auf Bundesebene mit.

Tagesordnungspunkt drei, „Climate Justice Techno Album (Amstetten)". Neben Lena liegt ein Block mit handschriftlichen Notizen, wichtige Stellen hat sie mit blauem Leuchtstift markiert. Sie drückt im Videokonferenzprogramm auf die Schaltfläche „Hand heben", um sich virtuell zu melden, und schaltet ihr Mikrofon ein. Die Moderatorin erteilt ihr das Wort. „Es geht um das Album, das Der traurige Gärtner am 29.11. rausbringen wird", spricht Lena ins Smartphone. Der Musiker hat die Bewegung schon früh begleitet, nun hat er die Streiksprüche der Fridays mit Technomusik unterlegt und bietet sie kostenlos zum Download an. „Die Bitte ist, dass ihr die Lieder auf all euren Demos spielt", sagt Lena. „Das Ziel ist, dass wir den Song ‚Ölkonzerne' in die Charts bringen." Die Regionalgruppen sollen das Album auf ihren Kanälen bekannt machen. Kurz diskutieren die Fridays darüber, schließlich sagt die Moderatorin: „Okay, dann würde ich sagen: Promoten wir das alle richtig und schauen wir, dass es in die Charts kommt!"

Die BTK dauert an diesem Tag etwa eine Stunde. Lena ist noch nicht wahlberechtigt, aber sie hat gerade als Fridays-Abgeordnete Politik gemacht. Die meisten Aktivisten, mit denen sie eben virtuell im Parlament gesessen ist, hat sie noch nie im echten Leben getroffen. In einem halben Monat wird sie einige von ihren wöchentlichen Videobekanntschaften zum ersten Mal persönlich kennenlernen. Im Dezember 2019 fallen die großen Entscheidungen beim Bundesplenum in Wien. Aus Amstetten werden nur wenige anreisen, erzählt Lena. „Weil viele in meinem Alter sind, dürfen viele von ihren Eltern aus nicht nach Wien fahren und dort übernachten."

Die Eroberung des Landes

2. September 2019, Universität für angewandte Kunst im dritten Wiener Gemeindebezirk. Über die Sommerferien hat die Kunst-Uni den Fridays den Raum Flux 1 im dritten Stock zur Verfügung gestellt. Nun hat sich die Future-Werkstatt dort eingenistet. Sie ist das kreative Zentrum der Wiener Bewegung. Die Bastler unter den Fridays formen hier Skulpturen, malen Schilder und Banner. Das Material dafür ist großteils Recyclingware; sie schnorren alte Demo-Planen, gehen in Geschäfte und bitten dort um Abfall.

An der Mauer im Flux 1 lagert nun ein Haufen gesammelter Kartonagen. Ein paar Schritte entfernt sitzen Jugendliche im Schneidersitz und schnipseln altes Zeitungspapier in eine Kiste; daraus soll Pappmaschee werden. Es wird gebraucht für das seltsame Gebilde, das dort drüben auf der Holzpalette steht: Der untere Teil Styroporabfall, mit Klebepapier zu einer Müllkugel zusammengebunden. In der Mitte ragt ein Gerüst für den fehlenden zweiten Teil in die Höhe. Daraus soll am Ende eine große Skulptur entstehen: die Erde in der Form einer Sanduhr. Statt Sand fallen tote Tiere und Menschen herunter. Soweit der Plan. Bis zum großen Klimastreik am 27. September 2019 muss sie fertig sein.

Die Demo wird der Schlussakt der „Week for Future" sein, die die Klimabewegung anlässlich des UN-Klimagipfels in New York ausgerufen hat. Zum Klimagipfel reisen die wichtigsten Staatschefs an, UN-Generalsekretär António Guterres will sie zu einer ehrgeizigeren Klimapolitik anspornen. Um den Druck zu erhöhen, sind in der Woche weltweit Aktionen von Klimaschützern geplant. In Österreich läutet den Beginn der „Week for Future" eine besondere Aktion ein: „Austria for Future, dein Ort für die Zukunft". In ganz Österreich soll es so viele Demos wie möglich geben. So will die städtisch geprägte Bewegung ihre Breite zeigen und damit das Land erobern. Ein Hintergedanke dabei: Die Aktion soll im besten Fall weitere Mitstreiter dazu bringen, eine eigene Regionalgruppe zu gründen – wie in Amstetten. Bevor die Bastler der Future-Werkstatt ans Werk gehen, treffen sich dazu ein Dutzend Wiener Fridays am frühen Montagnachmittag im Raum Flux 1. Bis auf den Future-Werkstatt-Gründer Nikolai Ritter sind alle jünger als dreißig Jahre, die meisten von ihnen Schüler und Studierende. Nicht alle kennen sich, aber die, die sich kennen, umarmen sich zur Begrüßung und erwecken einen vertrauten Eindruck. Die heutige Aktion heißt: „Callcenter for Future". Mit ihr will die Bewegung die österreichische Bevölkerung über den Klimanotstand informieren, der gerade im Parlament verhandelt wird. „Die Politik soll sich nicht mehr ausreden können", erklärt Fridays-Aktivist Johannes Stangl der Runde, „wir wollen, dass sich ganz Österreich hinter den Climate Emergency stellt."

In der Mitte des Sesselkreises liegen Baguette, Bio-Quinoa-Tomaten-Aufstrich und Bio-Müsliriegel zur Verpflegung. FFF-Aktivistin Veronika Winter rollt daneben einen Papierbogen auf, erklärt den Ablauf der Aktion und schreibt die Eckpunkte aufs Papier. „Callcenter for Future" heißt: Wer da ist, ruft seine Freunde, Verwandten und Bekannten an, die auf dem Land leben, und bittet sie, am 20. September 2019 bei „Austria for Future, dein Ort für die Zukunft" mitzumachen. Mitmachen heißt: im eigenen Heimatort eine Veranstaltung organisieren, einen Flashmob, Reden, eine Demo, Vorträge von Wissenschaftlern, so etwas in der Art. Dem Aktionismus sind keine Grenzen gesetzt. Die Minimalanforderung: sich mit einem Plakat vors Ortsschild stellen und ein Foto der Aktion einschicken. Je mehr Leute auf dem Foto zu sehen sind, desto besser.

Wer die Aktion in seine Gemeinde tragen will, dem schicken die Fridays ein „Streikpaket" mit Informationsmaterial zu, um die Aktion zu bewerben. Man muss sich nur auf der FFF-Webseite anmelden, dann erscheint die eigene Gemeinde mit einem Fridays-for-Future-Logo auf der Österreich-Landkarte. Hat jemand im Ort schon etwas angemeldet, bietet die Webseite die Möglichkeit, sich mit demjenigen in Verbindung zu setzen. 166 Gemeinden sind schon dabei, allein beim vorangegangenen Callcenter for Future wurden 55 mobilisiert. Die Aktivisten heute wollen nachlegen. Damit die Partie in Stimmung kommt, schaltet Winter die Musikbox ein; es ertönt Hip-Hop von Culcha Candela, die auf der internationalen FFF-Demo in Aachen spielten. Um den Wettbewerb anzuheizen, wird ein zweiter Papierbogen mit dem Titel „Wer mobilisiert die meisten Orte???" auf die Glaswand gehängt und darauf eine Stricherlliste geführt. Der Gewinner bekommt eine kleine Belohnung. Dann schwirren die Fridays aus, scrollen auf ihrem Smartphone durch ihre Kontaktlisten und spazieren telefonierend durch die lichtdurchfluteten Gänge der Angewandten. Knapp zwei Stunden später führt Maris mit sieben Gemeinden vor Maria, Nikolai und Ida mit jeweils sechs.

Zweieinhalb Wochen später – am 20. September 2019 – beteiligen sich an „Austria for Future" mehr als 750 Orte[28] in Österreich.[29] Die Fridays nennen es „die größte dezentrale Klimaaktion, die es jemals gegeben hat."[30]

Die Machtdemonstration

27. September 2019, 9.05 Uhr. Die Sommerferien sind vorbei, die Wiener Fridays sind mittlerweile von der Kunst-Uni ins Social-Work-Hub übersiedelt, einem Co-Working-Space im neunten Wiener Gemeindebezirk. Lina Rummler öffnet die Tür zum Zimmer, in dem die FFF-Proteste seither in Farbe getunkt werden. „Mit Betreten dieses Raumes stimmen Sie den allgemeinen Geschäftsbedingungen der FutureWerkstatt zu", steht auf einem handgeschriebenen Zettel an der Tür. Die Geschäftsbedingungen lauten: Pinsel auswaschen, keine gefährlichen Gegenstände liegen lassen, Müll entsorgen, Waschbecken und Raum sauber halten. „Bei Zuwiderhandlung gegen die oben angeführten Richtlinien folgt eine öffentliche Bloßstellung in Form eines gemeinen Schmähgedichts."

Die Drohung scheint zu wirken. Der Raum ist aufgeräumt, nur die mit Farbe bekleckerten Planen am Boden zeugen noch von der Arbeit der vergangenen Nacht. „Wir haben gestern noch bis zehn Uhr gemalt", sagt Rummler, die die FutureWerkstatt koordiniert, „das letzte Banner haben wir um neun Uhr angefangen."

Rummler steckt ein großes Banner ins Fridays-Lastenfahrrad, auf dessen Lenkerstange jemand eine violette Blumenvase montiert hat. Auf der einen Seite ist das Rad mit einem Delfin bemalt, der vor einer Bohrinsel flüchtet, auf die andere Seite haben die Aktivisten zwischen Blumen die Ankündigung „20.-27. SEPT WEEK FOR FUTURE" gepinselt. Der „27. SEPT" ist heute. Die Klimawoche kommt zu ihrem großen Finale – dem weltweiten Earth Strike. „Wir benennen den Heldenplatz heute um", sagt Rummler und packt Pappschilder ins Lastenrad, auf denen „Klimaheldenplatz" und „Klimaheldinnenplatz" geschrieben steht. „Das wird, glaube ich, fett."

Die Erwartungen der Fridays sind hoch. Acht Tage zuvor gab das Bildungsministerium einen Erlass für den Earth Strike heraus. Die Übergangsministerin Iris Rauskala ließ die Schulen darüber informieren, dass die Schüler im Rahmen einer Schulveranstaltung oder einer schulbezogenen Veranstaltung[31] an der Demo teilnehmen dürfen. Es bestehe – sofern alle Regeln eingehalten werden – „kein Einwand gegen eine Teilnahme".[32] Das war zwar auch schon vor diesem Erlass so, aber es ist in diesen Tagen ein starkes politisches Signal für Direktoren und Lehrer im ganzen Land.

Rummler schiebt das Lastenrad nach draußen und tritt in die Pedale, vorbei an den Wahlplakaten der Parteien, Althanstraße, Alserbachstraße, dann die steile Liechtensteinstraße bergauf, die schon so mancher Friday verflucht hat, der mit vollgepacktem Lastenrad unterwegs war. Oben angekommen, donnern die Autos über den Wiener Ring. Rummler wartet, bis die Ampel grün wird. „Nachher ist hier gesperrt", lacht sie. „Unsere Straßen."

Sie radelt den Ring entlang, vorbei an der Universität, die vor ihrem Eingang zwei Fridays-for-Future-Plakate gehisst hat. „Die nächste Flagge", sagt Rummler und deutet auf die Fahne vor dem Burgtheater. „Klimanotstand ausrufen", steht dort geschrieben. „Da oben", zeigt Rummler auf ein riesiges FFF-Banner, das zwischen zwei Säulen des Burgtheaters gespannt ist. Rummler hat es selbst gemalt, gebügelt und umgenäht. „Da drüben ist die nächste Flagge", sagt sie an der Ecke Burgtheater-Volksgarten. Dann biegt sie zum Heldenplatz ein, wo gerade die große Bühne für den Earth Strike aufgebaut wird. Dort wird bald das große Frontbanner hängen, das sie vorhin ins Lastenrad gelegt hat.

Am Heldenplatz warten schon ein paar Fridays; Rummler begrüßt sie nahezu euphorisch. Wochenlang hat die Bewegung auf den heutigen Tag hingearbeitet. Rummler holt Kabelbinder und die Kartons aus dem Laderaum des Rads, bohrt mit einem Schweizer Taschenmesser zwei Löcher in die Schilder, klettert bemerkenswert geschickt auf die Laternenpfähle des Heldenplatzes und montiert dort unter interessierten Blicken herumstehender Touristen Klimaheldinnenplatz-Schild um Klimaheldenplatz-Schild.

Hier soll heute – zwei Tage vor der Nationalratswahl – die größte Klima-Demo in der Geschichte der Republik stattfinden. Mehr als achtzig Organisationen haben sich den Fridays angeschlossen, darunter das For-Future-Universum (siehe Seite 166 ff.), alle großen Umwelt-NGOs, die katholische, muslimische, sozialistische und kommunistische Jugend, die Pfadfinder und Pfadfinderinnen Österreichs, das Rote Kreuz, Amnesty International, Attac sowie mehrere Gewerkschaften.[33] „Wir fordern bei diesem Streik der Generationen lautstark eine Kehrtwende in der Klima- und Umweltpolitik hin zu einer nachhaltigen und ökologischen Gesellschaft für uns alle", forderten die Organisatoren im Vorfeld. „Alle Kräfte aus Zivilgesellschaft, Politik, Wirtschaft und Wissenschaft müssen jetzt zusammengebracht werden!"

Dieses „Zusammenbringen" wollen die Fridays auch mit ihrem Protest veranschaulichen. Deshalb haben sie sich für heute ein kleines Drehbuch überlegt, das mit großem organisatorischen Aufwand verwirklicht werden soll: Drei riesige Protestzüge sollen von unterschiedlichen Punkten in der Stadt starten und jeweils unter einem anderen Motto stehen. Am Hauptbahnhof trifft sich jener mit dem Motto „Wirtschaft", er zieht mit dem Frontbanner „Emissionen besteuern"[34] an der Wirtschaftskammer vorbei, die zu den größten Blockierern in der Klimapolitik zählt (siehe Seite 60 f.). Der Protestzug „Politik" startet vom Praterstern und passiert mit der Botschaft „Wir streiken, bis ihr handelt" das Verkehrsministerium, dem Symbol der verfehlten Klimapolitik im Land (siehe Seite 59). Der Wissenschaft ist wiederum die Demo unter dem Motto „Gemeinsam hinter der Wissenschaft" gewidmet, die am Westbahnhof beginnt und von dort am Haus des Meeres vorbeifließen wird, das als Mahnmal für die bedrohten Schätze der Natur gesehen werden kann.[35]

Alle Protestflüsse sollen dann in den Karlsplatz münden. Dort hängt zur Orientierungshilfe für die bevorstehende Parlamentswahl für alle sichtbar ein großes Banner: Darauf sind die Schulnoten gedruckt, mit denen die Wissenschaftler bei der großen Klimaprüfung die Parteiprogramme bewertet haben (siehe Seite 115). Nach einer Kundgebung am Karlsplatz rauscht der vereinigte Demo-Strom mit dem neuen Frontbanner „Gemeinsam für Klimagerechtigkeit"[36] weiter und ergießt sich schließlich in den Heldenplatz, der dann eben – je nach Wunsch – Klimaheldinnenplatz oder Klimaheldenplatz heißen wird.

Das Frontbanner für die letzte Strecke befindet sich noch in der Stofftragetasche, die um Johannes Stangls Schulter hängt. Stangl wird die Menschenmasse vom Karlsplatz anführen, er hat die Demo angemeldet. An seine Hose hat er deshalb ein Funkgerät geklemmt. „Wenn das Handynetz bei so vielen Leuten zusammenbricht, können wir noch weiterreden", sagt Stangl. „Beim ersten weltweiten Streik konnte man fast nicht telefonieren, weil es so überlastet war."

Vor ziemlich genau neun Monaten hat Stangl auch die allererste Mini-Demo am Heldenplatz angemeldet. Rund hundert Leute kamen damals. Heute sind alleine rund hundert Ordner unterwegs, damit der Demo-Strom nicht ausufert. Die Fridays rechnen mit zigtausenden Teilnehmern. Weil die Polizei regelmäßig deutlich weniger zählt als sie selbst, haben sie für diesen Streik mit Computerprogrammen experimentiert, die die Zahl der Demonstrierenden anhand von Fotos berechnen können. Weil man nur schwer die ganze Menge aufs Bild bekomme, habe das nicht so gut funktioniert, sagt Stangl. Deshalb werden heute einige Fridays mit Klickzählern unterwegs sein, die die drei einzelnen Demoströme und das Protestmeer analog vermessen sollen.

10.30 Uhr. Stangl ist mit zwei Mistreitern vom Heldenplatz zum Westbahnhof aufgebrochen, sie warten nun auf die U-Bahn. „Öffis nützen, Klima schützen!", leuchtet auf der Anzeigetafel, auf der man sonst nur die verbleibenden Minuten bis zur nächsten U-Bahn sieht. Stangl hinkt ins Abteil. Er hat sich vergangenen Freitag die große Zehe ausgerenkt. Das letzte Lied auf einem Black-Metal-Konzert ist er zu ambitioniert angegangen, Stangl landete im Krankenhaus. Er wird nicht der Einzige sein, der an diesem entscheidenden Tag für die Fridays die Schmerzen wegdrücken wird. Leo Zirwes, der mit ihm die U-Bahn nimmt und sich heute als Animateur die Seele aus dem Leib brüllen wird, schluckt Aspirin. Zirwes erzählt, am Abend nach dem zweiten weltweiten Streik sei er völlig am Boden gewesen. „Das war richtig schlimm", sagt der 17-jährige Schüler, „ich glaub, darauf läuft's heute wieder raus."

Auch Lena Schilling geht es nicht besser. Es sind stressige Tage für die 18-Jährige. Vor einer Woche hat die Schülerin ihre erste große FFF-Demo mit hunderten Teilnehmern in Ottakring auf die Beine gestellt, samt Demozug, Reden, Musik und Wissenschaftsvorträgen. Gestern Abend sei sie mit vierzig Grad Fieber im Bett gelegen, erzählt Schilling. Sie hat ein fiebersenkendes Medikament genommen. Die paar Stunden auf der Demo müssen gehen, meint Schillig, dann wolle sie wieder zurück ins Bett. Vorerst sitzt sie aber noch am Christian-Broda-Platz beim Westbahnhof und schreibt ihre Moderationskärtchen. Sie wird als Anheizerin auf dem Demo-Wagen stehen, der ein paar Meter weiter neben der Halbkranken parkt und dessen fette Musikboxen den ganzen Platz beschallen.

Eine Stunde vor Demo-Beginn ist es zwar schon laut, aber der Christian-Broda-Platz noch leer. Nur ein Dutzend Fridays-Aktivisten formen ein kleines Grüppchen am Rand; wäre da nicht das Dröhnen aus den Boxen, wirkte die Szene wie die Ruhe vor dem Sturm. Eine halbe Stunde später hat sich der Platz bereits zur Hälfte gefüllt, immer mehr Demo-Teilnehmer befördert die U-Bahn-Rolltreppe nach draußen, immer mehr Fridays-Aktivisten versammeln sich. Minute für Minute knistert die Luft mehr, man kann es förmlich spüren.

Die Fridays mit den Klickzählern koordiniert Anna Lindorfer, rasch geht sie mit ihnen auf ihrem Smartphone noch einmal die Demo-Route durch. Weil ihr kurz vor der Besprechung noch eingefallen war, dass die Zähler von oben einen besseren Überblick bekommen, hat sie wenige Minuten zuvor leere Getränkekisten zum Draufstellen gekauft.

Ein paar Meter weiter hat sich bereits ein größerer Kreis geformt: die letzte Besprechung mit den Ordnern, bevor es richtig losgeht. Agnes Pürstinger, die den Demozug vom Westbahnhof zum Karlsplatz führen wird, nimmt eine Rolle Mistsackerl in die Hand. „Sobald ihr irgendwo Müll seht, bitte aufheben und mitnehmen", sagt die

Westbahnhof-Demo-Leiterin. „Und versucht einfach, einander wertzuschätzen und gute Stimmung zu machen." Schnell noch den Ablauf der Demo bis zum Karlsplatz durchgehen, dann schwört sie die Gruppe mit dem Schlachtruf der Klimaaktivisten ein. Pürstinger: „What do we want?" Die Ordner: „Climate justice." Pürstinger: „When do we want it?" Die Ordner: „Now!" Pürstinger: „Ihr seid so cool, danke!"

Minuten später braucht man keine Zähler mehr, um zu wissen: Das wird heute eine sehr, sehr große Demo. Der Christian-Broda-Platz hat sich in ein Menschenmeer verwandelt. Die erste Aktion der Fridays geht deshalb gleich einmal schief. Geplant wäre gewesen, dass alle Demonstrierenden ihre Handywecker auf fünf vor zwölf Uhr stellen, um symbolisch die Politik aufzuwecken. Doch zum Demo-Start um 11.55 Uhr hört man keine Handys, weil allein schon der Grundlärmpegel der vielen Menschen zu hoch ist. Stattdessen ertönt kurz darauf eine Sirene vom Demo-Wagen, um die Politik doch noch wachzukriegen. Aus den Boxen dröhnt „Jüngstes Gericht", die Hip-Hop-Hymne der Fridays. „Wir holen uns die Zukunft zurück", rappt der deutsche Musiker Courtier. „Unser System ist so krank, jetzt retten Kinder schon die Kinder."[37]

Vorne macht sich eine Gruppe Jugendlicher daran, das extrem lange Frontbanner „Gemeinsam hinter der Wissenschaft" zu entwirren, und stellt sich damit auf die Mariahilfer Straße, gleich hinter die Polizisten. Mit dem Smartphone knipst eine Polizistin die Jugendlichen – und gibt das Handy dann einer Bannerträgerin zurück, die sich freundlich bedankt. Derweil drängen immer mehr Menschen auf den Christian-Broda-Platz, es staut sich aus der U-Bahn. „Leute sind gestürzt", sagt ein Polizist in sein Funkgerät, „Rolltreppe". Fridays-Ordner sind schon unterwegs, um die Situation zu klären.

Die Ordner organisieren sich über Whatsapp-Gruppen, für jeden der drei Demozüge gibt es eine eigene. Man erkennt diese Aktivisten an den weißen Second-Hand-Mänteln, die die Bewegung von Apotheken und Krankenhäusern geschnorrt hat. Sie sehen damit aus wie junge Wissenschaftler aus dem Labor.

12.25 Uhr. „Wir würden losgehen", ruft Ordner Adrian Hiss einem Polizisten zu. Dann setzt sich der Demozug in Bewegung. Hiss koordiniert eigentlich den neu geschaffenen Arbeitskreis „Outreach", der alle möglichen Menschen kontaktiert, um die Bewegung in der Stadt präsenter zu machen. Dass FFF-Fahnen vor der Universität wehen, dass ihr Banner zwischen den Säulen des Burgtheaters gespannt ist und die Wiener Linien an diesem Tag den Klimaschutz bewerben, hat mit Hiss und seiner Gruppe zu tun.

Jetzt gibt der 25-jährige Neuro- und Kognitionsbiologie-Student aus Frankfurt das Tempo im Demozug vor und versucht, ihn im Fluss zu halten. Das ist komplizierter, als es klingt. Immer wieder verengt sich die Straße aufgrund parkender Autos oder anderer Hindernisse und ständig wird sie wieder breiter. In eine Gasse abzubiegen ist unter gewöhnlichen Umständen einfach, aber nicht, wenn Tausende zugleich die enge Kurve kriegen wollen. In dem Fall muss Hiss die Demonstrierenden auf der inneren Seite abbremsen, damit der äußere Flügel nachkommen kann. Damit alles reibungslos abläuft, ist der 25-Jährige die Route zuvor abgegangen und hat die Minuten gemessen.

Kaum ein Friday macht heute mehr Meter als Hiss. Während die Demonstrierenden nach vorne schreiten, läuft er gestikulierend im Zickzack von einem Ende des Banners zum anderen, weist den äußeren Bannerträgern den Weg, bremst die ganze Linie immer wieder ab und bringt sie wieder in Fahrt. Die, die die Bannerträger überholen wollen, stoppt er: „Bitte hinter der Demo-Linie bleiben." Es soll ja alles ein geordnetes Bild abgeben. Um 12.44 Uhr bekommt er einen Funkspruch in sein Horcherl. Hiss lächelt: „Die Letzten haben gerade den Startpunkt verlassen."

Die Menge flutet die breite Wiener Mariahilfer Straße regelrecht. Am U-Bahn-Ausgang Neubaugasse fördert die Rolltreppe immer mehr Menschen mit Protestschildern ans Tageslicht, die sich umgehend in den Demozug einreihen. Es wirkt so, als würde der Menschenstrom unaufhörlich aus diesem unterirdischen Kanal gespeist.

Vom Anhänger des Demo-Wagens dröhnt das wütende Michael-Jackson-Lied „They don't care about us" aus den Boxen, ein Musiker untermalt es live mit Trommelschlägen. Rund um ihn stehen die jungen Einheizer Lena Schilling und Laurenz Faber sowie Fotografen, die den Demostrom von oben knipsen. Sie sehen einen Menschenstrom, aus dem unzählige Schilder ragen. Darauf stehen unter anderem Thunberg-Zitate („How dare you"), freche Fragen („Seids alle deppat?"), religiöse Mahnungen („Wir sind nur Gast auf Erden"), klare Feststellungen („Aussterben = uncool", „Auf dieser Titanic fehlt noch die Panik"), gewagte Forderungen („Mehr Bäume, weniger Arschlöcher", „Plastik gehört in die Titten"), eindringliche Appelle („Do not burn us!", „Zöpfchen an die Macht") und plakative Vergleiche („Das Klima, aussichtsloser als unser Spanischunterricht", „Dieses Schild ist so mies wie eure Klimapolitik").

Die Masse zieht vorbei am Haus des Meeres, schiebt sich über die Gumpendorfer Straße zur Wienzeile und steuert von dort Richtung Karlsplatz. Irgendwo auf dieser Strecke hat Hiss seine Stimme verloren, er wirft sich die erste Lutschtablette ein. Neben ihm geht die 17-jährige Franziska Marhold, sie hat ihre Stimme noch und treibt sie an ihre Grenzen. „What do we want?", schreit sie aus voller Kehle und erntet ein kollektives „Climate justice!". Dass Franziska gerade die Strapazierfähigkeit ihrer Stimmbänder prüft, wäre nicht weiter verwunderlich, wenn man nicht wüsste, dass sie in ein paar Stunden vor zigtausenden Menschen als Moderatorin auf der großen Bühne auf dem Heldenplatz stehen wird. Sie weiß selbst, dass sie sich für den großen Auftritt schonen sollte. Aber als ob die Masse sie süchtig nach Dezibel gemacht hätte, greift sie immer wieder zum Megafon. Dann wirft auch sie sich die erste Lutschtablette ein.

Der Demozug biegt schließlich zum Karlsplatz ein. Der ist schon fast voll. Während dort die erste große Kundgebung über die Bühne geht, nimmt Franziska die U-Bahn zum Heldenplatz und beantwortet dazwischen Presseanfragen.

14.40 Uhr. Der Heldenplatz ist noch leer, aber die Bühne steht schon. Sie ist der größte finanzielle Brocken des Earth Strikes. Um die Demo auf die Beine zu stellen, haben die Fridays im Vorfeld ein Crowdfunding-Projekt für die „Week for Future" gestartet. Es dauerte nicht lange, da kamen die nötigen 10.000 Euro zusammen. Sie haben jeden Cent davon gebraucht, man kann die Abrechnung online einsehen. Sie dokumentiert, was alles für einen großen Fridays-Protest notwendig ist, darunter Sicherheitsnadeln, Bleistifte, Filzstifte, Farben, Plakate, Stoffe, Planen, Plakate, Flyer, Kabel, Presseaussendungen, Akkus für Megafone, Lautsprecher, Mischpult und Technikmiete. Die Bühne, an deren Finanzierung sich die Fridays beteiligt haben, frisst mehr als die Hälfte der Crowdfunding-Spenden auf.

Ein paar Meter neben der Bühne hat sich Franziska mit ihrem Co-Moderator auf die Wiese gesetzt, die Szene der beiden Jugendlichen im Gras wirkt beinahe idyllisch. Da ist sie wieder, die Ruhe vor dem Sturm. Nur der eigenartige Klangteppich verrät, dass sich hier Außergewöhnliches anbahnt. Aus der Ferne dröhnen Polizeisirenen, über dem Heldenplatz knattert ein Hubschrauber, darunter mischen sich die sanften Stimmen der Wiener Sängerknaben, die für ihren Auftritt auf der Earth-Strike-Bühne proben. Franziska öffnet die Whatsapp-Moderationsgruppe, sie liest ihrem Co-Moderator daraus vor: „110.000 in ganz Österreich. 8000 in Graz. 15.000 in Linz. 20.000 in Innsbruck. 5- bis 6000 in Bregenz, größte Demo in Bregenz in der Zweiten Republik. Vorläufige Teilnehmerzahl der drei Demozüge noch ohne Heldenplatz: 60.000. Und in den 110.000 Menschen sind Klagenfurt, Salzburg und Eisenstadt noch nicht dabei."

Die offiziellen Zahlen der Behörden werden zwar davon wie immer ein gutes Stück weit abweichen, sie werden am Ende des Tages rund 70.000 Demonstrierende in ganz Österreich zählen. Aber auch damit steht fest: eine größere Klima-Demo hat das Land noch nie gesehen.[38] Die Klimabewegung schreibt gerade Geschichte. Und das Ausrufezeichen an deren Ende soll die Massendemonstration auf dem Heldenplatz werden.

Läuft alles nach Plan, soll es etwa in einer halben Stunde mit der Band Schmafu losgehen. Auf dem Programm stehen unter anderem die Kabaretttruppe Science Busters und die Eurovision-Songcontest-Teilnehmerin Pænda, außerdem sollen zwei junge Schüler und die Klimavolksbegehren-Chefin Katharina Rogenhofer Reden halten.

Die Eckpfeiler sind eingeschlagen, aber den genauen Moderationsablauf gehen die beiden Jugendlichen erst jetzt in der Wiese durch: Wer sagt wann was, mit welchen Sprüchen wollen sie der Masse einheizen, was tun sie, wenn der Demo-Zug sich verspätet? Und soll man – wie vor kurzem ein Mitstreiter vorgeschlagen hat – gleich zu Beginn mit der Menge klatschen wie die isländischen Fans bei der Fußball-Europameisterschaft 2016? Es zeigt sich: Nicht nur bei den kleinen Demos setzen die Jugendlichen auf Improvisation (siehe Seite 190 ff.), sondern auch bei den historisch großen. „Ganz ehrlich, wir müssen, das glaub ich, alles irgendwie spontan lösen", sagt Franziska am Ende der viertelstündigen Besprechung überraschend gelassen.

Hat man denn keine Angst, vor so vielen Menschen aufzutreten? „Einerseits brauchst du natürlich das, dass du nicht so nervös wirst vor Leuten", sagt Franziska. „Andererseits: Wenn's um das Thema geht, kommts einfach natürlich."

Die Demonstrierenden haben sich derweil vom Karlsplatz aufgemacht und fluten über den Ring. Es dauert nicht lange, dann füllt sich der Heldenplatz ähnlich schnell wie wenige Stunden zuvor der Christian-Broda-Platz, nur ist die Dimension eine ganz andere. Von der Bühne aus sieht man ein anschwellendes Menschenmeer, auf dem zahllose Kartonschilder wogen. Seifenblasen schwirren durch die Luft, abseits der Bühne tollen Kinder in der Wiese herum und üben Handstand. Eine Schwangere sitzt mit ihren Freunden im Gras, auf ihrem nackten, kugelrunden Bauch sind zwei Herzen gemalt, dazwischen steht in rosa Großbuchstaben „Save her Future".

Um Punkt 16 Uhr nimmt Franziska Marhold, 17 Jahre jung, die fünf Stufen zur Bühne und blickt in eine Menschenmenge, deren Ende sie nicht sehen kann. „Hallo, Leute, es ist so geil, dass ihr alle da seid", ruft sie mit ihren geschundenen Stimmbändern. „Wir sind 150.000 in ganz Österreich heute auf der Straße. Das ist so ein Wahnsinn!"

Lobbyisten fürs Klima

29. September 2019, 18.45 Uhr, erster Bezirk. Österreich hat gerade einen neuen Nationalrat gewählt. Die gesamte Innenpolitikblase hat sich in der Wiener Hofburg versammelt. Dicht an dicht stehen die provisorischen Fernsehstudios, der Platz wird eng. Der Abend einer Nationalratswahl ist ein seltenes Schauspiel, das sich in der Regel nur alle fünf Jahre ereignet: Politiker, Journalisten, Lobbyisten und Analysten haben sich aufgebrezelt, laufen aufgeganserlt in alle Richtungen durch die Hofburg und steigen sich dabei förmlich auf die Zehen.

Die beiden Wiener Fridays Angelika Lauber und Johannes Stangl haben sich eine grüne Fridays-for-Future-Brosche an die Brust geheftet. Sie sitzen ein wenig abseits des Rummels auf der steinernen Stiege zum Prunksaal der Hofbibliothek und warten auf ihren Auftritt im TV-Studio, das die Bundesländerzeitungen im hintersten Eck aufgebaut haben. Vier Tage zuvor hatten die beiden noch vor den dicken Mauern der Hofburg mit Megafonen für die Ausrufung des Klimanotstands demonstriert (siehe Seite 121 ff.). Nun sind die jungen Klimaaktivisten in die Innenpolitikblase eingedrungen.

War das gerade die Wahl der Fridays? „Also unsere Wahl war's nicht, es war die Wahl von acht Millionen Österreichern", sagt Lauber und klingt dabei fast schon selbst wie ein Politprofi. „Aber was es definitiv war: eine Klimawahl. Und ich glaub, wir haben mit dem Druck, den wir auf der Straße aufgebaut haben, das Thema definitiv in den Mittelpunkt dieses Wahlkampfes gestellt."

Kurz vor 19 Uhr zupft sich die Klimaaktivistin noch ihr Haar zurecht, dann tritt sie mit ihrem Kompagnon vor die Kamera. Die beiden rechnen mit zehn Minuten TV-Präsenz, bekommen aber nur fünf. Sie werden trotzdem einige der wesentlichen Sager unterbringen, die sie sich zuvor auf einem karierten Block notiert haben. Lauber und Stangl machen es dabei so wie es auch die erfahrenen Berufspolitiker an diesem Abend halten werden: Gekonnt die Fragen der Medien umschiffen und erzählen, was sie erzählen wollen.

„Wie werden Sie jetzt Ihre Bewegung weiter fortsetzen?", fragt die Journalistin die Aktivisten. Statt über ihre Zukunft zu sprechen, erklären sie, dass die 150.000 Menschen auf der Demo vor der Wahl ein „klares Handlungssignal" für die neue Regierung seien. Dass der Klima- und Energieplan verbessert werden müsse. Dass der Nationalrat den Klimanotstand ausgerufen habe und sich auch der Wahlsieger ÖVP dazu bekannt habe. Dass die neue Regierung eine „historisch einmalige Verantwortung" habe, ehrgeizige Klimapolitik umzusetzen. Und dass sie sich „von den schönen Worten" im Wahlkampf keine gute Zukunft kaufen könnten und deshalb Taten sehen wollten.[39] Dann ist der Auftritt auch schon wieder vorbei.

Weitere fünf Minuten später: große Aufregung im sonst eher stilleren Eck an der steinernen Treppe. Sebastian Kurz tritt umgeben von einem Pulk an Menschen vor das Studio, Fotografen schalten ihre Kamera auf Dauerfeuer, es wird eng und hektisch. Der ÖVP-Spitzenkandidat hat die Wahl klar gewonnen, er absolviert gerade einen Interviewmarathon, nun sind die Bundesländerzeitungen dran. Die beiden Fridays beratschlagen die nächsten Schritte. Jetzt vor laufender Kamera Klimaprotestrufe skandieren? Sie sind nur zu zweit, das hätte wohl keinen Effekt. Bessere Idee: Kurz ansprechen und fürs

Klima lobbyieren. Aber womit argumentieren sie? Die Fridays brainstormen kurz.

Johannes Stangl: Dass die vielen 100.000en Menschen, die demonstrieren, auch gehört werden wollen.

Angelika Lauber: Das ist gut. Super.

Stangl: Weil sonst müssen wir noch größere Streiks machen.

Lauber: *(Lacht.)* Das will ja keiner von uns.

Kurz verabschiedet sich schon wieder vom Moderator, jetzt muss alles schnell gehen. Wieder umringen Journalisten samt türkiser Entourage den ÖVP-Chef. Irgendwie gelingt es den Fridays, sich dazwischenzuschwindeln. Sie bitten den künftigen Kanzler um ein Gespräch. „Bitte melden. Jetzt ist a bissl was anderes zu tun", antwortet Kurz mit einem genervten Lächeln und wendet sich ab. Dann geht er ein paar Schritte weiter und tritt vors nächste Mikro.

Nur einen Steinwurf entfernt steht die ehemalige Umweltministerin Elisabeth Köstinger mit ihrem Pressesprecher, sie scheint gerade mehr Zeit zu haben. Die Fridays versuchen erneut ihr Glück. Die Bitte um ein schnelles Gespräch beantwortet die Vertraute des ÖVP-Chefs mit einem lauten „Sehr gerne, sehr gerne!". Von ein paar Schritten entfernt betrachtet, scheint es eine sehr freundliche Unterhaltung zu sein. Die ehemalige Ministerin nimmt sich Zeit, lacht und ist der Bewegung offensichtlich gewogen.

„Sie hat gemeint, die ÖVP habe eh schon ein paar Forderungen von uns übernommen", wird Stangl kurz darauf aus dem Gespräch erzählen, „die Klimachecks für alle Gesetze. Sie haben mit dem Klimanotstand auch schon unterschrieben, dass sie das wollen." Die Ex-Ministerin wäre auch offen für einen Gesprächstermin gewesen und hätte ihnen außerdem erzählt, sie habe „einiges gelernt bei der Klimaprüfung" (siehe Seite 115). „Ich habe gesagt: Wir haben ja auch einen klaren Bildungsauftrag", erzählt Stangl. „Dann hat sie recht gelacht."

Wenn das stimmt, was die Fridays da behaupten, haben die jungen Klimalobbyisten die Politik der ehemaligen ÖVP-Umweltministerin verändert. Nachfrage bei Elisabeth Köstinger: Haben die Fridays tatsächlich einen Einfluss auf ihre Politik gehabt?

Köstinger beantwortet die Frage des Journalisten an diesem Abend so, wie es Politprofis tun. Auch sie umschifft die Frage und erzählt, was sie erzählen will. Das klingt dann so: „Natürlich ist es immer positiv, wenn der eigene Politikbereich mehr Aufmerksamkeit erfährt. Aber wir haben speziell mit unserer Mission 2030 erstmals in Österreich eine Klima- und Energiestrategie erarbeitet. Wir haben das vom ersten Tag an als unsere Kernpriorität auch in diesem sehr großen Ministerium aufgearbeitet. Wir haben hundert Prozent Strom aus erneuerbarer Energie als das Ziel bis 2030. Klimaschutz in Österreich wird nur mit einem radikalen Umbau des Energiesystems funktionieren, damit haben wir begonnen."

Zweiter Anlauf: Haben die Fridays also keinen Einfluss auf Sie gehabt? Die ehemalige Umweltministerin wird plötzlich persönlich.

„Also ich bin Mutter von einem 14 Monate alten Baby. Ich will meinem Sohn eine lebenswerte Umwelt, Natur und Welt übergeben", antwortet Köstinger. Zwar brauche es auf der ganzen Welt ein ehrliches Engagement im Klimaschutz, um das 1,5-Grad-Ziel zu erreichen. „Aber Österreich wird seinen Beitrag dazu leisten."

Du, Frau Landtagsabgeordnete

8. November 2019, Karmeliterplatz, Graz, 16.17 Uhr. In einem Multifunktionsraum einer Jugendberatungsstelle sitzt Claudia Klimt-Weithaler alleine im Sesselkreis und wartet auf Fridays for Future.

Klimt-Weithaler ist die Chefin der Kommunistischen Partei in der Steiermark. Die Linken sind in dem Land ein Phänomen. Nirgendwo in Österreich sind sie so stark wie hier. Bei der steirischen Landtagswahl 2005 gelang der KPÖ erstmals seit 1970 der Wiedereinzug in einen österreichischen Landtag. Bei der letzten Wahl 2015 bekamen sie 4,2 Prozent und zwei Mandate. In zwei Wochen wählen die Steirer einen neuen Landtag, der Intensivwahlkampf hat längst begonnen. Das Ziel der Kommunisten: im Landtag bleiben. Es könnte wie immer sehr knapp werden.[40]

Das Bild ist also einigermaßen bizarr: Eine Spitzenkandidatin, für deren Partei es bei der Wahl um alles geht, steht in der größten Hitze des Gefechts nicht auf einer Wahlkampfbühne, sondern sitzt alleine im Sesselkreis und wartet. Klimt-Weithaler ist nicht nur zum Treffen mit den Fridays erschienen, sie ist auch eine Viertelstunde zu früh gekommen.

Die Fridays haben die KPÖ-Chefin an diesem Tag zum Format „Gespräche zur Landtagswahl" geladen. Es ist kein Medientermin, sondern ein persönliches Hintergrundgespräch, das mit jedem Spitzenkandidaten vor der Landtagswahl geplant ist. Tatsächlich werden nur jene der KPÖ, Grünen und SPÖ kommen. (Das Treffen mit den Neos wird aufgrund eines terminlichen Missverständnisses seitens der Fridays flachfallen, die steirische ÖVP wird den Termin wegen eines Besuchs mit Bundesparteichef Sebastian Kurz kurzfristig absagen, die FPÖ hat mehrere Anfragen der Fridays ignoriert.) Den Beginn der Serie macht an diesem Freitagnachmittag Klimt-Weithaler. Die KPÖ-Chefin schüttelt jedem Aktivisten die Hand und stellt sich persönlich vor. Sie braucht nicht lange dafür, denn es sind nur acht gekommen. Zwei weitere werden sich um zehn Minuten verspäten. „Danke für die Einladung", sagt Klimt-Weithaler.

Die Runde moderiert Thomas Eitzenberger, der seit dem Frühjahr 2019 für die Grazer Fridays und die österreichischen Parents for Future aktiv ist und sich davor für Greenpeace, „System Change, not Climate Change!" und als Funktionär für die steirischen Grünen engagierte.[41] Er ist der einzige Aktivist im Raum über dreißig Jahre, kennt Klimt-Weithaler persönlich und stellt ihr die erste Frage: „Sind deine Töchter bei Fridays for Future dabei?" „Sie sind nicht organisiert, waren aber fast auf allen Demos", antwortet die KPÖ-Chefin, „ich lerne schon sehr viel von ihnen." Ihre beiden Kinder ernährten sich etwa seit vielen Jahren vegetarisch, vor zwei Jahren sei sie selbst zur Vegetarierin geworden, erzählt Klimt-Weithaler. „Was sind denn deine Kernthemen?", will ein 18-jähriger Aktivist von der Landtagsabgeordneten wissen und schiebt einen Moment später hinterher: „Ich hoff, ich darf du sagen."

Er darf. Es wird ein lockeres Gespräch auf Augenhöhe. Klimt-Weithaler, Brille im Haar, Jeans, grüner Pulli, wird sich im Laufe des späten Nachmittags mehr als eineinhalb Stunden Zeit für die jungen Aktivisten nehmen. Sie wird eine blaue Flügelmappe hervorkramen, die mit „Fridays for Future" beschriftet, ist und sich die Wünsche der Aktivisten notieren. Sie wird mit ihnen über das neue Raumordnungsgesetz sprechen, das sie weiterhin für zu klimaschädlich hält, und wird anbieten, einen Antrag im Landtag einzubringen, um dieses noch einmal novellieren zu lassen. Sie wird sich dazu bekennen, den öffentlichen Verkehr zu stärken, und macht den Fridays klar, dass sie ihnen bei einer zentralen Fridays-Forderung helfen wird: die Ausrufung des Klimanotstands im steirischen Landtag.

Der erste Versuch war im Mai 2019 bereits von Grünen und KPÖ unterstützt worden, aber am Widerstand von ÖVP, SPÖ und FPÖ gescheitert.[42] Nun wollen die Grazer Fridays mit einer Petition ein zweites Mal politisch Druck aufbauen, nachdem sich mittlerweile auch das österreichische Parlament zum Klimanotstand bekannt hat. Klimt-Weithaler unterschreibt die Petition der Fridays. „Ich könnte euch helfen zu sammeln, aber ich weiß nicht, ob das nach Vereinnahmung ausschaut", sagt sie, „ich kann aus meiner Rolle nicht raus. Aber ich treffe wahrscheinlich noch hundert Leute, das sind hundert Unterschriften." Die Fridays lehnen das Angebot ab, äußern aber eine andere Bitte. „Die Kommunistische Jugend verursacht in unserem Kreis unangenehme Gefühle. Trotz der Bitte, keine Parteisymbole zu zeigen, zeigen sie sich kontinuierlich damit", sagt Eitzenberger. „Ich werde es ausrichten", sagt die KPÖ-Chefin und schreibt es auf ihre Liste.

Es ist nicht so, als ob nur die eine Seite der anderen helfen würde. „Jetzt diskutiere ich mit jungen Menschen bei Infoständen über Kapitalismus, ohne dass ich als böse Kommunistin gesehen werde", sagt Klimt-Weithaler. „Ich danke euch für euer Engagement. Ihr konntet was bewegen. Und ich kann euch nur mitgeben: Nicht frustrieren lassen und weiterkämpfen. Gemeinsam kann man schon etwas erreichen." Zu diesem Zeitpunkt weiß sie noch nicht, dass sie zwei Wochen später mit sechs Prozent das zweitbeste Ergebnis der steirischen KPÖ seit 1945 einfahren wird.[43]

Wenige Minuten nachdem sich die Kommunistin verabschiedet hat, betritt Sandra Krautwaschl den Mehrzweckraum. Sie hat das Buch „Plastikfreie Zone: Wie meine Familie es schafft, fast ohne Kunststoff zu leben" geschrieben und wird in zwei Wochen als Spitzenkandidatin das historisch beste Ergebnis der Grünen in der Steiermark erreichen.[44] Auch sie kommt zu früh, auch sie sagt: „Danke für die Einladung." Die Moderation übernimmt ein junger Aktivist. Erste Frage an die grüne Spitzenkandidatin: „Wie funktioniert ein komplett plastikfreies Leben, können Sie das …"

Krautwaschl sagt: „Von mir aus können wir gern du sagen."

DIE ZUKUNFT DER FRIDAYS

Wessen Erde? - Unsere Erde!
Wessen Klima? - Unser Klima!
Wessen Zukunft? - Unsere Zukunft!

Whose future? – Our future!

Nachwort

2020, ein neues Jahrzehnt hat begonnen. Die Meldungen zu Beginn sind durchwachsen. Die Bundesforste klagen über ein zu trockenes Jahr mit Wetterextremen und Schneebruch. Die Kosten der Klimakrise haben sich für das Wald-Unternehmen der Republik binnen eines Jahres auf rund vierzig Millionen Euro verdoppelt.[1] Der Flughafen Wien jubelt erstmals über 31 Millionen Fluggäste und will 2020 rund 230 Millionen Euro investieren.[2]

In Australien wütet eine Rekordhitze. Graukopf-Flughunde fallen im Hitzestress von den Bäumen,[3] Buschfeuer brennen eine Fläche in der Größe Bulgariens nieder,[4] sie bringen Ökosysteme zum Kippen und vernichten schätzungsweise eine Milliarde Säugetiere, Reptilien und Vögel.[5] In Deutschland wird „Klimahysterie" zum Unwort des Jahres 2019 gewählt.[6] Rund tausend Rechte protestieren vor dem WDR, weil der Sender einen Kinderchor in einem Satirebeitrag „Meine Oma ist 'ne alte Umweltsau" singen ließ.[7]

Eine neue Studie erscheint: Die Unternehmensberater von McKinsey berechnen, was die Klimakrise in 105 Staaten in den kommenden dreißig Jahren kosten wird, wenn die Politik weiter untätig bleibt. Demnach könnte die Erderwärmung „Hunderte Millionen Menschenleben, Billionen von Dollar an Wirtschaftskraft sowie das physische und das natürliche Kapital der Welt gefährden".[8] Das Weltwirtschaftsforum in Davos steht unter dem Motto: „Stakeholder für eine solidarische und nachhaltige Welt".[9] US-Präsident Donald Trump sagt dort in seiner Rede: „Wir müssen die ewigen Propheten des Untergangs und ihre Vorhersagen der Apokalypse zurückweisen" (siehe Seite 132).[10] Er meint damit Greta Thunberg, die ebenfalls vor Ort ist und der Weltelite erneut ins Gewissen redet. Nur wenige Tage später erklärt die mittlerweile 17-Jährige, die Slogans „Fridays for Future" und „Skolstrejk för klimatet" markenrechtlich schützen zu lassen, damit diese nicht mehr für kommerzielle Werbung oder dubiose Spendensammler missbraucht werden können.[11]

Kurzum, die Lage ist unübersichtlich. Wie es 2020 in der internationalen Klimapolitik 2020 weitergehen wird, weiß niemand. Wie sich Fridays for Future entwickelt, auch nicht.

***

7. Dezember 2019, SocialWorkHub, Wien. Während eine österreichische Delegation der Fridays an der Weltklimakonferenz in Madrid teilnimmt, treffen sich FFF-Aktivisten aus dem ganzen Land zum vierten Bundesplenum. Genau ein Jahr nachdem in Kattowitz der Grundstein für die österreichische Bewegung gelegt wurde, besprechen die Aktivisten im Raum 5 des SocialWorkHub, wie es im neuen Jahrzehnt weitergeht.

An der Wand hängt das Banner „Ohne Erde kein Tanzboden", in der Ecke kann man seine niedergeschriebenen Zukunftsträume in eine „Visionenkiste" werfen. Der Beamer wirft Fragen an die Wand: „Was haben wir erreicht?" „Was ist herausfordernd?" Mehr als siebzig Aktivisten haben ihre Schuhe ausgezogen, ihre Rucksäcke abgelegt und setzen sich auf den grauen Teppichboden. Rechts von der Bühne ein handgemaltes Plakat mit nonverbalen Zeichen zur besseren Verständigung (siehe Seite 152 f.). Formt jemand ein Dach über dem Kopf, eilt das Care-Team herbei und sorgt sich um ihn. Die Organisatoren haben einen eigenen Raum eingerichtet, in dem man sich ausruhen und schlafen kann. Denn das Plenum kann müde machen. Stundenlang wird hier debattiert. Um die Aktivisten aufzuwecken, wird regelmäßig zur kollektiven Turnübung gerufen, um Energie zu danken. Wie in einer Choreografie erheben sich dann alle, klopfen sich schnell auf ihre Oberschenkel, klatschen in die Hände, gehen in die Hocke und hüpfen wieder in die Höhe.

Bevor Moderatorin Veronika Winter „Wir haben dieses Land verändert!" ruft und auf die Erfolge der Bewegung zurückblickt, kommt es zur Bestandsaufnahme der einzelnen Regionalgruppen. Nacheinander betreten ihre Delegationen in Socken die Bühne. Sie sprechen dabei nicht nur über die Erfolge, sondern auch über die Herausforderungen der Bewegung. Und das sind einige.

Die Salzburger erklären, manche von ihnen spüren die Folgen, dass die rechten Parteien im Herbst gegen FFF mobilisiert haben. Es gebe jetzt mehr Salzburger, „die die Bewegung negativ sehen" und die Aktivistinnen und Aktivisten als „reiche Kinder" abkanzeln.

„Wir sind öfters im Radio, aber wir haben nicht mehr so den Neuigkeitswert", erklären die Linzer, „Fridays for Future kennt man mittlerweile schon."

„Die Mobilisierung ist leider schlecht. Wir sind ziemlich wenig Leute", sagen die Rieder. „Und wir sind auch nicht immer so motiviert. Es ist zurzeit eher wieder ein Tief."

Die Grazer schildern die Schattenseiten ihrer gelebten Transparenz und Offenheit. Vor einem Monat sei ein Troll zur Whatsapp-Gruppe hinzugefügt worden, „daraufhin sind alle Admins entfernt worden. Wir haben keine Kontrolle gehabt, der Troll hat die Gruppe komplett übernommen. Wir waren total hilflos."

Die Regionalgruppe von Kitzbühel hat neue Leute gewonnen, aber „die Integrierung von den neuen Personen" laufe nicht reibungslos ab.

Wenn es in der Schule stressig wird, fehlt den zentralen Aktivisten von Wiener Neustadt die Zeit, um Demos zu organisieren. Und da ist noch etwas: „Wir haben noch keinen Raum, wo wir uns regelmäßig treffen können. Bis jetzt haben wir uns im Sommer und Herbst immer draußen getroffen, aber das ist jetzt halt ein bisschen zu kalt."

FFF Gmunden hat erreicht, dass ihre Stadtgemeinde mit ihnen einen „Klimapakt" einging. Es gebe schon die ersten Maßnahmen, Radwege würden verbreitert, es gebe kein Feuerwerk zu Silvester. Aber was jetzt? „Die Stimmung im Orga-Team ist grad nicht besonders gut. Wir sind auch nicht besonders motiviert und es ist auch nicht besonders leicht für uns, neue Leute zu finden."

Die Klagenfurter erzählen vom Widerstand auf der Straße. „Das BZÖ veranstaltet regelmäßig Anti-Greta-Demos zeitgleich zu unseren

Demos auf unseren Demo-Routen, sodass wir an denen vorbei müssen und die uns dann laut mit Megafonen anschreien."

In Villach ist – im Gegensatz zu vielen anderen Regionalgruppen – die Polizei wenig kooperativ. „Wir streiten immer gefühlt zwanzig Minuten vor der Demo, ob wir auf der Straße demonstrieren dürfen. Wenn wir zu wenige Leute sind, müssen wir auf dem Gehsteig gehen."

Die Vorarlberger Gruppe wehrt sich indes vor einer Übernahme durch eine linke Gruppierung. „Sie versuchen sich intern in unseren Strukturen zu etablieren", erzählen die Vorarlberger. Das Ziel der Linken sei es, „einen Umschwung in der Bewegung zu generieren, um dann ihre antikapitalistischen, kommunistischen Inhalte" zu verankern. Sie hätten auch schon einen bösen Artikel gegen ein führendes Mitglied von FFF Vorarlberg veröffentlicht.

Das sind keine kleinen Brocken für die Zukunft. Hinzu kommt: Viele der 29 Ortsgruppen, die Fridays for Future Österreich ausmachen, sind gar nicht zum Plenum gekommen. Einige von ihnen sind längst eingeschlafen. Blickt man sich Ende Jänner 2020 alle Veranstaltungstermine aller Ortsgruppen an, stellt man fest, dass jene aus Bad Ischl und Baden seit Mai 2019 nicht mehr auf die Straße gegangen sind, die Fürstenfelder haben im Juni 2019 das letzte Mal auf sich aufmerksam gemacht, FFF Schnifis im August 2019.[12]

Die Klimakrise zu lösen wird Jahrzehnte dauern. Aber wird es Fridays for Future in fünf Jahren überhaupt noch geben? Und wenn ja, in welcher Form?

Diese Fragen beschäftigen auch die Protestforscher. Wenn die Aktivisten immer wieder auf die Straße gehen, wird das dann irgendwann zu einer Ermüdung führen?[13] Was passiert, wenn die Jugendlichen, die die Bewegung heute tragen erwachsen werden; wenn sie selbst Geld verdienen müssen und für den Protest die Zeit fehlt?[14] Was geschieht, wenn die Mächtigen in der Klimapolitik weiter bremsen: Werden sich die Aktivisten dann radikalisieren, weil ihr bisheriger Protest zu wenig bewegt. Was tut sich wiederum, wenn politische Reizfiguren wie US-Präsident Donald Trump abgewählt werden, die mit ihrer klimafeindlichen Politik den Boden für die Protestbewegung bereitet haben?[15] In Österreich regieren seit 2020 schon die umweltfreundlichen Grünen statt der klimafeindlichen Blauen. Wird der Protest der Fridays dadurch hohl?

Die Aktivisten selbst bleiben optimistisch, dass ihre Bewegung überleben wird. Manche von ihnen schmieden bereits Pläne, sie weiterzuentwickeln.

Anna Perktold (FFF Tirol): „Man spürt vielerorts Zeichen von Umbruch
und Umdenken, viele Mitglieder der Organisationsteams überdenken
die aktuellen Aktionsformen. Auch wir in Innsbruck denken über
unsere Zukunft nach: von einem neuen Anstrich der Freitagsstreiks
bis zu neuen Projektideen wie Baumpflanz- und Müllsammelakti-
onen liegen viele Ideen am Tisch. Eines ist jedoch klar: Das Team ist
weiterhin fest entschlossen, ein Zeichen für den Klimaschutz zu setzen und Aktionen zu organisieren, um Politik und Öffentlichkeit zum
Handeln zu bewegen."

Philipp Wilfinger (FFF Wien): „2020 wird das Jahr sein, in dem wir
klarmachen, dass die Zeit fossiler Brennstoffe zu Ende ist und das
Jahr, in dem wir unseren Druck auf Wirtschaft und Politik weiter
verstärken."

Bjarne Kirchmair (FFF Linz): „Fridays for Future wird sicherlich
neben den Freitagsstreiks auch noch andere, vielleicht lokale Aktionsformen suchen. Unsere Grundsätze als friedliche Bewegung bleiben dabei jedoch hoffentlich bestehen."

Anika Dafert (FFF Salzburg): „Ich denke, dass FFF immer größer werden wird. Immer mehr Menschen werden draufkommen, wie sehr
die Klimakrise schon die Existenz vieler Menschen bedroht."

Fridays for Future hat in einem Jahr vieles bewegt. Der Durchbruch in
der internationalen Klimapolitik ist aber auch ihnen nicht gelungen.
Die Weltklimakonferenz in Madrid Ende des Jahres war eine herbe
Enttäuschung. Sie konnte „im Jahr 1 nach Fridays For Future nicht im
nötigen Ausmaß Ergebnisse erzielen", analysieren die Klimaforscher
des Climate Change Centre Austria, es wurden lediglich „Minimal-
kompromisse" erreicht.[16]

2019 war das wärmste Jahr in Europa seit Beginn der Aufzeich-
nungen. Die CO_2-Konzentrationen in der Atmosphäre sind weiter
gestiegen.[17] Das härteste Stück Arbeit haben die Fridays noch vor sich.

Anmerkungen

Die Anmerkungen finden Sie auch digital unter falterverlag.at/fff

Kapitel 1: Die Geschichte über die Geschichte

1 Alle zitierten Sprüche am Beginn jedes Kapitels stammen aus der Sprüche- und Liedersammlung der Fridays, https://fridaysforfuture.at/uploads/Spr%C3%BCche-Lieder-lange-Version_191212_032610.pdf. Alle angeführten Internetquellen im Buch wurden zuletzt am 31.01.2020 abgerufen.

2 Greta Thunberg, Rede in Helsinki am 20. Oktober 2018. Zitiert nach: Greta Thunberg: Ich will, dass ihr in Panik geratet! Meine Reden zum Klimaschutz. Frankfurt am Main 2019, S. 20.

Kapitel 2: Greta

1 Greta Thunberg, Malena Ernman et al.: Szenen aus dem Herzen. Frankfurt am Main 2019, S. 19 ff.

2 https://www.eurovision.de/teilnehmer/Schweden-Malena-Ernman,malenaernman123.html

3 https://www.youtube.com/watch?v=xE9Pl3mqRbo

4 Thunberg/Ernman et al., Szenen ..., S. 24 ff.

5 https://www.gesundheit.gv.at/krankheiten/psyche/inhalt

6 https://www.youtube.com/watch?v=EAmmUIEsN9A

7 Thunberg et al.: Szenen ..., S. 44.

8 Günter Pilch: „Berühmt zu sein, bedeutet mir nichts". In: Kleine Zeitung, 25.9.2019.

9 https://www.youtube.com/watch?v=uRgJ-22S_Rs

10 Nadja Schlüter: „Es müsste höchste Priorität haben!" In: Süddeutsche Zeitung, 3.12.2018.

11 https://www.youtube.com/watch?v=uRgJ-22S_Rs

12 Thunberg et al., Szenen ..., S. 62

13 Ebd., S. 83.

14 Ebd., S. 156 f.

15 ARD-Talkshow „Anne Will": Streiken statt Pauken – ändert die Generation Greta die Politik? Das Erste, 31.3.2019.

16 Kai Strittmatter: Die Reifeprüfung. In: Süddeutsche Zeitung, 26.4.2019.

17 ARD-Talkshow „Anne Will" vom 31.3.2019.

18 Thunberg et al., Szenen ..., S. 135.

19 https://www.youtube.com/watch?v=rhQVustYV24

20 ARD-Talkshow „Anne Will" vom 31.3.2019.

21 Strittmatter, Die Reifeprüfung ...

22 Thunberg et al., Szenen ..., S. 221.

23 Greta Thunberg: Ich will, dass ihr in Panik geratet! Meine Reden zum Klimaschutz. Frankfurt am Main 2019, S. 49 f.

24 https://www.nbcnews.com/news/us-news/national-school-walkout-marks-month-parkland-mass-shooting-n856386

25 Thunberg, Ich will ..., S. 49 ff.

26 Thunberg/Ernman et al., Szenen ..., S. 221 ff.

27 Ebd., S. 243.

28 https://twitter.com/GretaThunberg/status/1031442623653928960

29 https://www.aftonbladet.se/svenskahjaltar/a/G1AL4q/greta-15-skolkar--for-klimatets-skull

30 ARD-Talkshow „Anne Will" vom 31.3.2019.

31 https://twitter.com/GretaThunberg/status/1031442623653928960

32 https://www.instagram.com/p/BmsTxPPI0qW/

33 https://www.wedonthavetime.org/about-us

34 Thunberg, Ich will ..., S. 51.

35 https://www.aftonbladet.se/svenskahjaltar/a/G1AL4q/greta-15-skolkar--for-klimatets-skull

36 https://twitter.com/search?q=from%3Agretathunberg%20since%3A2018-08-19%20until%3A2018-09-20&src=typed_query

37 ARD-Talkshow „Anne Will" vom 31.3.2019.

38 https://twitter.com/search?q=from%3Agretathunberg%20since%3A2018-08-19%20until%3A2018-09-20&src=typed_query

39 https://medium.com/wedonthavetime/this-15-year-old-girl-breaks-swedish-law-for-the-climate-d1a48ab97e3a

40 APA0372 5 CA 0338 Fr, 20. Juli 2018, Mehrere Waldbrände in Schweden nicht mehr zu löschen.

41 APA0455 5 CA 0204 Mi, 25. Juli 2018, Waldbrände in Schweden – Schwedisches Militär warf Bombe ab.

42 NN: Waldbrände in Schweden außer Kontrolle. In: Frankfurter Allgemeine Zeitung, 20.7.2018.

43 APA0226 5 CA 0164 Mo, 6. August 2018, Waldbrände in Schweden – EU vermeldete Rekord an Hilfsmaßnahmen.

44 Mattias Wahlström et al.: Protest for a future: Composition, mobilization and motives of the participants in Fridays For Future climate protests on 15 March, 2019 in 13 European cities. 2019, p. 19.

45 https://twitter.com/NaturogUngdom/status/1034780141027774464

46 https://www.theguardian.com/science/2018/sep/01/swedish-15-year-old-cutting-class-to-fight-the-climate-crisis

47 https://twitter.com/GretaThunberg/sta-tus/1036169405728780288.

48 https://nos.nl/artikel/2248605-zweeds-meisje-spijbelt-al-twee-weken-volwassenen-verpesten-de-toekomst.html.

49 https://twitter.com/PartijvdDieren/sta-tus/1036918924758138882

50 https://www.theguardian.com/environment/2018/sep/08/rise-for-climate-protests-san-francisco-new-york.

51 https://peoplesclimate.org/our-movement/

52 Thunberg, Ich will ..., S. 9.

53 https://www.youtube.com/watch?v=lgt_D-6sGHU

54 https://twitter.com/GretaThunberg/sta-tus/1038416367526076416

55 https://www.instagram.com/stories/highlights/18049508215121704/?hl=de

56 https://www.theguardian.com/environment/2018/nov/30/climate-change-strike-thousands-of-students-to-join-national-protest

57 https://www.abc.net.au/news/2018-11-30/queens-land-fire-emergency-continues-amid-hot-and-dry-conditions/10567540

58 https://www.nytimes.com/2018/11/30/world/austra-lia/student-strike-climate-change.html

59 Vgl. Greta Thunberg: Ich will ...

60 https://orf.at/stories/3142106/

61 Silke Wichert: Typografisch Greta. In: Süddeutsche Zeitung, 14.10.2019.

62 https://www.telegraph.co.uk/news/2019/09/21/pictures-day-21-september-2019/

63 https://twitter.com/TheEllenShow/sta-tus/1190355610027483136

64 https://www.instagram.com/p/B4VL7ZnFrjf/?utm_source=ig_web_copy_link

65 https://www.facebook.com/JaneFonda/posts/im-ins-pired-by-greta-thunberg-and-the-young-people-who-came-out-in-unprecedented/10157006936089160/

66 https://orf.at/stories/3142885/

67 https://people.com/crime/jane-fonda-sam-waterston-arrested-capitol-climate-change/

68 https://www.independent.co.uk/arts-entertainment/films/news/jane-fonda-arrest-protest-climate-change-rosanna-arquette-catherine-keener-a9181841.html

69 https://www.youtube.com/results?search_query=thunberg+remix

70 https://www.derstandard.at/story/2000109676929/fatboy-slim-spielt-den-greta-thunberg-remix-seines-eigenen-hits

71 https://stock.adobe.com/at/images/greta-braids-blank-face-mask-to-insert-your-photo-to-identify-with-young-climate-activists-and-to-combat-climate-change-i-am-greta-isolated-comic-vector/274197592

72 https://www.redbubble.com/people/stickers4earth/works/38535621-greta-thunberg?p=sticker

73 https://www.enterprise19.co.uk/products/inspired-by-greta-mug

74 https://www.lookhuman.com/greta+thunberg+shirt

75 Lea Hampel: Kapitalismus for Future. In: Süddeutsche Zeitung, 27.9. 2019.

76 https://www.mandagroup.com/blog/tag/Greta+and+the+Giants

77 https://www.sbs.com.au/language/english/audio/the-schoolgirl-who-went-on-strike-to-save-the-planet

78 https://www.fischerverlage.de/buch/greta_thunberg_ich_will_dass_ihr_in_panik_geratet/9783596705429 https://www.penguin.co.uk/books/315/315787/no-one-is-too-small-to-make-a-diffe-rence/9780141992716.html

79 NN: Act now to avert a climate crisis. In: Nature, September 2019, Vol 573, p. 309.

80 https://www.derstandard.at/story/2000107877322/greta-ante-portas-klimaaktivistin-thunberg-im-endspurt-vor-new-york

81 Christian Zaschke: Immer mit der Ruhe. In: Süddeutsche Zeitung, 20.9.2019.

82 Lothar Goris et al.: Das Mädchen mit der roten Pille. In: Spiegel 40/19.

83 Zaschke, Immer mit...

84 https://www.nytimes.com/2019/09/20/nyregion/climate-strike-nyc.html

85 Thunberg, Ich will ..., S. 30.

86 https://twitter.com/GretaThunberg/sta-tus/1038416367526076416

87 Thunberg/Ernman et al., Szenen ..., S. 125 f.

88 Siehe Kapitel 3, „Der Rausch der Erde"

89 Kai Strittmatter: Früher Abba, jetzt Greta. In: Süddeutsche Zeitung, 21.9.2019.

90 https://www.spiegel.de/lebenundlernen/schule/greta-thunberg-in-schweden-zur-frau-des-jahres-gekuert-a-1256930.html

91 https://www.profil.at/ausland/mensch-des-jahres-greta-thunberg-11250299

92 Vea Kaiser: Die Greta-Frage. In: Kleine Zeitung, 29.12.2019.

93 Goris et al., Das Mädchen ....

94 https://www.nature.com/immersive/d41586-019-03749-0/index.html

95 Edward Felsenthal: The Choice. In: Time Magazine, 23.12.2019.

96 https://www.tagesschau.de/ausland/friedensnobel-preis-175.html

97 https://headtopics.com/at/kein-friedensnobelpreis-fur-greta-thunberg-news-heute-at-8866903

98 https://www.express.de/news/panorama/entschei-dung-gefallen-ein-mann-bekommt-friedensnobel-preis---greta-geht-leer-aus-33299456

99 NN: Klimagipfel findet jetzt in Spanien statt. In: Kronen Zeitung, 2.11.2019.

100 http://journalistikon.de/category/nachrichtenfakto-ren/

101 https://protestinstitut.eu/fridays-for-future-zwischen-bilanz-eines-hoehenflugs/

102 https://www.nature.com/articles/d41586-019-02696-0

103 Moritz Sommer et al.: Fridays for Future. Profil, Entstehung und Perspektiven der Protestbewegung in Deutschland. Ipb working paper 2/2019. S. 40.

104 ARD-Talkshow „Anne Will" vom 31.3.2019.

105 https://www.mimikama.at/allgemein/greta-thunberg-ohne-drehbuch/

106 https://www.nytimes.com/video/clima-te/100000006726110/greta-thunberg-congress.html

107 Sommer et al., Fridays …, S. 2.

108 https://www.youtube.com/watch?v=oJJGuIZVfLM

109 https://www.youtube.com/watch?v=apXyENNGSIM

110 https://www.dw.com/de/das-m%C3%A4dchen-von-rio-blickt-zur%C3%BCck/a-15984336

Kapitel 3: Die Welt der Fridays

1 https://www.nobelprize.org/prizes/chemistry/1903/arrhenius/facts/

2 Gernot Wagner, Martin L. Weitzman: Klimaschock: Die extremen wirtschaftlichen Konsequenzen des Klimawandels. Wien 2016, S. 67.

3 Esther Gonstalla, Hans-Joachim Schellnhuber: Das Klimabuch. Alles, was man wissen muss, in 50 Grafiken. München 2019, S. 8.

4 https://www.ipp.mpg.de/ippcms/de/pr/fusion21/kernfusion/index

5 IPCC, 2014: Klimaänderung 2014: Synthesebericht. Bonn, 2016, S. 126, https://www.ipcc.ch/site/assets/uploads/2018/02/IPCC-AR5_SYR_barrierefrei.pdf

6 Günther Michler (Hg.): Klimaschock. Ursachen, Auswir-kungen, Prognosen. Potsdam 2010, S. 30 ff.

7 Ebd., S. 108 ff.

8 Gonstalla/Schellnhuber, Das Klimabuch …, S. 18.

9 Michler, Klimaschock …, S. 122 f.

10 Ebd., S. 108 f.

11 IPCC, 2014: Klimaänderung 2014: Synthesebericht, S. 130.

12 Yuval Noah Harar: Eine kurze Geschichte der Mensch-heit. München 2013, S. 301.

13 IPCC, 2014: Klimaänderung 2014: Synthesebericht, S. 5.

14 https://www.nytimes.com/2010/12/22/science/earth/22carbon.html

15 Christopher Schrader: Eine Kurve verändert die Welt. In: Süddeutsche Zeitung, 29.3.2008.

16 https://scripps.ucsd.edu/programs/keelingcurve/wp-content/plugins/sio-bluemoon/graphs/mlo_full_record.pdf

17 Gonstalla/Schellnhuber, Das Klimabuch …, S. 14.

18 https://scripps.ucsd.edu/programs/keelingcurve/2019/06/

19 https://www.zamg.ac.at/cms/de/klima/informations-portal-klimawandel/klimaforschung/klimarekonstruk-tion/eisbohrkerne

20 http://www.cnrs.fr/fr/node/3820

21 Johann G. Zaller: Unser täglich Gift. Pestizide – die unterschätzte Gefahr. Wien 2018, S. 141 f.

22 https://www.nature.com/articles/s41467-018-03825-5

23 https://www.zamg.ac.at/cms/de/klima/informations-portal-klimawandel/klimaforschung/klimarekonstruk-tion/eisbohrkerne

24 Stephan Buhofer: Der Klimawandel und die internatio-nale Klimapolitik in Zahlen. München 2018, S. 75.

25 https://www.umweltbundesamt.de/daten/klima/atmosphaerische-treibhausgas-konzentrationen#textpart-1

26 IPCC, 2014: Klimaänderung 2014: Synthesebericht, S. 44.

27 https://scripps.ucsd.edu/programs/keelingcur-ve/2019/06/04/animation-of-keeling-curve-history-updated-to-include-2019-milestone/

28 Gonstalla/Schellnhuber, Das Klimabuch …, S. 9.

29 Ebd., S. 28.

30 IPCC, 2014: Klimaänderung 2014: Synthesebericht, S. 44.

31 Gonstalla/Schellnhuber, Das Klimabuch …, S. 28.

32 https://www.umweltbundesamt.de/daten/klima/atmosphaerische-treibhausgas-konzentrationen#textpart-4

33 IPCC, 2014: Klimaänderung 2014: Synthesebericht, S. 44.

34 Österreichischer Sachstandsbericht Klimawandel 2014, S. 28 ff.

35 Unser Heer 2030: Die Antwort auf künftige Bedrohun-gen, S. 7 ff., http://www.bundesheer.at/archiv/a2019/unserheer2030/pdf/zustandsbericht_unserheer2030.pdf

36 NN: Soldaten bleiben im Wald. In: Süddeutsche Zeitung, 11.10.2019.

37 Unser Heer 2030 …, S. 21.

38 Michael T. Klare: Klima und Krieg. Der Pariser Gipfel als Friedenskonferenz. In: Blätter für deutsche und internationale Politik 12/2015, S. 45 ff.

39 Karolina Eklöw, Florian Krampe: Climate-related se-curity risks and peacebuilding in Somalia. SIPRI Policy Paper 53/2019, pp. 4 ff.

40 Klare, Klima und Krieg …, S. 45 ff.
41 https://treaties.un.org/Pages/ViewDetails.
aspx?src=TREATY&mtdsg_no=XXVII-7-
d&chapter=27&clang=_en
42 Paris Agreement , 2015, S. 29, https://treaties.un.org/
doc/Treaties/2016/02/20160215%2006-03%20PM/
Ch_XXVII-7-d.pdf
43 IPCC, 2018: 1,5°C Globale Erwärmung, S. 8. https://
www.de-ipcc.de/media/content/SR1.5-SPM_de_bar-
rierefrei.pdf
44 https://ccca.ac.at/netzwerkaktivitaeten/scientists-for-
future/wissenschaftliche-beitraege/fakten
45 Intergovernmental Panel on Climate Change (IPCC).
46 IPCC, 2018: Impacts of 1.5°C Global Warming on
Natural and Human Systems. pp. 246 ff.
https://www.ipcc.ch/site/assets/uploads/si-
tes/2/2019/02/SR15_Chapter3_Low_Res.pdf
47 Ebd., S. 264.
48 IPCC, 2018: 1,5° C Globale Erwärmung, S. 8 f.
49 https://climateactiontracker.org/global/cat-thermo-
meter/
50 Buhofer, Der Klimawandel …, S. 73.
51 https://www.pik-potsdam.de/aktuelles/pressemittei-
lungen/auf-dem-weg-in-die-heisszeit-planet-koennte-
kritische-schwelle-ueberschreiten
52 Gonstalla/Schellnhuber, Das Klimabuch …, S. 23.
53 Ebd., S. 70.
54 Günter Pilch: Es rennt die Zeit davon. In: Kleine Zeitung,
29.12.2019.
55 https://www.faz.net/aktuell/wissen/weltraum/venus-
erdzwilling-mit-treibhauseffekt-1489942.html
56 https://www.bbc.com/news/science-environ-
ment-40461726
57 https://climate.nasa.gov/news/2534/scientists-
assess-potential-for-super-greenhouse-effect-in-
earths-tropics/
58 Benedikt Narodoslawsky: Komm, heißer Tod. In: Falter
35/17, 29.8.2017.
59 Die Zahl basiert auf den Daten der Global Terrorism
Database und umfasste zum Zeitpunkt der Recherche
sämtliche Terror-Todesopfer in Frankreich zwischen
1970 und 2018.
https://www.start.umd.edu/gtd/search/Results.
aspx?page=1&casualties_type=f&casualties_
max=&start_yearonly=1970&end_yearonly=2018&dtp
2=all&country=69&count=100&charttype=line&chart=
overtime&expanded=no&ob=TotalNumberOfFatalities
&od=desc#results-table
60 Narodoslawsky: Komm, heißer Tod …
61 Hans-Peter Hutter, Hanns Moshammer, Peter Wallner:
Klimawandel und Gesundheit. Auswirkungen, Risiken,
Perspektiven. Wien 2013.
62 Alan Barreca, Jessamyn Schaller: The impact of high
ambient temperatures on delivery timing and gestatio-
nal lengths. In: Nature Climate Change, Vol. 10, January
2020, pp. 77 ff.
63 In den vergangenen fünf Jahren (2015–2019) starben
laut Statistik Austria und dem Innenministerium in
Österreich 2144 Menschen im Verkehr. Ihnen stehen im
selben Zeitraum 2672 Todesopfer gegenüber, die laut
dem Hitze-Mortalitätsmonitoring der österreichischen
Gesundheitsagentur Ages aufgrund der Hitze starben.
https://www.statistik.at/web_de/statistiken/ener-
gie_umwelt_innovation_mobilitaet/verkehr/strasse/
unfaelle_mit_personenschaden/index.html /, https://
www.ots.at/presseaussendung/OTS_20200101_
OTS0019/innenministerium-410-verkehrstote-im-
vergangenen-jahr
https://www.ages.at/themen/umwelt/informationen-
zu-hitze/hitze-mortalitaetsmonitoring/
64 https://www.thelancet.com/pdfs/journals/lanplh/
PIIS2542-5196(17)30082-7.pdf
65 Benedikt Narodoslawsky: Klimawandel. In: Datum, Juli/
August 2019.
66 https://www.falter.at/zeitung/20170920/hat-oester-
reich-den-ersten-klimafluechtling/e7e05fe516
67 https://coin.ccca.ac.at/sites/coin.ccca.ac.at/files/fact-
sheets/Coin_Ueberblick_v20_20012015.pdf
68 Bericht der Bundesregierung, Budgetbericht
2018/2019, S. 30, https://www.bmf.gv.at/budget/das-
budget/Budgetbericht_2018_2019.pdf?6dj8e5
69 http://www3.weforum.org/docs/WEF_Global_Risks_
Report_2019.pdf
70 https://academic.oup.com/bioscience/advance-article/
doi/10.1093/biosci/biz088/5610806 / https://doi.
org/10.1093/biosci/biz152
71 https://www.theguardian.com/environment/2018/
oct/08/global-warming-must-not-exceed-15c-warns-
landmark-un-report
72 https://www.derstandard.at/story/2000106054617/
arktischer-permafrost-taut-viel-schneller-
als-gedacht
73 https://www.nature.com/articles/s41467-019-12808-z
74 https://science.sciencemag.org/con-
tent/348/6234/571.full
75 https://www.youtube.com/watch?v=eixMvMdF_cg
76 https://science.sciencemag.org/con-
tent/366/6462/193.1
77 https://www.theguardian.com/environment/2018/
oct/08/global-warming-must-not-exceed-15c-warns-
landmark-un-report
78 https://www.carbonbrief.org/unep-limiting-warming-
to-1-5c-requires-fivefold-increase-in-climate-
commitments
79 UNEP, 2019. Emissions Gap Report 2019. Executive
summary. United Nations Environment Programme,
Nairobi, p. 10.
80 https://www.youtube.com/watch?v=F0EZPC0gka8

81 https://www.parlament.gv.at/PAKT/PR/JAHR_2016/
PK0840/

82 Dieses Kapitel ist die überarbeitete und aktualisierte
Version meiner Coverrecherche für die Wochenzeitung
Falter im Hitzesommer 2019. Zur besseren Lesbarkeit
verzichte ich in diesem Kapitel weitgehend auf
Fußnoten. Mit Ausnahme von jenen zu Studien, um sie
für den Leser nachvollziehbar zu machen, sowie neuen
Textpassagen.
Benedikt Narodoslawsky: Wer zerstört unser Klima. In:
Falter 32/19, 6.8.2019.

83 Aus Verantwortung für Österreich. Regierungsprogramm 2020–2024. S. 102 ff.

84 Reinhard Steurer: Klimaschutzpolitik in Österreich.
Bilanz der 1990er Jahre und Ausblick. In: SWS-Rund-
schau, 39. Jg., Heft 3/1999.

85 Andreas Zechmeister et al.: Klimaschutzbericht 2018.
Hg. v. Umweltbundesamt. Wien 2018 (2., korr. Aufl.),
S. 13.

86 Statistik Austria: Jahresdurchschnittsbevölkerung
1981–2018 nach Geschlecht bzw. breiten Altersgruppen. Die 8,8 Millionen beziehen sich auf den
Jahresdurchschnitt von 2018. Es war das aktuellste
Jahr, das die Statistik Austria zu Beginn 2020 zur
Verfügung stellte. https://www.statistik.at/wcm/idc/
idcplg?IdcService=GET_PDF_FILE&RevisionSelectionM
ethod=LatestReleased&dDocName=031331

87 https://climate.nasa.gov/news/2841/2018-fourth-
warmest-year-in-continued-warming-trend-according-
to-nasa-noaa/

88 Gottfried Kirchengast, Stefan Schleicher: Wo steht
Österreich dzt. im Kontext der EU Länder? Präsentation:
Nationaler Energie- und Klimaplan NEKP –NKK
Stellungnahme und Ref-NEKP der Wissenschaft. Folie
12, https://wegcwww.uni-graz.at/publ/downloads/PK-
Folienset-Kirchengast_Wiss-NEKP_2Jul2019.pdf

89 Deutsches Umweltbundesamt: Treibhausgas-Emissio-
nen in der Europäischen Union. 6.9.2019, https://
www.umweltbundesamt.de/daten/klima/treibhausgas-
emissionen-in-der-europaeischen-union#textpart-1

90 European Commission: Special Eurobarometer 490. Climate Change. April 2019, https://ec.europa.eu/clima/
sites/clima/files/support/docs/report_2019_en.pdf

91 https://www.germanwatch.org/sites/germanwatch.
org/files/Klimaschutz-Index%202019_
Die%20wichtigsten%20Ergebnisse.pdf

92 Lithuania's third biennial report under the United
Nations Framework Convention on Climate Change,
2017, p. 5.

93 Romania's Third Biennial Report under the UNFCCC,
2017, p. 5.

94 National policies and measures on climate change
mitigation in Europe. Veröffentlicht am 7.12.2018,

https://www.eea.europa.eu/themes/climate/
national-policies-and-measures/national-policies-
and-measures-on

95 Daniela Kletzan-Slamanig, Angela Köppl: Umwelt-
schädliche Subventionen in den Bereichen
Energie und Verkehr. In: WIFO-Monatsberichte, 2016,
89 (8), S. 605 ff.

96 Die Energiesektion wanderte mit der Bildung der
türkis-blauen Regierung vom Wirtschaftsministerium
ins Nachhaltigkeitsministerium. Für den Treibstoff-
preismonitor ist seither das Nachhaltigkeitsministerium zuständig.

97 https://www.ots.at/presseaussendung/
OTS_20190802_OTS0011/treibstoffpreise-
eurosuper-ist-um-177-cent-pro-liter-und-diesel-um-
134-cent-pro-liter-billiger-als-im-eu-schnitt

98 https://www.derstandard.at/story/2000091418280/
tempo-140-hofer-zog-positive-bilanz-und-sucht-
weitere-teststrecken

99 https://wegcwww.uni-graz.at/publ/downloads/
NKK-Wiss_Statement08.07.Stellungnahme-
NEKP_1Jul2019.pdf

100 Ulrich Brand, Adam Pawloff: Selectivities at Work:
Climate Concerns in the Midst of Corporatist Interests.
The Case of Austria. Journal of Environmental Protec-
tion, 2014, 5, pp. 780 ff.

101 Maria Niedertscheider et al.: Austrian climate policies
and GHG-emissions since 1990: What is the role of
climate policy integration? In: Environmental Science
& Policy, Volume 81, 2018, pp. 10 ff.

102 https://orf.at/stories/3131539/

103 European Climate Foundation: Planning for net zero.
Assessing the draft national energy and climate plans.
2019, p. 89.

104 Europäische Kommission: Empfehlung der Kommission vom 18.6.2019 zum Entwurf des integrierten
nationalen Energie- und Klimaplans Österreichs für
den Zeitraum 2021–2030, https://ec.europa.eu/
energy/sites/ener/files/documents/at_rec_de.pdf,
S. 4 ff.

105 Bundesministerium für Nachhaltigkeit und Tourismus:
Integrierter nationaler Energie- und Klimaplan für
Österreich. Periode 2021–2030 gemäß Verordnung
(EU) 2018/1999 des Europäischen Parlaments und
des Rates über das Governance-System für die Ener-
gieunion und den Klimaschutz. Wien, 18. Dezember
2019, S. 8.

106 Georg Renner: Der Plan, der nicht ausreicht. In: Kleine
Zeitung, 18.12.2019.

107 Aus Verantwortung für Österreich. Regierungsprogramm 2020–2024. S. 102 ff.

108 „ZiB 2"-Interview mit Helga Kromp-Kolb vom Freitag,
dem 3.1.2020 um 22 Uhr, ORF 2.

Kapitel 4: Anatomie eines Protests

1   https://www.flickr.com/photos/fridaysforfuturevienna/albums/72157699019913690/with/32554088328/
2   4 News: Schwänzen fürs Klima, Puls 4 vom 21.12.2018.
3   https://www.spiegel.de/lebenundlernen/schule/schul-streik-fuer-das-klima-schueler-von-kiel-bis-muenchen-schwaenzen-den-unterricht-a-1243781.html
4   https://www.watson.ch/schweiz/z%C3%BCrich/401096496-weshalb-heute-hunderte-zuercher-schueler-und-schuelerinnen-streikten
5   https://www.tagesspiegel.de/politik/15-jaehrige-um-weltaktivistin-greta-thunberg-ruft-zu-schuelerstreik-gegen-klimawandel-auf/23758172.html
6   https://www.flickr.com/photos/fridaysforfuturevien-na/31486517087/in/album-72157699019913690/
7   4 News, 21.12.2018.
8   https://www.deutschlandfunk.de/kohlekraft-in-kattowitz-kein-klimaschutz-am-ort-der.1773.de.html?dram:article_id=433962
9   https://cop24.gov.pl/conference/venue/
10 https://www.klimareporter.de/europaische-union/das-stickige-weltklima-in-polen
11 In der Schweiz nennt sich die Bewegung nicht Fridays for Future, sondern Climatestrike/Klimastreik Schweiz. „Climatestrike" ist ebenfalls ein Schlagwort von Greta Thunberg, sie hat es in den Social Media noch vor dem Begriff „Fridays for Future" als Hashtag verwendet.
12 https://www.dw.com/de/klimaaktivisten-blockieren-br%C3%BCcken-in-london/a-46341541
13 https://mosaik-blog.at/inside-cop24-warum-die-weltklimakonferenz-zum-scheitern-verurteilt-war/
14 https://www.facebook.com/events/heldenplatz-1010-wien-%C3%B6sterreich/streik-f%C3%BCr-das-klima-wien-climatestrike/308291423360029/
15 Vereinsregisterauszug „Fridays For Future Vienna / Wien – Verein zum aktiven Einsatz für Klimaschutz und Klimagerechtigkeit", 25.10.2019.
16 https://www.imdb.com/name/nm0728793/
17 https://www.instagram.com/p/BtBnjVUBVrV/
18 https://www.newstalk.com/news/thousands-of-students-join-climate-protests-in-the-netherlands-and-belgium-486399
19 https://www.kleinezeitung.at/international/5564872/Fridays-for-Future_Tausende-junge-Deutsche-schwa-enzten-Schule-und
20 https://www.srf.ch/news/schweiz/schuelerstreik-fuers-klima-zehntausende-gehen-fuer-klimaschutz-auf-die-strasse
21 https://www.instagram.com/p/BtIYcRCn73G/
22 https://fridaysforfuture.at/regionalgruppen
23 http://web.archive.org/web/20090308134539/http://www.zukunftszentrum.at/about/team
24 https://tirv1.orf.at/stories/260509
25 https://neuwal.com/2011/11/21/die-99-von-tirol-neuwal-im-gesprach-mit-occupy-innsbruck/
26 http://xrebellion.at/wasistxr/
27 Versammlungsanmeldung: FridaysForFuture, Innsbruck 18.1.2019.
28 https://www.instagram.com/p/BtgFL80As6q/
29 https://www.facebook.com/events/323575358285982/
30 Manuel Lutz: Blaumachen für grüne Klimaziele. In: Tiroler Tageszeitung, 8.2.2019.
31 https://www.facebook.com/events/2051041241640079/
32 Lutz, Blaumachen …
33 https://www.instagram.com/fridaysforfuture innsbruck/
34 https://www.instagram.com/p/BsgbeD3nJ9C/
35 https://ooe.orf.at/v2/news/stories/2970191/
36 http://www.evgalli.at/new/?page_id=750
37 https://www.facebook.com/events/486225825115027/
38 NN: Schüler streiken fürs Klima – jetzt auch in Salzburg. In: Salzburger Nachrichten aus Stadt und Land, 6.2.2019.
39 http://stmk.neu.sjoe.at/stmk/landesteam
40 http://progress-stmk.at/cms/aboutus.html
41 https://futter.kleinezeitung.at/fridaysforfuture-grazer-schueler-streiken-jetzt-fuers-klima/
42 Michael Saria: Nächste Klima-Demo wird folgen. In: Kleine Zeitung, 16.2.2019.
43 https://www.instagram.com/p/Btlr2n9HpkF/
44 Michael Saria: Jetzt verändern sie auch in Graz das Klima. In: Kleine Zeitung, 9.2.2019.
45 https://www.meinbezirk.at/graz/c-lokales/schickhofer-holt-grazer-aktivisten-in-die-burg_a3199029
46 https://www.nytimes.com/2018/11/30/world/austra-lia/student-strike-climate-change.html
47 Jakob Wetzel: Fridays for Future. In: Süddeutsche Zeitung Edition. München 2019, S. 55 ff.
48 https://fridaysforfuture.at/uploads/ansuchen_fern-bleiben.docx
49 https://www.ots.at/presseaussendung/OTS_20190313_OTS0045/aviso-weltweiter-klimast-reik-1503
50 APA0249 5 CI 0942 II/XI Mi, 13. März 2019, Klima-Demo – Aktionen in allen Bundesländern geplant.
51 Manuel Lutz, Irene Rapp: 1700 Schüler folgen Greta. In: Tiroler Tageszeitung, 13.3.2019.
52 APA0166 5 CI 0171 II/XI, Mi, 13. März 2019 Klima-Demo – Faßmann hat „Verständnis"
53 https://www.ots.at/suche?query=klima*+&from=10.03.2019&to=15.03.2019&filter=&searchchannel=politik
54 Mattias Wahlström et al.: Protest for a future: Compo-

sition, mobilization and motives of the participants in Fridays For Future climate protests on 15 March, 2019 in 13 European cities. Kennislink 2019, p. 92.

55 Ebd., S. 4.

56 https://tirol.orf.at/v2/news/stories/2970213/

57 https://salzburg.orf.at/v2/news/stories/2970187/

58 https://vorarlberg.orf.at/v2/news/stories/2970230/

59 https://ooe.orf.at/v2/news/stories/2970191/

60 https://www.derstandard.at/story/2000099638685/zehntausende-schueler-streiken-fuer-das-klima-sie-wollen-ihre-zukunft

61 https://wien.orf.at/v2/news/stories/2970236/

62 APA0483 5 CI 0340 II/XI Fr, 15. März 2019, Klima-Demo – Bis zu 1.000 Teilnehmer in Salzburg.

63 https://kurier.at/politik/inland/fassmann-will-den-klimaschutz-auch-im-ethik-unterricht-behandeln/400439428

Kapitel 5: Was die Bewegung bewegt

1 Roman Eichinger, Burkhard Uhlenbroich: „Klimaschutz ist was für Profis". In: Bild am Sonntag, Nr. 10, 10.3.2019.

2 Jakob Wetzel: Fridays for Future. In: Süddeutsche Zeitung Edition, München 2019, S. 14.

3 Albrecht von Lucke: „Fridays for Future": Der Kampf um die Empörungsoheit. In: Blätter für deutsche und internationale Politik, 3/2019, S. 91 ff.

4 Gregor Hagedorn: Scientists for Future: Aufklärung gegen die Klimakrise. In: Blätter für deutsche und internationale Politik, 9/2019, S. 57 ff.

5 Gregor Hagedorn et al.: The concerns of the young protesters are justified. In: Science, Vol. 364, Issue 6436, 12.4.2019, pp. 139 f.

6 https://www.brusselstimes.com/all-news/belgium-all-news/science/53425/more-than-3-000-academics-write-to-government-the-climate-activists-are-right/

7 https://scientists4climate.be/letter/english/

8 https://www.dutchnews.nl/news/2019/02/350-scientists-back-dutch-school-kidsclimate-demonstration/

9 https://www.theguardian.com/environment/2019/feb/13/school-climate-strike-childrensbrave-stand-has-our-support

10 https://www.nature.com/articles/d41586-019-00861-z

11 https://www.scientists4future.org/stellungnahme/stellungnahme-de/

12 Wetzel, Fridays, S. 85.

13 https://www.scientists4future.org/about/team/

14 https://ccca.ac.at/netzwerkaktivitaeten/scientists-for-future/stellungnahmen

15 https://www.scientists4future.org/

16 Hagedorn et al., The concerns ..., pp. 139 f.

17 Bei den unter 25-Jährigen steigt die Wahlbeteiligung um 14 Prozentpunkte, bei den 25- bis 39-Jährigen um zwölf Prozentpunkte. https://www.europarl.europa.eu/at-your-service/files/be-heard/eurobarometer/2019/postelection-survey-2019-complete-results/report/en-post-election-survey-2019-report.pdf

18 Die Staaten sind: Dänemark, Deutschland, Frankreich, Luxemburg, Niederlande, Österreich und Schweden. In Finnland lag Klima- und Umweltschutz gleichauf mit dem Thema Menschenrechte und Demokratie, https://www.europarl.europa.eu/at-your-service/files/be-heard/eurobarometer/2019/post-election-survey-2019-complete-results/report/en-post-election-survey-2019-report.pdf

19 https://election-results.eu/tools/comparative-tool/

20 https://neuwal.com/wahlumfragen/

21 APA0017 5 II 0534 AI So, 5. Mai 2019, EU-Wahl – Werner Kogler: „Sind ganz herausgestiegen aus dem Grab".

22 APA0132 5 II 0188 AI So, 26. Mai 2019, EU-Wahl – Werner Kogler: „Es kann knapp werden".

23 https://www.bmi.gv.at/412/Europawahlen/Europawahl_2019/

24 https://www.tagesschau.de/inland/fridays-for-future-aktionen-101.html

25 In Graz und Salzburg waren es je rund 1000 Demonstranten, in Innsbruck rund 2000 und in Wien je nachZählung der Polizei und den Veranstaltern zwischen 1500 und 7000. Quellen: Klima-Demo – In Graz gingen rund 1.000 Schüler auf die Straße (APA0275 5 CI 0429 II/XI, Fr, 24. Mai 2019 Klima-Demo – Hunderte Schüler in Wien unterwegs, https://www.ots.at/presseaussendung/OTS_20190524_OTS0170/2-weltweiter-klimastreik-wir-streiken-bis-ihr-handelt)

26 https://www.youtube.com/watch?v=4Y1lZQsyuSQ

27 APA0405 5 AA 0537, So, 26. Mai 2019, EU-Wahl – In Deutschland schlug offenbar der Rezo-Effekt zu.

28 Christoph Hofinger: Vortrag: Revolution from the Kinderzimmer: Will politics never be the same after the European Elections 2019?, p. 10.

29 https://www.sora.at/fileadmin/downloads/wahlen/2019_EUW_Wahlanalyse.pdf

30 Die Jahresauswertungen basieren auf der Schlagwortsuche „Klimawandel oder Klimakrise oder Klimakatastrophe" im APA-Onlinemanager, der die Beiträge österreichischer Medien erfasst. Gezählt wurden die Beiträge in der Nachrichtenagentur APA sowie in jenen zehn Tageszeitungen, die laut der Österreichischen Media-Analyse 2018 (im Internet: www.media-analyse.at) am meisten Österreicher im Land erreichten. Das waren demnach: Kronen Zeitung, Heute, Kleine Zeitung, Österreich, Der Standard, Kurier, Oberösterreichische Nachrichten, Die Presse, Tiroler Tageszeitung, Salzburger Nachrichten.

31 https://www.scientists4future.org/stellungnahme/fakten/

32 https://www.profil.at/home/hochwasser-hochwasser-2013-ein-jahrhundert-hochwasseroesterreich-359840

33 https://www.kleinezeitung.at/oesterreich/4892634/Oesterreich_2015_Mehr-Waldbraende-als-jemals-zuvor

34 Benedikt Narodoslawsky: Gab es 2017 mehr Hitzetote als Verkehrstote, Herr Allerberger? In: Falter 30/2018, 25.7.2018.

35 https://der.orf.at/unternehmen/aktuell/191112_klimatag104.html

36 https://www.kleinezeitung.at/service/5660633/index

37 NN: Klimaschutz bleibt in der Warteschleife. In: Kronen Zeitung, 5.11.2019.

38 Edward Felsenthal: The sands of time. In: Time Magazine, 23.9.2019.

39 NN: The climate issue. In: The Ecomonist, 21.9.2019.

40 https://www.cjr.org/covering_climate_now/climate-crisis-new-beginning.php

41 https://www.theguardian.com/environment/2019/may/17/why-the-guardian-is-changing-the-language-it-uses-about-the-environment

42 Luise Neubauer: Informiert euch! In: Die Zeit, Nr. 20, 9.5.2019.

43 Offener Brief von Fridays for Future: „Gemeinsam stark gegen die Klimakrise: Österreichs Medien erneuern ihr Engagement". Der Text ging als Entwurf-Papier an Journalisten aus verschiedenen Medienhäusern in Österreich, um sich Input zu holen, und war zunächst noch nicht zur Veröffentlichung bestimmt. Dass der Standard die Forderungen aus diesem Entwurf veröffentlichte, war angeblich zu diesem Zeitpunkt von den Aktivisten nicht geplant. https://www.derstandard.at/story/2000108045539/fridays-for-future-fordert-angemessenen-journalismus-ueber-die-klima-und

44 Conny Bischofberger: Ist es schon zu spät, Frau Kromp-Kolb? In: Kronen Zeitung, 23.6.2019.

45 Emma Marris: Why the world is watching young climate activists. In: Nature, Vol. 573, 26.9.2019, p. 472.

46 https://media.tele.at/print/tele-liegt-bei

47 https://tele-klimainitiative.at/

48 https://www.diepresse.com/5650560/extreme-hitze-in-europa-ist-der-klimawandel-verantwortlich

49 https://orf.at/stories/3128054/

50 https://wien.orf.at/stories/3000141/

51 https://www.sn.at/panorama/international/juni-2019-war-der-heisseste-der-geschichte-72865852

52 https://www.zamg.ac.at/cms/de/klima/news/der-waermste-sonnigste-und-trockenstejuni-der-messgeschichte

53 Florian Klenk: Das Protokoll einer historischen Nacht. In: Falter 21/2019, 22.5.2019.

54 Die historische Regierungskrise 2019 im Schnelldurchlauf: Am Freitag, dem 17. Mai 2019 wird das Ibiza-Video bekannt. Samstagmittag treten die beiden Freiheitlichen von allen Funktionen zurück. Samstagabend ruft Bundeskanzler Sebastian Kurz (ÖVP) gegen den Willen der FPÖ Neuwahlen aus. Am Montag bittet er den Bundespräsidenten, den umstrittenen Innenminister Herbert Kickl zu entlassen, daraufhin verlässt die FPÖ geschlossen die Regierung. Der Bundeskanzler trommelt schnell Übergangsminister zusammen, sie werden am Mittwoch angelobt. Am Sonntag gewinnen ÖVP und Grüne die EU-Wahl. Am Montag sprechen die EU-Wahl-Verlierer SPÖ, FPÖ und Liste Jetzt der gesamten Regierung im Parlament das Misstrauen aus. Am Dienstag enthebt der Bundespräsident die gesamte Regierung. Am Montag, dem 3. Juni 2019 – zweieinhalb irre Wochen nach Ibiza – wird eine Übergangsregierung aus Experten unter der Führung der ehemaligen Präsidentin des Verfassungsgerichtshofs, Brigitte Bierlein, angelobt.

55 https://www.heute.at/s/ovp-wahlplakate-spruch-gleich-wie-bei-ovp-kurz-und-kickl-gleiches-plakat-59845590

56 https://secure.sebastian-kurz.at/klimaundumwelt/

57 https://www.w24.at/News/2019/8/SPOe-stellt-neue-Plakate-vor

58 https://orf.at/stories/3134592/

59 https://www.ots.at/presseaussendung/OTS_20190605_OTS0156/fp-hofer-klimaschutz-und-umweltschutz-werden-starke-schwerpunkte-in-fpoe-programmatik

60 https://derstandard.at/story/2000093340857/strache-ich-lebe-mit-diesen-vorwuerfen-sehr-gut

61 https://www.sn.at/politik/nationalratswahl-2017/gruene-starten-zweite-welle-mit-sechs-themenwahlplakaten-17178406

62 https://www.facebook.com/diegruenen/videos/700449580405005/

63 https://www.tagesschau.de/ausland/juli-temperatur-rekord-101.html

64 https://www.zamg.ac.at/cms/de/klima/news/erneut-ein-ueberdurchschnittlich-warmer-juli

65 https://www.tagesschau.de/ausland/juli-temperatur-rekord-101.html

66 https://www.diepresse.com/5660298/in-der-arktis-brennt-es-seit-wochen

67 https://www.zeit.de/wissen/umwelt/2019-08/amazonas-waldbrand-brasilien-regenwald-jair-bolsonaroumweltpolitik

68 https://www.tagesspiegel.de/gesellschaft/panorama/spektakulaeres-foto-aus-groenland-schlittenhunde-scheinen-ueber-wasser-zu-laufen/24471006.html

69 https://www.falter.at/zeitung/20190924/zehn-mythen-der-klimapolitik

70 Medienmappe zur Pressekonferenz im Café Stein in Wien am 16.9.2019: Was sagt die Wissenschaft zur österreichischen Klima- und Umweltpolitik?

71 https://www.scientists4future.org/stellungnahme/unterschriften/

72 Werner Kogler nahm das Mandat als EU-Parlamentarier nicht an, das er bei der EU-Wahl 2019 gewonnen hatte, um bei der Nationalratswahl 2019 als Spitzenkandidat antreten zu können.

73 https://www.derstandard.at/story/2000108132840/prominente-wissenschafter-unterstuetzen-gruene

74 Nobert Swoboda: „Müssen Studien genauer ansehen". In: Kleine Zeitung, 3.10.2019.

75 Günter Pilch: „Österreichs Politik versagt beim Klima". In: Kleine Zeitung, 21.7.2019.

76 Gottfried Kirchengast et al.: Referenzplan als Grundlage für einen wissenschaftlich fundierten und mit den Pariser Klimazielen in Einklang stehenden Nationalen Energie- und Klimaplan für Österreich (Ref-NEKP). Executive Summary, 9.9.2019, S. 5.

77 Neben Kirchengast sind das die Klimaforscherin Helga Kromp-Kolb, die Umweltökonomin Sigrid Stagl und der Klimaökonom Karl Steininger.

78 https://www.puls4.com/puls24/videos/TALKS/Die-grosse-Klimapruefung-von-Fridays-For-Future

79 Die Auswertung der Klimaprogramme der einzelnen Parteien durch die Wissenschaftler ergab folgende Reihung (beginnend mit dem besten Programm): Grüne, Liste Pilz, Neos, SPÖ, ÖVP, FPÖ. Die Programme wurden von acht Experten analysiert. https://ccca.ac.at/wissenstransfer/informationsdokumente/ref-nekp-bewertung-parteipositionensept-2019

80 https://www.ots.at/presseaussendung/OTS_20190926_OTS0002/nationalrat-spricht-sich-fuer-klimanotstand-aus

81 APA0387 5 CI 0417, Fr, 27.Sep 2019, Klimademo – Rekordbeteiligung beim österreichweiten „Earth Strike".

82 Kronen Zeitung, 28.9.2019.

83 Martina Zandonella, Flooh Perlot: Wahltagsbefragung und Wählerstromanalyse Nationalratswahl 2019. S. 22, https://www.sora.at/fileadmin/downloads/wahlen/2019_NRW_Grafiken-Wahltagsbefragung.pdf

84 https://wahl19.bmi.gv.at/

85 Zandonella/Perlot, Wahltagsbefragung ..., S. 9 ff.

86 „Zeit im Bild 1" – Wahl 19: Runde der Spitzenkandida-tInnen III, „Zeit im Bild 1", 29.9.2019, 19.30 Uhr.

87 http://www.europarl.europa.eu/austria/de/aktuell-presse/meldungen/meldungen/2019/november-2019/pr-2019-nov-9.html

88 https://orf.at/stories/3145757/

89 https://www.pscp.tv/w/1DXGypNYpzNKM

90 Björn Finke: Der Billionen-Hammer. In: Süddeutsche Zeitung, 23./24.11.2019.

91 https://orf.at/stories/3145746/

92 NN: Klimawandel als Unterrichtsfach. In: Kronen Zeitung, 9.11.2019.

93 Oliver Meiler: Generazione Greta. In: Süddeutsche Zeitung, 4.10.2019.

94 Cerstin Gammelin: „Mit demokratischen Mitteln". In: Süddeutsche Zeitung, 10.10 2019.

95 Michael Bauchmüller: Nacht der langen Formeln. In: Süddeutsche Zeitung, 21.9.2019.

96 APA0009 5 AA 0380, siehe APA0241/20.10 Mo, 21. Okt. 2019, Offiziell: Historische Zugewinne für Grüne bei Schweiz-Wahl.

97 Kai Strittmatter: Unter Zugzwang. In: Süddeutsche Zeitung, 22.10.2019.

98 Time 2019, Person of the year – Greta Thunberg.

99 Bei der Landtagswahl in Vorarlberg am 13. Oktober 2019 wurden die Grünen, die mit der ÖVP regierten, erstmals in ihrer Geschichte zur zweitstärksten Kraft im Ländle. Sie überholten die Skandal-gebeutelte FPÖ und fuhren 18,9 Prozent ein. Das waren um 1,8 Prozentpunkte mehr als bei der letzten Landtags-wahl 2014 und 11,7 Prozentpunkte mehr als das Vorarlberger-Ergebnis bei der Nationalratswahl 2017. ÖVP und Grüne führten ihre Koalition im Ländle fort, https://apps.vorarlberg.at/wahlen/wahl/LT?id=LT_2019-10-13, https://wahl17.bmi.gv.at/8.html

100 Bei der Landtagswahl in der Steiermark am 24. November 2019 fuhren die Grünen 12,1 Prozent ein. Das waren um 5,4 Prozent mehr als bei der Landtagswahl 2015 und um 9,3 Prozent mehr als bei der National-ratswahl 2017. Rechnerisch ging sich trotz der starken Zugewinne von ÖVP und Grünen keine Koalition aus, die Grünen blieben in Opposition, http://www.wahlen.steiermark.at

101 https://www.sora.at/fileadmin/downloads/wahlen/2019_LTW_Vbg_Wahlanalyse-Grafiken.pdf, S. 20 ff., https://www.sora.at/fileadmin/downloads/wahlen/2019_LTW_Stmk_Wahlanalyse-Grafiken.pdf

102 APA0215 5 II 0463 Di, 07. Jän. 2020, Regierung Kurz II angelobt – Erste türkis-grüne Regierung im Amt.

103 https://www.ots.at/suche?query=regierungsprogramm+und+klima&from=2.1.2020&to=2.1.2020&filter=&searchchannel=politik

104 https://www.wienerzeitung.at/nachrichten/politik/oesterreich/2038280-Fachgruppen-steigen-absofort-in-Verhandlungen-ein.html

105 https://www.theguardian.com/us-news/2019/sep/18/greta-thunberg-testimony-congress-climate-change-action

106 https://infothek.bmvit.gv.at/leonore-gewessler-
bundesministerin-fuer-verkehr-umwelt-klimaschut-
zinnovation-energie-technologie/

107 Stenografisches Protokoll Nationalrat, XXVII. GP
10. Jänner 2020 8. Sitzung/1.

108 https://ccca.ac.at/wissenstransfer/informations-
dokumente/ref-nekp-bewertung-parteipositionen-
sept-2019

109 https://www.bs.ch/nm/2019-das-basler-parlament-
verabschiedet-resolution-zum-klimawandel-gr.html

110 https://www.independent.co.uk/news/uk/politics/
climate-change-environment-emergency-commons-
motion-mps-vote-latest-a8895456.html

111 https://www.zeit.de/politik/deutschland/2019-05/
klimaschutz-klimanotstand-konstanz-beschluss

112 https://www.konstanz.de/service/pressereferat/
pressemitteilungen/klimanotstand

113 https://www.parlament.gv.at/WWER/PAD_05425/in-
dex.shtmlhttps://steiermark.orf.at/stories/3000464/

114 https://www.klimanotstand.com/impressum/

115 https://www.schloss-thannegg.at/de/urlaubsschloss/
oekohotel.php

116 Dorit Burgsteiner: „Das ist ein historischer Moment".
In: Kleine Zeitung, 15.6.2019.

117 https://www.ots.at/a/OBS_20190625_OBS0042

118 https://vorarlberg.orf.at/stories/3003146/

119 https://www.bmi.gv.at/412/Nationalratswahlen/
Nationalratswahl_2019/Landeswahlvorschlaege_Vor-
arlberg.aspx

120 https://fridaysforfuture.at/uploads/Forderungen_
Weltweiter_Klimastreik.pdf

121 https://fridaysforfuture.at/uploads/resolution-
klimanotstand-oesterreich.pdf

122 https://www.bs.ch/nm/2019-das-basler-parlament-
verabschiedet-resolution-zum-klimawandel-gr.html

123 Die politische Entscheidung, die Ausrufung des Klimanotstands überparteilich zu verhandeln, fällten die
Umweltsprecher der Parteien. Timon Scheuer wurde
dabei von den beiden Abgeordneten Stephanie Cox
(Liste Pilz) und Eva Holzleitner (SPÖ) unterstützt.

124 https://www.parlament.gv.at/PAKT/VHG/XXVI/
A/A_00935/imfname_758994.pdf

125 https://www.parlament.gv.at/PAKT/VHG/XXVI/
NRSITZ/NRSITZ_00089/index.shtml#tab-Vorlaeu-
figesSten.Protokoll

126 https://twitter.com/ViennaForFuture/sta-
tus/1176945957591797760

127 https://www.parlament.gv.at/PAKT/VHG/XXVI/
E/E_00140/index.shtml

128 Diskussion der SpitzenkandidatInnen vom 26.9.2019,
20.15 Uhr, ORF 2.

129 https://www.ots.at/presseaussendung/
OTS_20190605_OTS0156/fp-hofer-klimaschutz-

und-umweltschutz-werden-starke-schwerpunkte-in-
fpoe-programmatik

130 Nina Horaczek: Die Klimawandelleugner-Lobby. In:
Falter 9/2019, 27.2.2019.

131 Diskussion der SpitzenkandidatInnen vom 26.9.2019,
20.15, Uhr ORF 2.

132 Georg Leyrer, Josef Siffert: „Fridays for Hubraum":
Wie Greta Thunberg das Netz polarisiert. In: Kurier,
27.9.2019, https://kurier.at/kultur/fridays-for-
hubraum-das-netz-fuer-und-gegen-greta-thun-
berg/400617299

133 Jana Stegemann: Was willste machen? In:
Süddeutsche Zeitung, 19.10.2019.

134 https://twitter.com/Die_Insider/sta-
tus/1176787357736951808

135 https://www.oe24.at/welt/Fridays-for-Hubraum-
Autofahrer-schiessen-gegen-Greta-Thun-
berg/399144930

136 NN: Hubraum for Future. In: Der Spiegel, 5.10.2019.

137 https://twitter.com/Die_Insider/sta-
tus/1176787357736951808

138 Stegemann, Was willste …

139 https://www.youtube.com/watch?v=9zPcIBm82L4

140 https://www.facebook.com/groups/FridaysforHub-
raum/

141 https://www.facebook.com/FridaysForFutureVienna/

142 https://www.facebook.com/grazfridaysforfuture/

143 https://www.facebook.com/fridaysforfuturelinz/

144 https://www.facebook.com/grazfridaysforfuture/

145 https://www.facebook.com/fridaysforfuturesalzburg/

146 NN: Unbekannte hängen Greta-Puppe an Brücke. In:
Kronen Zeitung, 8.10.2019

147 https://www.wikingerversand.de/
search?sSearch=greta

148 https://www.derstandard.at/story/2000104149433/
psychisch-kranke-goere-fpoe-nahe-zur-zeitbe-
schimpft-thunberg-und

149 http://web.archive.org/web/20190102164446/
https://georgelakoff.com/2017/07/01/two-
questionsabout-trump-and-republicans-that-stump-
progressives/

150 https://www.youtube.com/watch?v=rKogq-uLOAM

151 Daniel Kahneman: Schnelles Denken, langsames
Denken. München 2015 (16. Aufl.), S. 347 ff.

152 Ebd., S. 375.

153 https://steiermark.orf.at/stories/3029078/

154 https://qz.com/1659776/greta-thunberg-thanks-
opec-boss-for-calling-activists-a-threat/

155 https://storage.googleapis.com/planet4-eu-unit-
stateless/2019/10/0a8d2624-20191024-report-
big-oil-and-gas-buying-influence-in-brussels.pdf

156 https://www.theguardian.com/environment/2019/
sep/27/fossil-fuel-industry-clout-trump-era

157 https://www.dw.com/de/us-regierung-k%C3%BCndigt-offiziell-pariser-klimaabkommen-auf/a-51112889
158 https://twitter.com/realdonaldtrump/status/1205100602025545730?lang=de
159 https://edition.cnn.com/2020/01/21/politics/donald-trump-davos-speech-climate-change/index.html
160 Horaczek, Die Klimawandelleugner-Lobby …
161 Jennifer Rezny: Die Feinde der Greta Thunberg. TV-Dokumentation, Neulandfilm & Medien GmbH, 7.11.2019, 20.15 Uhr, ORF 1.
162 https://www.handelsblatt.com/unternehmen/industrie/gazprom-von-putins-gnaden/2727768-all.html
163 https://www.welt.de/politik/ausland/article201325544/Putin-ueber-Greta-Thunberg-Bedauerlich-wenn-jemand-Jugendliche-in-seinem-Interesse-nutzt.html
164 Lucke: „Fridays for Future"…, S. 91 ff.
165 https://web.archive.org/save/https://www.facebook.com/ahenriksson/posts/10155725797423239
166 Claus Hecking: Ist Greta Thunberg eine PR-Marionette? In: Spiegel.de, 6.2.2019, https://www.spiegel.de/panorama/ist-greta-thunberg-eine-pr-marionette-a-83fbe5dd-b300-44a2-89f6-f873e19bae6e
167 Nina Breher: Greta Thunberg: Keine Belege für systematische PR-Kampagne der Eltern und eines Unternehmers. In: Correctiv.org, 13.6.2019, https://correctiv.org/faktencheck/gesellschaft/2019/06/13/greta-thunbergkeine-belege-fuer-systematische-pr-kampagne-der-eltern-und-eines-unternehmers
168 Greta Thunberg: Ich will, dass ihr in Panik geratet! Meine Reden zum Klimaschutz. Frankfurt am Main 2019, S. 51.
169 Hecking, Ist Greta Thunberg …
170 Thunberg, Ich will …, S. 51.
171 Hecking, Ist Greta Thunberg …
172 https://www.weltwoche.ch/ausgaben/2019-4/kommentare-analysen/wir-basteln-uns-eine-klimaikone-die-weltwoche-ausgabe-4-2019.html
173 Thunberg, Ich will …, S. 53.
174 Im Buch listet Malina Ernman folgende Institutionen auf, an die die Einnahmen gehen: Greenpeace, WWF, die Institution für tiergestützte Pädagogik und Therapie Lära med djur, den Schwedischen Naturschutzverein und dessen Jugendumweltorganisation Fältbiologerna, den Verein für Menschen mit Beeinträchtigungen Kung över Livet, Kinder in Not und die Tierschutzorganisation Djurens Rätt.
175 Thunberg/Ernman, Szenen …, S. 8.
176 Ebd., S. 226.
177 Hecking, Ist Greta Thunberg …
178 Breher: Greta Thunberg …
179 Hecking, Ist Greta Thunberg …
180 Breher, Greta Thunberg …
181 Thunberg, Ich will …, S. 51.
182 Hecking, Ist Greta Thunberg …
183 https://www.focus.de/politik/ausland/klima-aktivistin-in-berlin-greta-thunberg-nur-eine-pr-marionetteschwedischer-journalist-klaert-ueber-vorwuerfe-auf_id_10523492.html
184 https://www.mimikama.at/allgemein/fff-bild-neapel/
185 https://www.mimikama.at/
186 https://www.derstandard.at/story/2000107528562/doch-keine-zusatzfluege-kritik-an-thunbergssegelto-ern-verfliegt-im-atlantikwind
187 https://www.instagram.com/p/Bs78FqnBOyv/?utm_source=ig_embed
188 https://www.derstandard.at/story/2000097134776/greta-thunberg-rechter-hass-gegen-16-jaehrigeklima-aktivistin
189 Jonathan Haidt: The righteous mind. Why good people are divided by politics and religion. New York 2012, p. 98.
190 Jennifer Rezny: Die Feinde …
191 https://www.youtube.com/watch?v=HpUMIyLLgYk
192 Diskussion der SpitzenkandidatInnen vom 26.9.2019, 20.15 Uhr, ORF 2.
193 https://www.youtube.com/watch?v=HpUMIyLLgYk

Kapitel 6: Wer sind die Fridays?

1 Der Autor bat den österreichischen Jugendforscher Bernhard Heinzlmaier um ein Interview. Dieser kam der Bitte allerdings nicht nach.
2 Zusammenfassung der 18. Shell Jugendstudie, S. 13 ff. https://www.shell.de/ueber-uns/shell-jugendstudie.html
3 Untersucht wurden die Länder Schweden, Großbritannien, Belgien, Niederlande, Deutschland, Polen, Österreich, Schweiz und Italien. Die Demos, die analysiert wurden, fanden in folgenden Städten statt: Amsterdam, Berlin, Bremen, Brüssel, Florenz, Genf, Lausanne, Malmö, Manchester, Stockholm, Truro, Warschau und Wien.
4 Akademikerkinder bedeutet, mindestens ein Elternteil hat einen Universitätsabschluss.
5 Mattias Wahlström et al. (Eds.): Protest for a future: Composition, mobilization and motives of the participants in Fridays For Future climate protests on 15 March, 2019 in 13 European cities. Kennislink 2019, pp. 9 f.
6 Der deutsche Protestforscher Dieter Rucht weist daraufhin, dass auch in der Vergangenheit Protestbewegungen von der Jugend getragen wurden, etwa die Hausbesetzerbewegung der niederländischen Provos Mitte der Sechzigerjahre und die Protestkampagnen gegen die Irakkriege 1991. Äußerst selten seien ihm

zufolge von ganz jungen Schülern initiierte und durchge-
führte Protestbewegungen wie Fridays for Future. Vgl.
Dieter Rucht: Jugend auf der Straße. Fridays for Future
und die Generationenfrage. In: WZB Mitteilungen, Heft
16, 5.9.2019.

7   Das Alter wurde nach dem Median berechnet. Im
Ländervergleich gibt es natürlich statistische Ausreißer:
So waren jene Demonstrierenden in Brüssel im Schnitt
vierzig Jahre alt, in Amsterdam hingegen 16. In Brüssel
gingen um eine Spur mehr Männer auf die Straße, in
Amsterdam hingegen waren siebzig Prozent der Demo-
Besucher Demonstrantinnen.

8   Dazu kamen – im kleineren Ausmaß – auch Lehrer und
Eltern, die die Jugend zu den Demos motivierten.

9   Nur jeder zehnte Schüler erfuhr aus den klassischen
Medien von den Protesten. Wahlström et al. (Eds.),
Protest …, pp. 9 ff.

10   In den beiden jüngsten Altersklassen waren zwei von
drei Protestierenden weiblich. In den Altersklassen
über 35 Jahre verschwimmt das Bild aber völlig, das
Geschlechterverhältnis ist dort nahezu ausgeglichen.

11   In der Bundeshauptstadt waren nicht nur viele unter
Zwanzigjährige auf der Straße (mehr als ein Drittel), sondern fast ebenso viele in der zweitjüngsten Altersklasse
von zwanzig bis 35. Vgl. Wahlström et al. (Eds.), Protest
…, pp. 91 ff.

12   In Italien, Großbritannien, Schweden, Polen und
den Niederlanden lag der Anteil der Frauen auf den
Demonstrationen deutlich jenseits der sechzig Prozent.
Im Schnitt lag der Frauenanteil bei 59,5 Prozent.
Vgl. Dieter Rucht, Moritz Sommer: Fridays for Future –
Zwischenbilanz eines Höhenflugs. In: Internationale
Politik, Juli/August 2019, S. 31.

13   Dieter Rucht, Moritz Sommer: Fridays for Future – Zwischenbilanz eines Höhenflugs. In: Internationale Politik,
Juli/August 2019, S. 91.

14   Die beiden Wissenschaftlerinnen Antje Daniel und Anna
Deutschmann haben dem Autor aus Termingründen
noch vor Erscheinen des Working Papers dankenswer-
terweise am 7. Jänner 2020 den vorläufigen Entwurf
ihrer Studie zur Verfügung gestellt: Antje Daniel, Anna
Deutschmann: Umweltbewegung revisited? Fridays
for Future in Wien. Profil und Einstellungen einer neuen
Protestbewegung. In: ie.WorkingPapers, Nr. 9, Institut
für Internationale Entwicklung, 2020.

15   Protokoll: Fridays for Future Austria Video Calls.

16   https://www.ots.at/presseaussendung/
OTS_20190411_OTS0267/das-sind-die-gewinner-der-
fulminanten-4gamechangers-award-show

17   https://www.facebook.com/notes/fridays-for-
future-vienna/deshalb-haben-wir-heute-den-
4gamechangers-award-abgelehnt-unsere-rede-
vom-110420/1056249331225224/

18   Protokoll: Fridays for Future Austria Video Calls.

19   https://www.facebook.com/events/salzburg/fridays-
for-future-%C3%B6sterreichweites-vernetzungstref-
fen/165796551016627/

20   https://fridaysforfuture.at/about

21   Punkt 7 lautete bei der Verabschiedung der Grundsätze
in Salzburg noch „Wir sind eine gewaltfreie Bewegung."
Er wurde auf den Bundesplena in Linz und in Graz
überarbeitet und erweitert. Quellen: Arbeitsdokument,
zur Verfügung gestellt von Gloria Berghäuser sowie
https://fridaysforfuture.at/about

22   https://www.dielinke-europa.eu/de/article/12212.
fridaysforfuture-im-europaparlament.html

23   https://www.youtube.com/watch?v=ThLfow_uC2o

24   Lausanne Climate Declaration, https://climatestrike.
ch/wp-content/uploads/2019/08/Lausanne-Climate-
Declaration.pdf

25   https://drive.google.com/file/d/1d_VEaC0pNaGzDm-
K66i4lyXnynWjf6Bhc/view

26   https://www.aargauerzeitung.ch/schweiz/greta-gibt-
gas-wie-die-aktivistin-in-lausanne-die-zukunft-der-
klimaproteste-plant-135360619

27   https://drive.google.com/file/d/1d_VEaC0pNaGzDm-
K66i4lyXnynWjf6Bhc/view

28   https://smileforfuture.eu/

29   https://www.buzzfeednews.com/article/lesterfeder/
greta-thunberg-fridays-for-future-school-strike-for-
forclimateGreta

30   Fabienne Kinzelmann: Riesen-Zoff unter den Greta-
Jüngern. In: Blick, 8.8.2019.

31   https://www.blick.ch/news/schweiz/naechster-eklat-
am-klimagipfel-greta-laesst-journalisten-aus-dem-
saal-werfen-id15457332.html

32   NN: Chaos bei Klima-Kids: Greta Thunberg lässt Journalisten aus Saal schmeißen. In: Österreich, 10.8.2019.

33   NN: Greta warf Journalisten aus Saal. In: Kronen
Zeitung, 10.8.2019.

34   Lausanne Climate Declaration, pp. 2 ff.

35   Der Satz war offenbar von der Schweizer Klimastreik-
Bewegung inspiriert, die sich zu Beginn mit sehr
ähnlichen Worten selbst beschrieb. Die Schweizer Formulierung lautete im Original so: „Wir verstehen uns als
eine Druckbewegung, nicht Kompromissbewegung, und
platzieren uns so klar ausserhalb der institutionellen
Politik. Wir akzeptieren, falls Akteure der institutionellen Politik unsere Forderungen und Richtung teilen, aber
wir weigern uns, in ihre Richtung zu gehen und sie zu
unterstützen." https://bewegung.taz.de/termine-bwg/
schweizweite-klimademo-klimastreik-wir-haben-ein-
recht-auf-zukunft

36   Die Diskussion wurde leicht gekürzt, der Autor
hat aus Gründen der Übersichtlichkeit auf Namen
verzichtet.

37 https://fridaysforfuture.at/regionalgruppen/wien
38 https://www.tips.at/nachrichten/ried-innkreis/
wirtschaft-politik/464887-schueler-streiken-auch-in-
ried-wir-machen-das-ja-nicht-zum-spass
39 Gottfried Kirchengast et al.: Referenzplan als …, S. 23 f.

Kapitel 7: Das Netzwerk der Fridays
1 https://www.facebook.com/elisabethkoestinger/
videos/vb.189309361618598/1012404705636324/?
type=2&theater
2 https://fridaysforfuture.at/about
3 https://www.klimaklage.at
4 NN: 20.000 bei Klimaschutz-Demo. In: Tiroler Tageszeitung, 28.9.2019.
5 Jakob Wetzel: Fridays for Future. In: Süddeutsche
Zeitung Edition. München 2019, S. 55 ff.
6 http://www.klimaprotest.at/unterstuetzende/
7 https://www.ots.at/presseaussendung/
OTS_20190927_OTS0178/groesster-klimastreik-der-
geschichte-mehr-als-150-000-gehen-gegen-die-
untaetigkeit-der-politik-auf-die-strasse
8 https://www.climbersforfuture.org/#Index
9 https://www.zirpinsects.com/produkt/snack-for-future/
10 https://www.derstandard.at/story/2000109404249/
periods-for-future-wohin-mit-dem-tampon
11 https://www.ots.at/presseaussendung/
OTS_20191112_OTS0034/wk-wien-startet-initiative-
wiener-wirtschaft-for-future-bild
12 Robert Rossmann: Wenn sich was zusammenbraut. In:
Süddeutsche Zeitung, 1.10.2019.
13 Die zehn Allianzpartner sind: Parents for Future, Scientists for Future, Artists for Future, Farmers for Future,
Religions for Future, Teachers for Future, Doctors for
Future, Coaches for Future, Museums for Future und
Entrepreneurs for Future. https://fridaysforfuture.at/
allianzen
14 https://boku.ac.at/wissenschaftliche-initiativen/
zentrum-fuer-globalen-wandel-nachhaltigkeit/lehre-
und-bildung-fuer-nachhaltige-entwicklung/unsere-
lehrveranstaltungen/lva-lectures-for-future-neu
15 Vereinsregisterauszug „Fridays for Future Vienna /
Wien".
16 https://fridaysforfuture.at/impressum
17 https://coachesforfuture.org/ueber-uns/
18 https://fridaysforfuture.at/allianzen/religions-for-future
19 https://ccca.ac.at/netzwerkaktivitaeten/scientists-for-
future
20 Mark Perry: „Klima-Ärzte" kämpfen jetzt für eine
gesündere Umwelt. In: Kronen Zeitung, 4.9.2019.
21 Hans-Peter Hutter et al.: Klimawandel und Gesundheit.
Auswirkungen. Risiken. Perspektiven. Wien 2017.
22 Vereinsregisterauszug „Ärztinnen und Ärzte für eine
gesunde Umwelt".

23 https://fridaysforfuture.at/allianzen/parents-for-
future
24 Vereinsregisterauszug „Parents For Future Österreich/
Austria".
25 https://www.teachersforfuture.at/rechtliches/state-
ments
26 http://farmersforfuture.at/
27 http://www.aegu.net/links/d4f.html
28 https://www.schoepfung.at/site/home/petition/
petition/1.html
29 https://fridaysforfuture.at/workersforfuture
30 https://fridaysforfuture.at/allianzen/parents-for-future
31 https://www.derstandard.at/story/2000103653822/
die-erde-wird-zerstoert-wie-kann-man-nichts-tun/
32 https://fridaysforfuture.at/allianzen/parents-for-future
33 Vereinsregisterauszug „Parents For Future Österreich/
Austria".
34 Vereinsregisterauszug „Fridays For Future Vienna/Wien".
35 https://www.derstandard.at/story/2000103653822/
die-erde-wird-zerstoert-wie-kann-man-nichts-tun/
36 https://www.zamg.ac.at/cms/de/klima/news/zweitwa-
ermster-sommer-der-messgeschichte
37 https://www.ots.at/pressemappe/31669/klimavolks-
begehren-es-geht-um-unser-ueberleben
38 https://www.ots.at/presseaussendung/
OTS_20180926_OTS0153/hikmet-arslan-unterstuet-
zen-klimavolksbegehren-von-helga-krismer
39 https://www.derstandard.at/story/2000090743496/
fuer-klimavolksbegehren-werden-jetzt-geld-und-
schirmherren-gesammelt
40 https://www.ots.at/pressemappe/31669/klimavolks-
begehren-es-geht-um-unser-ueberleben
41 https://klimavolksbegehren.at
42 https://fridaysforfuture.at/about
43 https://fridaysforfuture.at/events/2019-08-01-klima-
picknick-mit-klima-volksbegehren
44 https://www.facebook.com/FridaysForFutureInns-
bruck/posts/1486743538155666
45 https://klimavolksbegehren.at/mittagspauseforfuture/
46 https://www.facebook.com/events/vienna-austria/
rebellions-woche-wien/697203350796214/
47 Emilia Garbsch: Die achtsamen Radikalen. In: Datum
11/19.
48 https://kurier.at/chronik/wien/extinction-rebellion-kli-
marebellen-blockieren-zweierlinie-in-wien/400640027
49 https://www.extinctionsymbol.info/
50 https://kurier.at/chronik/wien/extinction-rebellion-kli-
marebellen-blockieren-zweierlinie-in-wien/400640027
51 https://fridaysforfuture.at/uploads/Spr%C3%BCche-
Lieder-Hosentaschenversion.pdf
52 https://www.ots.at/presseaussendung/
OTS_20191007_OTS0155/information-der-lpd-wien-
zum-heutigen-einsatz-extinction-rebellion

53 Garbsch, Die achtsamen ....
54 https://www.berlin.de/special/energie-und-umwelt/
nachrichten/5930665-5436174-extinction-rebellion-
potsdamer-platz-kli.html
55 Boris Herrmann: Vertrau mir. In: Süddeutsche Zeitung,
4.11.2019.
56 Garbsch, Die achtsamen ....
57 https://www.instagram.com/p/B31r10Wnt01/
58 https://www.spiegel.de/wissenschaft/natur/
extinction-rebellion-was-die-neuen-klima-aktivisten-
planen-a-1282370.html, https://www.zeit.de/
campus/2019-10/extinction-rebellion-klimaaktivisten-
camp-berlin-ziviler-ungehorsam
59 Philipp Bovermann: „Aktivisten haben sich bei Polizisten bedankt". In: Süddeutsche Zeitung, 12./13.10.2019.
60 Alex Rühle: Rebellion statt Protest. In: Süddeutsche
Zeitung, 8.10.2019.
61 https://www.theguardian.com/environment/2018/
oct/31/15-environmental-protesters-arrested-at-civil-
disobedience-campaign-in-london
62 https://rebellion.earth/declaration/
63 Greta Thunberg: Ich will, dass ihr in Panik geratet!
Meine Reden zum Klimaschutz. Frankfurt am Main
2019, S. 28 f.
64 Versammlungsanmeldung: FridaysForFuture, Innsbruck
18.1.2019.
65 https://www.flickr.com/photos/fridaysforfuturevienna/
albums/72157712711006876
66 Presseaussendung von FFF Wien: „Klimastreik statt
Autoshow: Mehr Platz, mehr Luft mehr Leben",
16.1.2020.
67 https://wien.orf.at/stories/3030642/
68 Steffen Lüdke: Kapitänin a. D. In: Der Spiegel,
28.9.2019.
69 Hannah Knuth: „Fast ein normales Ereignis". In: Die
Zeit, Nr. 48, 21.11.2019.
70 https://twitter.com/XRebellionAT/sta-
tus/1197235122598232064/photo/1
71 „Die 7 Grundsätze wurden im Rahmen des ersten
österreichweiten Vernetzungstreffens am 13. April
2019 im Konsens mit allen vertretenen Regionalgruppen beschlossen und gelten für die einzelnen Gruppen
sowie die österreichweite Zusammenarbeit. Bei den
darauffolgenden Bundesplena am 16. Juni und 7.
September 2019 wurde der 7. Grundsatz erweitert."
https://fridaysforfuture.at/about
72 Eva Konzett: Wie Anselm S. unter das Polizeiauto kam.
In: Falter 24/2019, 12.6.2019.
73 https://www.facebook.com/FridaysForFuture-
Vienna/posts/1090452501138240?comment_
id=1090961374420686&reply_comment_
id=1091743401009150&comment_tracking=%7B%22
tn%22%3A%22R%22%7D

74 Wetzel, Fridays ..., S. 44 f.
75 NN: Klimaschützer blockierten Straße. In: Salzburger
Nachrichten, 13.5.2019.

Kapitel 8: Die Arbeit der Aktivisten
1 Michael Saria: „Wir brauchen ein konkretes Ergebnis".
In: Kleine Zeitung, 30.6.2019.
2 https://www.youtube.com/watch?v=HKXR7jUr8FQ
3 Mati Randow: Wer streikt, schafft an. In: Der Standard,
4.6.2019.
4 https://fridaysforfuture.at/about
5 https://www.instagram.com/p/BvoYiHkDC6E/
6 Holacracy Introductory Whitepaper. Discover A Better
Way of Working. pp. 3 f., https://static1.squarespace.
com/static/5d1239a79c02150001db74d4/t/5d38fe
af94aa320001ec95ee/1564016303326/Holacracy-
WhitePaper-v5.pdf
7 https://www.facebook.com/
events/394777031304835
8 https://www.facebook.com/
events/1357670371098971/
9 https://fridaysforfuture.at/regionalgruppen/wien
10 https://www.facebook.com/
events/1332845196881369/
11 https://fridaysforfuture.at/regionalgruppen
12 https://www.instagram.com/p/B3jJl-vp7Dd/
13 https://fridaysforfuture.at/events/2019-11-07-of-
fenes-organisationstreffen-fuer-den-4-globalen-
klimastreik
14 Manuel Lutz: Dieses Zeichen hörte jeder. In: Tiroler
Tageszeitung, 28.9.2019.
15 https://www.dolomitenstadt.at/story/die-generation-
meme-macht-mobil/
16 https://www.derstandard.at/story/2000107087815/
wo-wien-besonders-unter-hohen-temperaturen-leidet
17 Peter Mayr, Karin Riss: Bildungsministerin Rauskala:
„Das steht in Widerspruch zu Greta Thunberg". In: Der
Standard, 2.9.2019.
18 Die Airpower ist eine Flugschau, die das Österreichische
Bundesheer veranstaltet. Sie fand 2019 von 6. bis 7.
September im steirischen Zeltweg statt.
19 Abkürzung für das Intergovernmental Panel on Climate
Change der UN, zu Deutsch: Weltklimarat.
20 https://www.instagram.com/p/BvMETkfDJVs/
21 https://fridaysforfuture.at/events/2019-
03-22-8-streik-fuer-das-klima-motto-picknick-
fuer-die-zukunft
22 https://fridaysforfuture.at/events/2019-04-05-1-strei-
kendes-klassenzimmer-salzburg
23 NN: „Streikendes Klassenzimmer" für den Klimaschutz.
In: Vorarlberger Nachrichten, 27.4.2019.
24 https://fridaysforfuture.at/en/events/2019-
05-03-streikendes-klassenzimmer

25 https://fridaysforfuture.at/events/2019-05-03-14-klimastreik-dasstreikendeklassenzimmer

26 Protokoll: Fridays for Future Austria Video Calls.

27 https://fridaysforfuture.at/events/2019-06-14-zweites-fff-austria-treffen-linz

28 https://www.youtube.com/watch?v=lo9HNfkyq-k

29 https://tde1a102a.emailsys1a.net/mailing/63/2264323/0/7dc62649b8/index.html

30 APA0169 5 CI 0377 II/XI Fr, 20. Sept. 2019, Klimademo – Aktionen in über 700 Gemeinden in Österreich.

31 Eine Schulveranstaltung ist zum Beispiel eine Exkursion, daran nimmt die ganze Klasse teil. Bei einer schulbezogenen Veranstaltung gehen nur die Schüler demonstrieren, die sich dafür anmelden. Die erste Voraussetzung dafür ist, dass ein Lehrer die Schüler beaufsichtigt, damit die Sicherheit der Kinder gewährleistet ist. Die zweite, dass nicht nur demonstriert wird, sondern das Thema auch in der Schule inhaltlich behandelt und in ein pädagogisches Gesamtkonzept eingebettet wird. Das kann in jedem Unterrichtsfach geschehen. Bei einer Schulveranstaltung entscheidet der Direktor. Bei einer schulbezogenen Veranstaltung ein sogenanntes schulpartnerschaftliches Gremium oder die Schulbehörde. Vgl. Benedikt Narodoslawsky: Dürfen die Schüler am Freitag fürs Klima streiken, Frau Weber? In: Falter 39/2019, 25.9.2019.

32 https://www.bmbwf.gv.at/Themen/schule/schulrecht/erlaesse/erlass_klima.html

33 http://www.klimaprotest.at/unterstuetzende/

34 https://www.flickr.com/photos/fridaysforfuturevienna/48805611807/in/album-72157711090078197/

35 http://www.klimaprotest.at/earth-strike-am-27-september-there-is-no-planet-b/

36 https://www.flickr.com/photos/fridaysforfuturevienna/48817065012/in/album-72157711090078197/

37 https://www.youtube.com/watch?v=6VjLu2Vj5TO

38 Die Zahlen der Polizei lauten wie folgt: Wien: 30.000; Innsbruck: 16- bis 20.000; Graz: 8000; Linz: 9000; Bregenz: 4000; Salzburg: 2000; NN: Starkes Ende der Klimastreikwoche. ORF.at, 27.9.2019, 17.40 Uhr, https://orf.at/stories/3138737/

39 https://www.kleinezeitung.at/politik/wahl/5697912/Nationalratswahl-2019_Das-grosse-Wahlstudio-aus-der-Hofburg

40 https://steiermark.orf.at/stories/3019352/

41 https://futter.kleinezeitung.at/werdet-teil-der-loesung-thomas-eitzenberger-von-fridays-for-future-graz-im-interview/

42 Thomas Rossacher: Koalition übersteht Klima-Krach. In: Kleine Zeitung, 29.5.2019.

43 https://www.verwaltung.steiermark.at/cms/beitrag/11680452/74837281/

44 http://www.wahlen.steiermark.at

Kapitel 9: Die Zukunft der Fridays

1 https://www.ots.at/presseaussendung/OTS_20191205_OTS0063/waldbilanz-2019-klimawandel-kostet-bundesforste-ueber-40-millionen-euro

2 https://noe.orf.at/stories/3030869/

3 https://www.abc.net.au/news/2019-12-18/dog-dies-and-flying-foxes-falling-in-heatwave/11810556

4 https://www.reuters.com/article/us-australia-bush-fires-climatechange/hot-and-dry-australia-could-join-the-ranks-of-climate-refugees-idUSKBN1ZD2RU

5 https://www.deutschlandfunk.de/waldbraende-in-australien-verheerende-folgen-fuer-tiere-und.676.de.html?dram:article_id=468870

6 https://www.dw.com/de/klimahysterie-ist-unwort-des-jahres-2019/a-51994639

7 https://www.stern.de/kultur/tv/umweltsau-proteste-rechtsradikale-steigen-dem-wdr-aufs-dach-9074144.html

8 https://www.spiegel.de/wirtschaft/service/mckinsey-studie-zum-klimawandel-ergebnisse-sind-verheerend-a-0ccc0af4-6706-4a38-a4ef-38bdf570d9a6

9 https://www.weforum.org/agenda/2019/10/davos-2020-wef-world-economic-forum-theme/

10 https://orf.at/stories/3151716/

11 https://www.instagram.com/p/B76KMRjJPRn/

12 https://fridaysforfuture.at/regionalgruppen

13 Deutschmann, Umweltbewegung revisited …, S. 21.

14 Emma Marris: Why the world is watching young climate activists. In: Nature, Vol 573, 26.9.2019, p. 472.

15 https://protestinstitut.eu/fridays-for-future-zwischen-bilanz-eines-hoehenflugs/

16 CCCA-Presseaussendung vom 19.12.2019, COP 25-Resumee. https://ccca.ac.at/startseite/news-archiv

17 https://science.orf.at/stories/2996887/

Danksagung

Dieses Buch entstand im Teamwork, aber es trägt nur den Namen eines Autors. Um diese Ungerechtigkeit zu beseitigen, lassen Sie mich zum Schluss jene Menschen vor den Vorhang holen, die einen entscheidenden Beitrag zu diesem Buch geleistet haben.

Ich danke vielmals: Florian Jungnikl-Gossy, Chief Product Officer im Falter, der meine nicht ernst gemeinte Buchidee ernst genommen hat. Falter-Geschäftsführer Siegmar Schlager, der alles Unmögliche möglich gemacht hat und dieses Buch „klimapositiv" drucken ließ. Dem Team des Falter Verlags, insbesondere Susanne Schwameis, Ramona Metzler und Marion Großschädl für ihre Ideen und den reibungslosen Ablauf. Der Falter-Redaktion, die mich für dieses Projekt freigespielt hat und mir ausreichend Zeit gab, darunter Chefredakteur Florian Klenk, der mir außerdem den wichtigen Interviewtermin mit Greta Thunberg vermittelte, und Birgit Wittstock, die mich in der letzten Phase dieses Buches heldenhaft entlastet hat.

Layout-Chef Raphael Moser, der den Text in Form goss, und Falter-Art-Director Dirk Merbach, der das Buchcover gestaltete.

Meinen Erstleserinnen und Erstlesern Nina Brnada, Joseph Gepp, Lukas Kapeller, Anna Narodoslawsky, Karoline Narodoslawsky und Michael Narodoslawsky, die den Text besser machten. Helmut Gutbrunner, der sämtliche Zeilen lektorierte, zahllose Fehler tilgte und mir die mühsame Arbeit abnahm, die Anmerkungen in Form zu bringen. Clemens Bohl und Christoph Dolna-Gruber, die mir wertvolle Hinweise für das Buch gaben. Dem Sender Puls4, der mir den TV-Beitrag über die erste FFF-Demo in Österreich zur Verfügung stellte. Juliane Fischer (@liabellafi), Patrice Fuchs (@soulipat), Natascha Strobl (@Natascha_Strobl) und Johanna Weberhofer (@JohannaW007), die meiner Bitte auf Twitter nachkamen, mir bei Übersetzungen aus dem Schwedischen und Norwegischen zu helfen.

Immanuel Narodoslawsky, der ein verloren geglaubtes Kapitel wiederhergestellt hat.

Ich danke sehr: Meinen Interviewpartnern, die mir ihre wertvolle Zeit schenkten und diesem Buch das Fundament geben. Darunter die Fridays-Aktivistinnen und -Aktivisten Gloria Berghäuser, Ida Berschl, Anika Dafert, Thomas Eitzenberger, Laurenz Faber, Max Fuchslueger, Adrian Hiss, Bjarne Kirchmair, Lena Köstler, Angelika Lauber, Anna Lindorfer, Franziska Marhold, Anna Perktold, Georg Pleger, Nikolai Ritter, Katharina Rogenhofer, Lina Rummler, Lena Schilling, Katharina Schneider, Karin Seidner, Johannes Stangl, Lena Stuhlpfarrer, Greta Thunberg, Philipp Wilfinger, Veronika Winter und Leo Zirwes. Die Wissenschaftler und Expertinnen Antje Daniel, Edmund Entacher, Christoph Hofinger, Gottfried Kirchengast, Helga Kromp-Kolb, Reinhold Lang, Timon Scheuer, Thomas Schinko, Simon Tschannett und Gernot Wagner. Die Politikerinnen und Politiker Michael Bernhard, Uwe Feichtinger, Claudia Klimt-Weithaler, Elisabeth Köstinger, Sandra Krautwaschl, Bruno Rossmann und Johannes Schmuckenschlager. Die Medienschaffenden Gerald Grosz, Klaus Herrmann, Nora Laufer, Hans Metzger, Günter Pilch, Anton Prlić, Alina Rheindorf und Andre Wolf. Die Umweltaktivisten Volker Hollenstein, Adam Pawloff und Johannes Wahlmüller.

Ich danke von Herzen: meiner Frau Karo, die mir in all den Monaten den Rücken frei- und unsere Familie am Laufen hielt. Meiner Mutter Josefa, meinem Vater Michael, meinem Schwiegervater Edmund und seiner Freundin Angelika sowie meiner Tante Grete, die uns jederzeit bei der Kinderbetreuung halfen, wenn es eng wurde. Meinen Töchtern Anika und Flora, die mich jeden Tag aufs Neue dazu motivieren, über jene Dinge zu schreiben, die ihre Zukunft bedeuten.

Der Autor

Benedikt Narodoslawsky (1984) studierte Journalismus und Unternehmenskommunikation an der FH Joanneum in Graz, arbeitete unter anderem für die *Kleine Zeitung, Datum, derStandard.at,* den ORF-„Report" und schreibt seit 2012 als Redakteur für die Wochenzeitung *Falter.* Er wurde mehrfach für seine journalistische Arbeit ausgezeichnet, zuletzt mit dem Umweltjournalismus-Preis 2018 und dem Pressepreis der Österreichischen Ärztekammer 2018. Er ist verheiratet und hat zwei Töchter.